L'ESPRIT

DE LA

GUERRE NAVALE

RENÉ DAVELUY

CAPITAINE DE FRÉGATE

L'ESPRIT

DE LA

GUERRE NAVALE

I

LA STRATÉGIE

Deuxième édition de l'*Étude sur la Stratégie navale*

BERGER-LEVRAULT & Cᵢₑ, ÉDITEURS

PARIS | NANCY
RUE DES BEAUX-ARTS, 5—7 | RUE DES GLACIS, 18

1909

AVERTISSEMENT

———

Lorsque, il y a quelque dix ans, je pris la résolution de présenter au public une vulgarisation des questions maritimes, j'avais formé un plan d'autant plus vaste qu'il n'existait encore que dans mon imagination. Je m'étais proposé de diviser mon travail en trois parties distinctes : la Stratégie, la Tactique, l'Organisation des forces. Ces trois parties devaient former un tout sous le titre : L'Esprit de la guerre navale.

Je ne tardai pas à m'apercevoir que j'avais entrepris une tâche peu en rapport avec mes forces et qu'il s'écoulerait un temps très long avant que je ne fusse capable de réaliser mon programme; d'un autre côté, le titre que j'avais choisi me parut prétentieux, bien qu'il traduisît exactement ma pensée. Je renonçai donc à composer une œuvre d'ensemble et je bornai mes prétentions à faire paraître des études séparées, sans les relier par un titre général.

C'est dans ces conditions que fut publiée, en 1902, l'Étude sur le combat naval; l'Étude sur la stratégie navale suivit en 1905. Ces deux ouvrages représentaient *les deux premières parties de mon plan primitif. Quant à la troisième partie, elle a été sacrifiée à la publication de* La Lutte pour l'empire de la mer; *et depuis lors, je n'ai pas eu le temps de la faire paraître.*

Une édition nouvelle des deux études déjà parues étant devenue nécessaire, je me décide à reprendre mon premier projet, y compris le titre général que dix années de plus me feront, je l'espère, pardonner plus facilement.

*Je soumets donc aujourd'hui à la critique de mes camarades le tome I de l'*Esprit de la guerre navale : La Stratégie, *qui n'est que la réédition de l'*Étude sur la stratégie navale.

Il est bien rare que les auteurs n'aient pas quelque chose à ajouter à leurs œuvres. Je n'ai pas échappé à cette loi commune. J'ai donc profité de la circonstance pour remanier ou développer quelques chapitres. Je n'ai apporté aux autres que des corrections de détail; mais on me sera reconnaissant d'avoir supprimé des longueurs.

Le tome II, La Tactique, *paraîtra prochainement, et représentera la nouvelle édition de l'*Étude sur le combat naval.

*Enfin, j'espère arriver à mettre bientôt sur pied l'*Organisation des forces *qui formera le tome III de l'*Esprit de la guerre navale.

TABLE DES MATIÈRES

QUATRIÈME PARTIE

Les auxiliaires de la stratégie

CINQUIÈME PARTIE

Les exemples

INTRODUCTION

En lisant l'histoire, on arrive à cette conclusion quelque peu décevante que, si beaucoup de gens ont fait la guerre, fort peu l'ont comprise. Les mêmes fautes, les mêmes erreurs se reproduisent avec une régularité presque mathématique.

A la réflexion, il n'y a là rien que de naturel. Il en est du métier militaire comme des autres métiers : on acquiert facilement les notions nécessaires pour en appliquer la lettre, il n'est pas donné à tout le monde d'en saisir l'esprit. Il ne suffit pas d'être médecin pour discerner le diagnostic, de jouer d'un instrument pour être musicien, de couvrir des toiles de couleurs pour être peintre.

De même, il n'y aura jamais qu'un petit nombre d'hommes qui auront le sentiment exact des choses de la guerre; mais les autres, s'ils ne peuvent imprimer aux opérations leur cachet personnel, éviteront cependant bien des fautes en étudiant les conditions de la guerre et en se laissant guider par les lois qui la régissent.

Pendant longtemps, on s'est battu sans autre règle que de suivre l'impulsion de l'instinct. Or, l'instinct est notre plus mauvais conseiller : la vie entière se passe à éviter les pièges qu'il nous tend. Toujours il nous guette, cherchant à nous entraîner dans la mauvaise route.

Qu'un bâtiment se crève sur des récifs : l'instinct nous pousse à nous jeter à la mer, alors que la solution la plus prudente est de rester à bord.

Qu'une torpille éclate devant un navire qui franchit une passe : le premier mouvement, celui que dirige l'instinct, est de mettre de la barre pour ne pas passer sur le lieu de l'explosion, alors que c'est là au contraire qu'il y a le moins de chances d'être atteint par une autre torpille.

Lorsque les revers ont abattu les courages et troublé les facultés, on voit paraître ces résolutions désespérées que la postérité juge avec mépris : c'est l'instinct qui étouffe la voix du devoir et reprend ses droits. Ce n'est donc pas lui qui doit nous servir de guide; et il nous faut apprendre la guerre.

L'étude des questions militaires est relativement récente; elle est postérieure aux armées permanentes et ne date que de l'époque où se sont fondées les premières écoles militaires.

Les différents modes d'enseignement qui ont été mis en pratique peuvent se ramener à trois. Le premier, qu'on appelle rationnel, prétend s'appuyer sur la logique et le bon sens; le second transforme la guerre en une science exacte; le troisième cherche des indications dans l'histoire.

Lequel choisir?

Toutes les conceptions dont les événements ont révélé la faiblesse ou la fausseté étaient considérées, par leurs auteurs, comme rationnelles. Le plus souvent elles avaient été soumises aux délibérations d'un conseil et étudiées sous leurs différents aspects; l'exécution était préparée de longue main. Cependant, il a suffi d'un éclair de génie pour les faire crouler, et ce sont les procédés employés par l'adversaire qui, au premier abord, nous semblent irrationnels; ils ne nous apparaissent sous leur vrai jour que grâce à la lueur des faits.

C'est que le système des déductions, qui fait la base de la méthode rationnelle, nous dirige malgré nous dans une voie tracée d'avance, sans nous montrer les écueils dont elle est semée.

Quant à la méthode scientifique, elle est toujours en honneur pendant les longues périodes de paix. Lorsque, depuis longtemps, on a cessé d'avoir des exemples sous les yeux, la guerre tend à prendre un caractère conventionnel. On ne la voit plus telle qu'elle est, mais telle qu'on la conçoit, c'est-à-dire dégagée des actions réflexes et indépendante de tous les éléments qui en modifient à chaque instant l'aspect. Elle se présente alors sous la forme d'une succession de faits particuliers dont chacun constitue un problème spécial. Pour résoudre ces problèmes, on est amené à donner des valeurs fixes à des facteurs essentiellement variables; et on le fait avec d'autant plus d'assurance que l'ennemi n'est pas là pour ramener les choses à la réalité : il devient un terme dans une équation. Voilà pourquoi la méthode mathématique aboutit à des solutions qui sont mathématiquement fausses. Nous aurons, à plusieurs reprises, l'occasion de le constater.

La guerre fait naître trop d'imprévu pour se plier à la rigidité des formules mathématiques et pour se renfermer dans le cadre étroit d'une science exacte. Il faut avoir à chaque instant des faits présents à l'esprit pour nous montrer les choses sous leur véritable aspect et non sous celui que nous serions tentés de leur attribuer.

Il n'y a que l'histoire qui puisse nous donner ce sentiment exact.

L'histoire est l'expérience des nations. Les hommes ne font que passer, et c'est dans l'héritage des ancêtres qu'ils puisent des matériaux pour suppléer aux notions qui leur manquent.

Malgré leur génie, les grands capitaines n'ont pas cru pouvoir se priver des leçons du passé. On a vu le général de brigade Bonaparte profiter des loisirs forcés que lui crée la défiance du Comité de Salut Public, en 1795, pour s'absorber dans l'étude des campagnes du grand Frédéric. Plus tard, devenu empereur, il disait : « La connaissance des hautes parties de la guerre ne s'acquiert que par l'expérience et par l'étude de l'histoire et des batailles des grands capitaines. »

Si les maîtres ont jugé nécessaire de recourir aux lumières de l'histoire, de quel droit prétendrions-nous nous en affranchir et vouloir inventer la guerre?

C'est par la méthode historique, adoptée en Prusse à la chute du premier Empire, que les Prussiens nous ont battus en 1870; et c'est depuis cette date fatale que l'armée française s'est souvenue qu'elle avait été commandée, soixante ans auparavant, par l'homme qui a incarné le génie de la guerre. Ainsi, chaque nation a dû traverser une période d'épreuves avant de découvrir la véritable base de l'enseignement militaire.

Malgré ces exemples, le système qui consiste à chercher dans les luttes antérieures une indication pour les luttes futures est peu en honneur dans la marine française.

Elle aussi cependant a eu ses journées d'Iéna et de Sedan : démoralisée par la bataille du 13 prairial, elle subissait un premier désastre à Aboukir et était définitivement anéantie à Trafalgar. Malheureusement, elle ne sut pas tirer de la défaite les leçons qu'elle comportait, parce que Trafalgar n'atteignit pas le cœur de la nation. Celle-ci, privée depuis plusieurs années de son commerce maritime, avait trouvé des débouchés nouveaux dans l'expansion territoriale de l'Empire. A la même époque s'ouvrait une ère nouvelle de conquêtes. Le bruit du canon qui résonnait sur les rives du Danube étouffa le râle de la marine à l'agonie. Ulm et Austerlitz furent les fleurs que l'armée jeta sur la tombe de la marine.

Puis l'Empire s'écroula. L'oubli se fit et, avec la Restauration, commença une longue période de paix.

Peu à peu, le matériel et l'armement se transformèrent. La vapeur, en donnant au navire la liberté de ses mouvements, vint introduire un facteur nouveau, et l'on fut enclin à penser que, puisque la marine moderne n'avait plus aucun rapport avec la marine à voiles, il fallait faire table rase du passé et recommencer sur des bases nouvelles. A vrai dire, il n'apparaît pas que, pendant longtemps, on ait été plus loin que la détermination d'un ordre de bataille, et on se préoccupa de rechercher des méthodes de navigation plutôt que des méthodes de combat. Il n'y avait à cette époque que deux marines dignes de ce nom. La politique du second Empire en fit des alliées, et l'éventualité d'une guerre maritime était si lointaine qu'il semblait inutile de s'en préoccuper.

Après nos désastres de 1870, l'opinion s'accrédita en France que, dans un conflit avec l'Allemagne, la marine était inutile. On se basait, pour étayer cette théorie, sur ce que notre ennemie était parvenue à nous réduire à l'impuissance sans le secours de sa flotte, alors que la nôtre ne nous avait rendu aucun service. Sans discuter ici ce qu'une pareille opinion peut avoir de mal fondé, on est en droit de dire que les partisans de l'effacement de la marine faisaient de la politique à courte vue. La vie des peuples, comme celle des hommes, est pleine de vicissitudes; elle traverse des jours d'épreuves qui, chez les nations vivaces, les aident à se relever. Or, la guerre franco-allemande n'est qu'un épisode de notre histoire nationale, et c'était faire jouer à la France un rôle peu en rapport

avec son passé que de laisser tomber sa marine, en tout
subordonnant à une revanche devant laquelle on recule de plus en plus. Les événements ne tardèrent pas
à le prouver, et aujourd'hui nous supportons les conséquences de cette politique étroite.

L'abandon dans lequel on laissa la marine, pendant
les années qui suivirent la guerre, ne pouvait avoir
qu'une influence funeste sur l'esprit des officiers. En
perdant de vue la perspective d'un conflit maritime,
leur instruction s'orienta dans un sens tout pacifique.
Il sembla alors que la France n'avait conservé des
vaisseaux que pour faire figure dans le monde : tels
ces princes auxquels les bouleversements de l'Europe
n'ont laissé qu'une souveraineté nominale et qui tâ-
chent de conserver l'illusion du pouvoir en s'entourant
d'une garde d'honneur. Beaucoup d'officiers se rappel-
lent encore le temps où notre escadre de la Méditerranée se promenait majestueusement le long des côtes,
sans autre souci que la précision et la régularité des
mouvements; c'était le temps où les tirs étaient considérés comme des corvées ennuyeuses dont on s'acquit-
tait le plus vite possible.

Comme la navigation ne pouvait suffire à l'activité
des officiers, l'éducation de l'École navale devint de
plus en plus scientifique; de plus en plus, l'officier
tendit à devenir ingénieur, électricien, mécanicien et
il oubliait d'être militaire.

Telle était la situation lorsque l'Allemagne et l'Italie
se constituèrent une marine dont l'importance cessait

d'être négligeable. Or, si l'on avait admis que, dans une lutte avec l'Allemagne seule, on pouvait se passer de flotte, on admettait moins volontiers qu'on dût abandonner la Méditerranée aux forces réunies de la Triplice. En même temps, l'Angleterre, fidèle à ses traditions, profitait de notre impuissance sur mer pour augmenter son domaine colonial, et comme, de notre côté, nous avions cherché, dans la colonisation, une compensation à nos amputations territoriales, les points de contact entre les deux pays se multiplièrent et avec eux les occasions de conflit.

Mais, alors que les Anglais, conséquents avec eux-mêmes, augmentaient leur flotte et multipliaient leurs points d'appui progressivement avec le développement de leur puissance coloniale, nous nous bornions à annexer des territoires sans nous préoccuper d'avoir une marine pour les défendre. On s'aperçut bientôt du danger d'une politique aussi téméraire.

Quoi qu'il en soit, cet ensemble de circonstances ramena l'attention sur les choses de la guerre; et alors se fit sentir l'influence d'une éducation scientifique qui n'avait pas été tempérée par l'histoire. On étudia la guerre par les mathématiques, et l'on ne peut lire certains ouvrages sans se rappeler cette phrase de von der Goltz qui caractérise une époque ancienne : « Les écrits tactiques et stratégiques de cette époque ont pour la plupart une ressemblance biscornue avec un cours de géométrie (1). » Ce qui prouve que souvent

_____

(1) *Rosbach et Iéna.*

les novateurs ne font que rééditer de vieilles rengaines, et qu'en s'attaquant aux traditions ils ne font que les ressusciter.

C'est ici le lieu de faire justice de cette théorie qui consiste à renier tous les enseignements du passé sous prétexte que les temps sont changés.

Si le respect des traditions consiste à s'attacher à la lettre des institutions ou à la matérialité des faits, il faut s'en débarrasser sans hésiter, car les mœurs changent et les moyens diffèrent. Mais, si on néglige la lettre pour ne voir que l'esprit dont elle s'est inspirée, si on recherche dans les faits les causes qui les ont engendrés, le passé nous fournit une mine inépuisable d'enseignements. En ce qui concerne plus particulièrement la guerre, qui ne voit l'importance qu'y joue l'état moral des hommes? Or les hommes n'ont pas changé. Qui pourrait nier que les armes n'ont été que les instruments de la pensée d'un chef et que cette pensée est toujours juste?

Telles sont les raisons qui ont déterminé notre méthode. Elle seule peut nous faire saisir l'*esprit de la guerre* et dégager les lois qui la régissent.

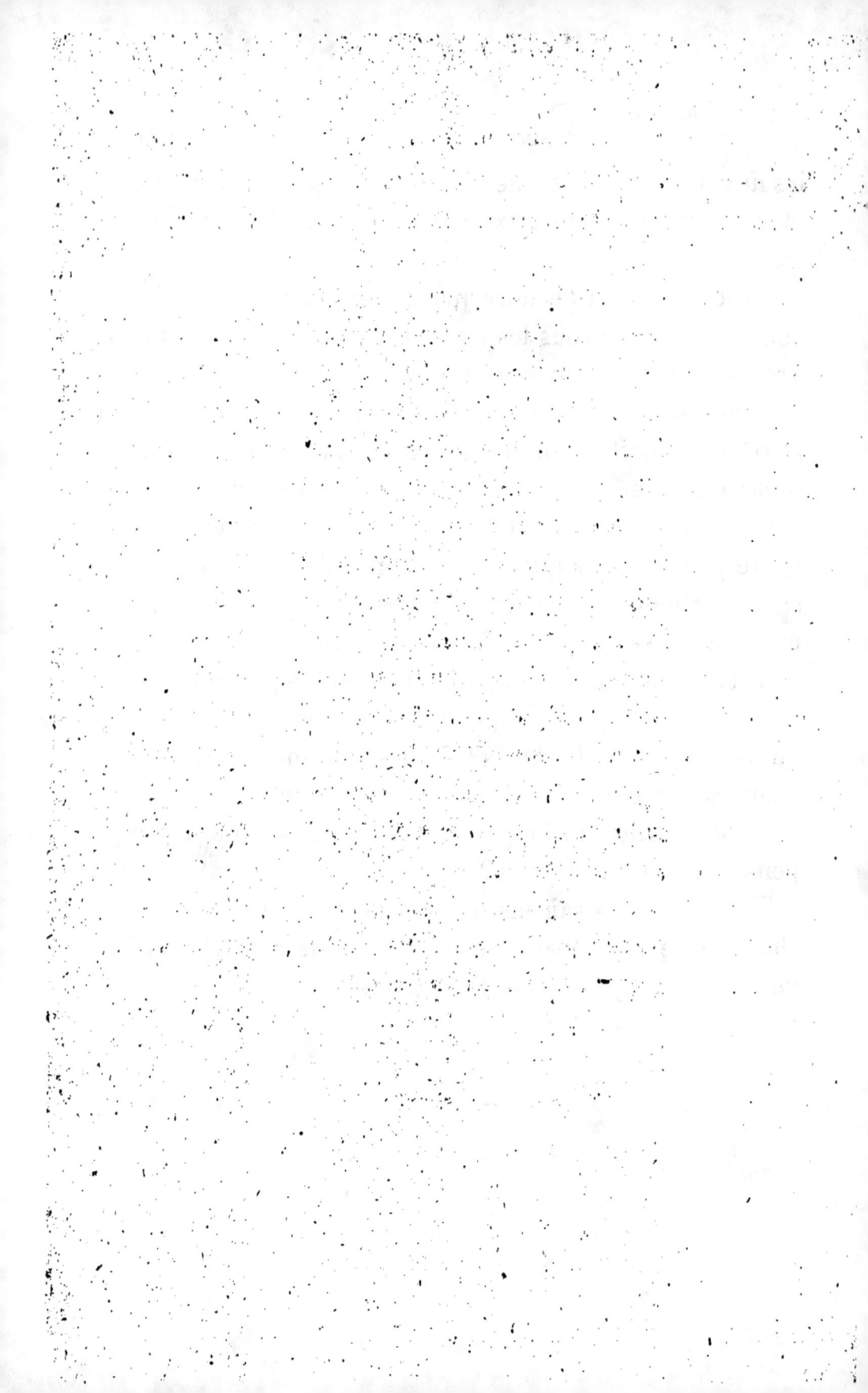

PREMIÈRE PARTIE

LES PRINCIPES DE LA STRATÉGIE NAVALE

I

CONSIDÉRATIONS GÉNÉRALES

A l'origine, la guerre était le choc de deux peuples qui se ruaient l'un contre l'autre jusqu'à ce que l'un des deux eût réduit l'autre en esclavage ou l'eût chassé de son territoire.

Lorsque les races conquérantes eurent pris possession du sol, elles se groupèrent autour d'intérêts communs et formèrent des nationalités. On eut alors des frontières. On ne fit plus la guerre pour chercher des régions nouvelles, mais pour conserver et s'agrandir. Aux masses armées se substituent des troupes régulières qui diminuent le nombre des combattants et augmentent leur valeur. Chaque peuple a des voisins; ce contact engendre des conflits; les plus faibles se liguent pour écraser le plus fort; les théâtres d'opérations deviennent plus nombreux. C'est alors qu'on voit apparaître la stratégie.

Devant l'impossibilité de lutter partout à la fois, quelques hommes, mieux doués que les autres pour les choses de la guerre, suppléent au nombre par le mouvement : ils opposent successivement à chaque adversaire la presque totalité de leurs forces, se contentant d'enrayer la marche des autres. Ils battent ainsi leurs ennemis en détail et les accablent sous le nombre.

Puis, l'ambition des conquérants augmente avec leurs succès; ils conçoivent des visées plus hautes et veulent frapper plus vite et plus fort. Ils attaquent alors leurs ennemis au cœur même de leur puissance et terminent la guerre d'un seul coup. Telles furent les guerres napoléoniennes.

Les différents éléments de la stratégie ont ainsi pris naissance sous l'impulsion des diverses nécessités du moment; ils ne se sont pas développés méthodiquement. Car l'art de la guerre n'est pas le fruit de l'expérience des siècles; il a été enfanté par le génie de quelques hommes qui n'ont pas voulu subordonner leurs desseins à la faiblesse de leurs moyens. Et ainsi on peut dire que le caractère de la stratégie est de tirer parti de faibles ressources, ou tout au moins de faire donner à ces ressources le rendement maximum (1).

Si maintenant nous cherchons dans les opérations des flottes une analogie avec ce qui s'est passé sur terre, nous aurons de la peine à la trouver. C'est qu'il n'y a pas de guerre navale dans le sens exclusif du mot. On fait *la guerre;* l'armée et la marine en sont les instruments; ils doivent se prêter un mutuel appui pour concourir à un but commun. On a vu de nombreuses guerres sur terre qui n'ont pas nécessité l'intervention de la marine; mais on chercherait vainement une seule guerre maritime qui n'ait nécessité, à un degré plus ou moins élevé, l'intervention de l'armée de terre (2).

---

(1) Remarquons en passant que la guerre de 1870, en forçant les nations continentales à armer tous les citoyens, aura pour conséquence de ramener la guerre à son concept primitif; et il semble que les luttes futures ressembleront au choc des anciens peuples. La stratégie perdra alors ce caractère artistique qu'elle avait lorsque les armées étaient moins nombreuses et plus mobiles.

(2) A première vue, les guerres de l'Indépendance américaine et de l'Empire paraissent exclusivement maritimes. Cependant, dans la première, les opérations à terre, aux Antilles et en Amérique, ont eu une influence considérable sur les événements; et dans la seconde, les mouvements des flottes ont été intimement liés au projet de descente en Angleterre.

Cette différence tient au milieu dans lequel se meut chaque élément. L'armée détruit les forces de l'ennemi et occupe son territoire; la marine ne peut que préparer la voie à l'armée de terre, car elle opère sur un terrain banal. Les opérations où elle agit pour son propre compte, bien qu'importantes, ne conduisent pas directement aux fins de la guerre. Une puissance maritime dont toutes les forces flottantes auraient été détruites renoncerait probablement à continuer la lutte, sans attendre d'être envahie sur son sol ou dans ses colonies; mais elle ne cédera que devant l'impossibilité de se défendre, ce qui accuse la collaboration de l'armée.

Il a fallu qu'une nation, l'Angleterre, accumulât sur mer des intérêts gigantesques dont la perte lui porterait un coup fatal, pour qu'une action exclusivement maritime puisse mettre son existence en péril. Elle échappe donc à la loi commune, sans cependant être à l'abri des opérations combinées des armées de terre et de mer, qui pourraient la réduire d'une façon non moins efficace.

Suivant les circonstances, la marine a joué un rôle plus ou moins prépondérant; mais elle a souvent suivi l'orientation générale de la guerre, et n'a pu ainsi se mouvoir dans son domaine propre. Sous Louis XIII et pendant la minorité de Louis XIV, à une époque où la guerre n'est qu'une succession de sièges, la flotte prête son appui à l'armée pour l'investissement des places maritimes. Sourdis bloque Fontarabie et Tarragone; les campagnes de Brézé sur les côtes de Catalogne et d'Italie ont pour but de soutenir l'armée; plus tard, les batailles de Stromboli, Agosta et Palerme sont la conséquence de l'occupation de la Sicile.

Dans les guerres avec l'Angleterre, la marine a joué le principal rôle, et c'est elle qui a eu la direction des opérations. Le vaste champ qui s'ouvrait devant elle pouvait donner naissance à des combinaisons multiples; cependant,

jusqu'à l'Empire, il semble que la stratégie ait eu surtout
en vue d'égaliser autant que possible les forces sur tous les
champs de bataille, en recommandant aux chefs d'escadres d'éviter le combat quand ils se trouvaient momentanément en état d'infériorité. En dehors de cette préoccupation, nous voyons beaucoup de projets de descente dont
l'insuccès atteste une préparation défectueuse ou une erreur
de principe. Nulle part n'apparaissent l'unité de direction
et la concentration des efforts.

On peut attribuer l'absence de manœuvres stratégiques
au fait que, dans la marine, nos grands hommes de mer
n'eurent généralement pas à intervenir dans la conception
des plans de campagne; leur génie ne trouvait à s'employer
que sur les champs de bataille, et ils en étaient souvent
réduits à exécuter les conceptions de gens étrangers aux
choses de la mer (1). Le seul qui échappa à cette règle, en
ne tenant aucun compte des ordres qu'il avait reçus, fut
Suffren; et on ne peut nier que, sur un théâtre restreint, il
n'ait fait de bonne stratégie. Dans la guerre sur terre, au
contraire, les grands capitaines ont été des chefs d'États,
et ils ont eu la faculté de concevoir et d'exécuter. Aussi,
lorsque Napoléon prend la direction des opérations maritimes, elles revêtent un caractère de ressemblance absolue
avec les principes qu'il appliquait sur terre.

---

(1) On sait que Tourville était obligé de démontrer au ministre que
ses instructions étaient inexécutables.

II

BUT ET MOYENS DE LA GUERRE

———

Les guerres éclatent pour les causes les plus variées et souvent les plus futiles; mais les considérations politiques qui les déterminent ne doivent avoir aucune influence sur l'action militaire (1). Celle-ci n'a qu'un but : réduire l'adversaire à l'impuissance. Ce but atteint, le règlement du conflit sera toujours facile.

Pour réduire l'ennemi à l'impuissance, il faut le désarmer, c'est-à-dire détruire les forces constituées qui sont la garantie de sa puissance. Certes, bien des guerres ont pris fin avant que tous les moyens de défense de l'ennemi eussent été détruits, mais les victoires antérieures lui démontraient l'impossibilité de continuer la lutte avec succès et l'amenaient à déposer les armes.

La nécessité de s'attaquer aux forces constituées de l'adversaire mène directement au combat.

La puissance du combat ne se discute pas : elle s'affirme elle-même par des faits. L'histoire des conquêtes n'est qu'un long récit de batailles et, qu'il s'agisse de Napoléon ou de Frédéric, de Nelson ou de Suffren, nous retrouvons toujours, dans tous leurs actes, la préoccupation de joindre l'ennemi. Aussi la question qui se pose n'est-elle pas de

———

(1) La politique a quelquefois dirigé les opérations sans souci de l'art militaire. Cette erreur de principe a toujours eu des conséquences funestes.

justifier le combat, mais de chercher s'il est possible de s'y soustraire.

Constatons d'abord que les forces maritimes d'un pays ont pour mission de protéger tous les intérêts qui, de près ou de loin, touchent aux choses de la mer. En s'attaquant à ces forces, on met par le fait même en péril tous les intérêts qu'elles protègent; et si, dans une région déterminée, on est parvenu à les détruire, toutes les opérations qui découlent de la guerre navale deviennent aisées, puisque rien ne les contrarie. C'est d'ailleurs une idée qui choque le bon sens que de construire à grands frais des engins de destruction, avec l'intention de s'en servir le moins possible.

Le défaut actuel de beaucoup d'écrivains maritimes est de ne voir dans la guerre navale que des cas particuliers. Les uns prétendent que la marine a pour but d'assurer l'inviolabilité des côtes et d'attaquer celles de l'adversaire; d'autres nous assurent que son rôle est de détruire le commerce; d'autres enfin veulent la consacrer à assurer la réussite d'une invasion. Eh bien ! détruisez l'ennemi et vous aurez tous ces résultats à la fois : la protection des côtes sera assurée, et vous pourrez mener à bonne fin telle opération qu'exigeront les circonstances.

Le combat découle donc de la nature même de la guerre et des moyens que l'on a préparés pour la faire. Tout système qui tendrait à le reléguer au second plan, au lieu d'en faire le but même de la guerre, ne peut être considéré que comme un expédient.

Cependant, l'idée du combat ne s'est pas imposée tout d'abord à l'esprit des premiers marins comme base fondamentale de la guerre navale. A l'origine, les intérêts qui transitaient sur mer étaient peu considérables et on ne songeait pas à les attaquer; les bâtiments n'étaient qu'un moyen de transporter les troupes sur les côtes ennemies, où elles pillaient et brûlaient villes et villages. Les combats

n'étaient qu'une conséquence de ces expéditions; mais on
ne les recherchait pas, car les navires n'étaient pas spécialement armés en vue de lutter les uns contre les autres.

Avec la colonisation, se développa le commerce maritime, et il devint bientôt assez important pour que sa capture pût porter un préjudice sérieux à ceux qui le prati-
quaient tout en enrichissant les capteurs. Les opérations
maritimes prirent alors un autre caractère.

Ce fut l'Espagne, alors au sommet de sa puissance, qui
subit la première l'épreuve de ce nouveau genre de guerre
pendant les dix-huit années que dura sa lutte avec l'Angleterre: mais, ainsi qu'il arrive généralement, le nouveau
problème qui se posait ne reçut pas immédiatement sa
véritable solution. Les Anglais attaquèrent d'abord directement le commerce. L'Espagne, prise au dépourvu, subit
des pertes importantes par la capture de ses galions d'A-
mérique qui revenaient périodiquement en Europe groupés
par bandes, mais, disposant dans ses ports de forces maritimes immensément supérieures à celles des Anglais, elle
n'eut qu'à équiper des flottes de guerre plus fortes que
celles de l'ennemi pour le forcer à abandonner le terrain.
C'est alors que germa dans l'esprit de quelques marins
anglais, tels que Monson et Raleigh, la véritable conception
de la guerre navale : ils entrevirent que la meilleure façon
d'atteindre le commerce était, non pas de l'attaquer directement, mais de détruire préalablement les forces qui le
défendaient. Ces marins célèbres eurent le sentiment encore
vague que, si l'édifice constitué par la grandeur maritime
d'une nation réside dans l'importance de son trafic commercial et dans la prospérité de ses colonies, cet édifice
n'est soutenu que par les forces militaires, et qu'en s'attaquant à ces forces, on le sape par la base (1).

---

(1) Voir COLOMB, *Naval Warfare*, chapitre I.

Cette vérité fut mise plus fortement en relief au siècle
suivant par les cinquante années de guerre que l'Angleterre
soutint contre la Hollande, lutte qui avait pour seul but
de décider à laquelle des deux nations appartiendrait le
monopole commercial du monde.

A la fin de cette période véritablement héroïque, l'Angleterre semble avoir définitivement compris la puissance du
combat, car, par la suite, elle en fit toujours le principal
objectif de ses combinaisons militaires.

Mais ce n'est que pendant les guerres de la Révolution
et de l'Empire que la conquête de l'empire de la mer passe
à l'état de dogme, non seulement dans les milieux maritimes anglais, mais aussi dans le grand public. Si les travaux
de Mahan ont popularisé de nos jours l'expression de *sea
power,* l'idée existait déjà en germe depuis près d'un siècle.

L'importance de la bataille ne se révéla pas au même
degré aux autres nations maritimes. L'Espagne, en particulier, fit pendant des siècles la guerre sur mer sans en
comprendre le premier mot, sans que l'expérience, chèrement acquise par une suite ininterrompue de revers, parvint à arracher le voile qui obscurcissait la vue de ses hommes d'État et de ses marins. La France eut quelques aperçus
lumineux; mais, d'une façon générale, elle poursuivit plus
volontiers son objectif particulier que la rencontre des
forces militaires de l'ennemi.

Cette différence dans la ligne de conduite des trois grandes
nations maritimes eut des conséquences tangibles : l'Espagne, avec un matériel flottant immense, échoue dans
toutes ses entreprises; en guerre avec l'Angleterre, elle
l'enrichit de ses dépouilles; en lutte avec la France, elle lui
fournit ses plus belles victoires et écrit pour elle les pages
les plus glorieuses de son histoire maritime; alliée avec
nous, elle nous compromet et fait avorter les tentatives qui
offrent le plus de chances de succès; finalement, elle dispa-

rait du concert des nations maritimes parce que, en quatre siècles, elle n'a pour ainsi dire pas enregistré une seule victoire; et, si elle a toujours été battue, c'est que, ne reconnaissant pas la nécessité du combat, elle ne s'est jamais préparée à l'affronter.

La France, avec Tourville, avec Duquesne, avec Suffren, possède par intermittences le véritable concept de la guerre, et sa marine brille alors d'un vif éclat; mais, dès qu'elle retombe dans les anciens errements, sa puissance navale disparaît. Nation vivace, elle travaille pendant la paix à se constituer un domaine colonial qu'elle perd régulièrement pendant la guerre, parce qu'elle ne veut pas employer le véritable moyen de le défendre.

L'Angleterre, au contraire, n'a fait que grandir. Pauvre, elle a enlevé les colonies des riches; riche elle-même, elle a pu conserver et s'agrandir : aujourd'hui elle règne sur les mers.

Si, après avoir constaté quelle fut l'influence du combat sur la grandeur des puissances maritimes, nous cherchons les conséquences qu'a eues sa négation sur le détail des opérations, nous voyons qu'elle a donné naissance à des combinaisons inutiles, absurdes ou incompréhensibles.

Tous les marins, en lisant l'histoire, sont frappés de ce fait que, pendant la guerre de l'Indépendance américaine, les Français ont toujours reçu l'attaque sous le vent, excepté dans l'Inde où opérait Suffren. On pense bien que ce n'est pas le hasard seul qui donna en permanence aux Anglais l'avantage du vent. La cause en est que, malgré une supériorité marquée dans la majorité des rencontres, nous n'avons jamais recherché le combat : nous l'avons toujours subi. L'explication de cette singulière conduite nous est fournie par cette phrase de Ramatuelle (1) : « La marine

_____

(1) M. de Ramatuelle était lieutenant de vaisseau pendant la guerre de l'Indépendance américaine; il publia sous le Consulat un cours de tactique navale.

française, dit-il, a toujours préféré la gloire d'assurer ou de conserver une conquête à celle, plus brillante peut-être, mais certainement moins réelle, de capturer quelques vaisseaux; et, en cela, elle s'est rapprochée davantage du véritable but de la guerre. » Ce raisonnement n'est qu'un sophisme : quand la conquête d'un territoire ne peut se faire que par mer, sa possession n'est définitivement acquise que lorsque la flotte ennemie a été mise hors d'état de nuire.

Nous allons voir à quelles opérations paradoxales peut conduire l'application d'une doctrine erronée.

Nous ne parlerons que pour mémoire de la promenade que fit la grande flotte combinée, en 1779, le long des côtes d'Angleterre, parce qu'il n'a pas été clairement démontré si d'Orvilliers n'a pas pu ou n'a pas voulu joindre la flotte anglaise inférieure de près de moitié à celle des Alliés. Nous pouvons cependant en tirer cette conclusion que cet immense armement, qui entraîna une dépense considérable de temps et d'argent, resta infructueux par le seul fait qu'il n'a pas eu la sanction du combat.

Mais, deux ans après, cette même flotte, sous le commandement d'un amiral espagnol, a l'heureuse fortune d'acculer, dans la baie de Torbay, l'escadre de Derby qui n'a que trente vaisseaux à opposer à cinquante. La flotte alliée dédaigne le combat et rentre dans ses ports. Quel fut le bénéfice de cette croisière? L'histoire n'en fait pas mention. En revanche, si nous ne voyons pas ce qu'a gagné la flotte combinée, ce qu'elle a perdu n'est que trop apparent. L'escadre de Derby était la seule force que les Anglais pussent opposer aux Alliés dans la Manche. Elle détruite, l'existence de l'Angleterre était en péril; mais il fallait combattre (1) ! ! !

---

(1) Nous reviendrons plus en détail sur cet épisode lamentable dans la discussion de la guerre de l'Indépendance américaine.

Voici qui est plus fort. Par deux fois on vit se produire ce fait extraordinaire : deux escadres ennemies accrochées aux flancs d'une même île, et débarquant une partie de leur artillerie pour s'en remettre aux troupes de débarquement du soin de décider à qui en appartiendrait la possession.

Le 13 décembre 1778, d'Estaing apprit à la Martinique que l'amiral Barrington attaquait Sainte-Lucie. Il appareille le 14 avec douze vaisseaux et arrive le 15 devant l'île pour constater que les Anglais en étaient maîtres (1). Il mouille alors dans l'anse du Choc et débarque ses troupes, tandis que Barrington, qui n'avait que sept vaisseaux, reste embossé dans l'anse du Cul-de-Sac, prêt à recevoir le choc.

Le 11 janvier 1782, le comte de Grasse mouille à Saint-Christophe dans la baie des Salines avec vingt-six vaisseaux. Le marquis de Bouillé est aussitôt mis à terre, et, avec son ardeur habituelle, il eut bientôt enfermé la garnison anglaise dans la position fortifiée de Brimstone-Hill. Dès que l'amiral Hood, qui était à la Barbade, eut connaissance de nos mouvements, il appareilla avec vingt-deux vaisseaux pour se porter au secours de l'île. De Grasse se porte à sa rencontre et manœuvre si bien que Hood prit le 25 le mouillage que nous avions quitté la veille. De Grasse n'osa l'y attaquer et se contenta de lui envoyer quelques obus à grande distance; puis il mouilla de nouveau et débarqua l'artillerie du *Caton* pour soutenir les troupes de terre. L'amiral Hood put se retirer sans être inquiété dès qu'il eut constaté qu'il ne pouvait faire passer des renforts à la garnison.

Dans ces deux attaques, l'erreur commise est **manifeste**.

----

(1) La garnison tenait encore; elle capitula après le **départ de l'es**cadre.

La flotte française avait chaque fois la supériorité numérique sur l'ennemi et elle néglige d'en profiter. Quelles en furent les conséquences?

A Sainte-Lucie, les troupes de terre sont repoussées, l'expédition échoue et, un mois après, Byron venait renforcer l'escadre anglaise. D'Estaing perdit ainsi l'avantage du nombre et il put alors méditer la lettre que Suffren lui avait écrite à cette occasion, et dans laquelle il lui disait : « Détruisons cette escadre (l'escadre anglaise); l'armée de terre, manquant de tout, dans un mauvais pays, serait bien obligée de se rendre; que Byron vienne après, il nous fera plaisir. »

A Saint-Christophe, la descente réussit; mais trois mois après, de Grasse était battu à la Dominique par cette même flotte anglaise qu'il avait négligée et qui avait été renforcée par quinze vaisseaux amenés d'Angleterre par Rodney. L'amiral français avait oublié qu'à la guerre une occasion manquée ne se retrouve pas : lorsqu'on a le moyen de combattre l'ennemi avec avantage et qu'on n'en profite pas, on le retrouve plus tard sur un autre champ de bataille dans des conditions moins favorables.

Après ces opérations inutiles ou absurdes, nous allons en voir deux autres qui sont incompréhensibles pour le même motif.

Elles eurent lieu pendant les guerres de la Révolution.

Le 23 septembre 1796, l'amiral don Juan de Langara sortit de Cadix avec dix-neuf vaisseaux. Après avoir franchi le détroit de Gibraltar, il rencontra, le 1er octobre, au point du jour, sept bâtiments anglais sous les ordres du contre-amiral Mann et les laissa échapper. Les Espagnols entrèrent à Carthagène où se trouvaient sept vaisseaux de ligne. Don Juan de Langara se trouva ainsi à la tête de vingt-six vaisseaux.

« La flotte espagnole croisa dans les parages compris

entre la côte d'Espagne et la Corse. Elle eut connaissance, vers la fin d'octobre, de l'escadre anglaise, alors mouillée dans la baie de Saint-Florent. Celle-ci achevait l'embarquement des hommes et du matériel du corps d'occupation (de la Corse). Depuis le départ du contre-amiral Mann, que les Espagnols avaient inutilement chassé, l'escadre de sir John Jervis était réduite à quinze vaisseaux. L'amiral don Juan de Langara avait sur les Anglais une très grande supériorité. Au lieu de profiter de cette situation pour les attaquer, il s'éloigna. On se demande pourquoi cet amiral ne tenta pas de détruire, avec ses vingt-six vaisseaux, les quinze vaisseaux encombrés de troupes et de munitions de son adversaire.

« Si le commandant en chef de l'armée espagnole s'était décidé à combattre les Anglais dans la baie de Saint-Florent, il aurait eu l'heureuse fortune de les surprendre, sans ordre, dans une rade qui n'était pas protégée du côté de la terre (1)... »

La flotte espagnole se retira à Toulon et laissa échapper Jervis (2) : quatre mois après, celui-ci rencontra la même flotte, alors commandée par don José de Cordova, au large de Saint-Vincent, mais les circonstances n'étaient plus les mêmes. Au lieu de surprendre l'ennemi, ce furent les Espagnols qui furent surpris, scindés en deux ; et ils expièrent, le 14 février, la faute commise au mois d'octobre précédent.

Le 25 mars 1799, Bruix, profitant de l'éloignement de la flotte anglaise qui bloquait Brest, prend la mer avec vingt-cinq vaisseaux. Il trompe très habilement les Anglais sur sa destination, et, tandis que Lord Bridport allait le chercher sur les côtes d'Irlande, il fait route vers Cadix.

----

(1) CHEVALIER, *Histoire de la marine française sous la première République.*

(2) Il y avait alors à Toulon douze vaisseaux français qui auraient pu se joindre à la flotte espagnole.

Lord Keith croisait devant ce port avec quinze vaisseaux, pour surveiller une flotte espagnole de dix-sept
vaisseaux qui s'y trouvait. Le 4 mai, Bruix paraît devant
Cadix. Contrarié par le temps, il renonce à opérer sa jonction avec les Espagnols, et entre en Méditerranée sans
chercher à combattre les Anglais. C'était une première
faute. L'escadre de Lord Keith formait la partie la plus
importante des forces anglaises stationnées dans la région.
Cette escadre mise hors de cause, les seize bâtiments anglais
qui se trouvaient disséminés à Minorque, Palerme, Naples,
Malte et Alexandrie, devenaient totalement impuissants
contre la réunion des flottes alliées; et avant que l'amirauté eût eu le temps d'envoyer une nouvelle flotte en
Méditerranée, il pouvait s'y passer des événements irréparables (1).

Cependant Bruix se dirige sur Toulon où il mouille le
14 mai.

Jervis était alors à Gibraltar où le retenait le soin de sa
santé. L'entrée d'une flotte française en Méditerranée lui
fit craindre une attaque contre Minorque, qui n'était défendue que par quatre vaisseaux sous les ordres de Duckworth; il rappela aussitôt Lord Keith.

Mazarredo, qui commandait la flotte espagnole de Cadix,
profita du départ de la croisière anglaise pour sortir du
port le 14 mai; le 20 il entrait à Carthagène.

Bruix sort de Toulon le 26 mai, fait entrer un convoi de
blé à Gênes, et mouille à Vado le 4 juin. Il en repart le 8,
pour opérer à Carthagène sa jonction avec les Espagnols.
Pendant cette traversée, la flotte française passa à petite

---

(1) L'amiral ne put-il ou ne voulut-il pas combattre? Le baron de Bon-
nefous, préfet maritime sous l'Empire, se trouvait à bord du *Jean-
Bart*; il raconte, dans une notice sur l'amiral Martin, que l'escadre
défila à deux lieues au vent des ennemis et que tout le monde s'attendait à un combat. « L'amiral Martin, ajoute-t-il, n'eût pas hésité. »

distance de la flotte anglaise, forte alors de vingt vaisseaux (par la réunion de Keith et de Duckworth), qui cherchait à lui couper la route. Bruix n'avait plus alors que vingt-deux vaisseaux, et une rencontre avec les Anglais ne lui offrait plus les mêmes chances de succès. Mais il était écrit que la fortune favoriserait jusqu'au bout les Français sans qu'ils songeassent à en tirer parti. Bruix arriva sans encombre à Carthagène et en repartit le 25 juin, à la tête de quarante vaisseaux. Une fois de plus il se retrouva dans le voisinage de Lord Keith, qui était retourné à Mahon et n'avait pas vingt vaisseaux à lui opposer (1). Il préféra le mépriser et continua sa route sur Brest où la flotte combinée mouilla le 8 août, après avoir relâché à Cadix.

Ainsi cette longue croisière de trois mois et demi ne servit qu'à amener la flotte espagnole dans la Manche. Était-ce un avantage? Aussitôt arrivés, les Alliés furent bloqués par Lord Bridport, renforcé des vaisseaux qui étaient affectés auparavant à la surveillance de l'escadre espagnole devant Cadix. Rien n'était donc changé, sinon que les Anglais n'avaient à surveiller qu'un seul point au lieu de deux.

Cependant, les mouvements de Bruix n'avaient pas été inutiles : la flotte de Lord Bridport était restée immobilisée sur les côtes d'Irlande, le blocus de Brest et celui de Cadix avaient été levés, et toutes les forces anglaises de la Méditerranée s'étaient trouvées compromises et, avec elles, la possession de Minorque. Les ordres et les contre-ordres de Jervis, le détachement qu'il envoya à Nelson au moment où lui-même craignait d'être accablé sous le nombre, tout démontre ses appréhensions. Pour tirer parti de cette situa-

---

(1) Un renfort de cinq vaisseaux arriva en effet à Minorque le 7 juillet, c'est-à-dire au moment où les Alliés étaient déjà sortis de la Méditerranée; c'est alors que Lord Keith se mit à leur poursuite avec trente et un vaisseaux.

tion, il fallait faire de la rencontre avec l'ennemi l'objectif principal, sinon les Anglais devaient tôt ou tard être renforcés et le bénéfice de la campagne était perdu. C'est ce qui arriva.

Si Bruix avait profité des deux occasions qu'il rencontra de remporter une facile victoire, sa croisière nous apparaîtrait comme une des opérations stratégiques les mieux conçues. Telle qu'elle a été exécutée, nous n'y comprenons rien. Pendant trois mois, les cartes furent brouillées; les prévisions de l'Amirauté furent bouleversées; puis, peu à peu, chaque parti se retrouva dans la même position ou dans une position équivalente. Et il en sera ainsi chaque fois que rien ne viendra rompre l'équilibre des forces.

Si la marine française avait toujours recherché le combat, ainsi que firent les Anglais; si elle avait été pénétrée de la nécessité de conquérir d'abord le commandement de la mer, elle eût vu des jours moins sombres; en méconnaissant l'efficacité de la bataille, elle s'est fait battre, parce qu'elle dut subir les rencontres avec des éléments défectueux qui n'étaient pas préparés à les affronter.

Pour ne pas avoir discerné la nécessité de s'attaquer aux forces militaires de l'adversaire, on a entrepris sous la Révolution et l'Empire cette longue série d'expéditions qui ont presque toutes échoué misérablement, parce qu'elles ne pouvaient avoir de chances de réussite qu'à la condition d'éviter l'ennemi (1). Certes, il est possible de passer inaperçu à travers une mer qui n'est pas libre, mais on ne peut en faire une condition de succès. La guerre n'est pas un jeu de hasard, et encore que la chance y joue un rôle, on ne peut lui confier les destinées du pays. L'avortement de

_____

(1) Qu'on lise attentivement la croisière de Ganteaume en Méditerranée (1801). On verra que c'est l'appréhension de rencontrer l'ennemi qui a fait échouer l'expédition.

toutes nos tentatives à cette époque prouve que la force est la seule base logique de toutes les conceptions militaires; il prouve également qu'on évite difficilement une rencontre lorsque l'ennemi est décidé à la provoquer. Le mieux est donc de s'y préparer.

Les exceptions que comporte cette règle ne résultent que de conditions spéciales ou de circonstances momentanées que nous examinerons plus tard.

Une nation qui redoute de se mesurer avec un adversaire supérieur en nombre aura toujours une tendance à ménager son matériel. Elle se laissera facilement séduire par un mirage trompeur, et c'est alors qu'on voit paraître ces théories spécieuses qui prétendent à réduire une nation en faisant monter le taux des assurances.

Ceux qui s'imaginent qu'on peut ainsi faire la guerre sans rencontrer l'ennemi se sont laissé entraîner par l'attrait de combinaisons plus ou moins ingénieuses, mais ils ne tiennent jamais compte que l'ennemi a des forces et qu'il s'en servira précisément pour démolir toutes ces spéculations dont on le tient à l'écart.

Pour justifier leur système, ils prennent prétexte de nos revers et concluent à l'impuissance de la bataille. Pourquoi, disent-ils, recommencer une politique qui nous a valu nos pires désastres?

Ce raisonnement ne convaincra personne.

Dans les opérations de guerre, toutes les prévisions sont fondées sur le succès. Il n'y a pas, il ne saurait y avoir de plan de campagne qui escompte d'avance la défaite. Il est donc assez naturel que, chaque fois que nous avons été battus sur mer, notre puissance navale en ait subi le contre-coup. Ce résultat, au contraire, ne fait que confirmer la grandeur des effets moraux et matériels du combat; car si, à Trafalgar et à Aboukir, la fortune, aidée par le génie d'un chef et la valeur des équipages, s'était déclarée en notre faveur et nous avait fourni un triomphe aussi complet que celui qu'obtinrent les Anglais, la situation eût été retournée.

Ce n'est donc pas le système de guerre en lui-même qui puisse être incriminé : la défaite seule est coupable.

Et pourquoi avons-nous été vaincus?

Quand nous avons eu l'infériorité du nombre, l'explication est toute trouvée, bien que les Anglais nous aient démontré qu'on puisse être vainqueur sans avoir le nombre, et nous nous expliquerons plus loin à ce sujet; mais à Trafalgar nous avions le nombre, en d'autres circonstances nous avions l'égalité, et nous n'en avons pas moins été écrasés. Est-ce une raison pour désespérer de nous-mêmes? Certes non, car les causes de cette impuissance ne sont pas endémiques : on peut y porter remède. Dès maintenant nous avons pu voir que, disposant dans la guerre d'Amérique des mêmes moyens que nos adversaires, nous en avons usé d'une façon tout à fait différente, et c'est à cela qu'il faut attribuer la stérilité de nos efforts. Sous la Révolution, c'est la désorganisation de notre marine, au double point de vue du matériel et du personnel, qui a rendu nos vaisseaux incapables d'affronter une rencontre, dans n'importe quelles conditions.

Ayons de bons officiers, de bons équipages, de bons vaisseaux; *sachons nous battre;* et, à notre tour, non seulement nous serons vainqueurs, mais nous récolterons dans la victoire les mêmes bénéfices que les Anglais.

Quant aux batailles indécises, évidemment elles sont stériles : lorsque deux adversaires, disposant de moyens identiques et sachant s'en servir, déploient la même somme d'énergie, ils se tiennent en échec et entre eux la balance reste en suspens. On est alors enclin à chercher une autre combinaison qui rompe l'équilibre; mais ce n'est pas une raison de croire que le combat n'est pas encore la meil-

leure solution, et que toute autre serait moins bonne (1).
Celui qui, le premier, aura cherché à s'y soustraire, pour
poursuivre un autre objectif, sera obligé d'y revenir après
avoir été étrillé. C'est précisément le spectacle que nous
offrent les guerres hollandaises.

C'est à un sentiment du même genre qu'obéissait la
marine française après les guerres où elle avait essayé
de la course : l'élan de constructions qui se manifestait
marquait la désillusion d'un moyen impuissant et le retour
vers l'attaque directe.

Il n'y a donc contre le combat qu'une seule objection
plausible : l'infériorité du nombre. Celle-là est sérieuse.

Le nombre, à condition qu'il représente en même temps
la force, est le principal levier de la guerre, mais ce n'est
pas le seul. Qu'était l'électorat de Brandebourg par rapport
à l'empire d'Allemagne? Que représentait la marine anglaise
par rapport à celle de l'Espagne, sous Élisabeth? La Prusse
n'en a pas moins absorbé l'Empire, et la marine anglaise
n'en a pas moins battu la marine espagnole.

Le nombre n'est donc pas l'*ultima ratio* de la guerre. Sur
mer, il implique des charges nombreuses qui réduisent sa
valeur absolue : la nation qui a la marine la plus puissante
est aussi celle qui a le plus d'intérêts à sauvegarder; elle
n'a donc pas la faculté de faire mouvoir ses forces au même
degré que son adversaire. Effectivement, la marine anglaise
n'a jamais eu, sur le champ de bataille, une supériorité
numérique manifeste. Si l'on fait abstraction de la bataille
de la Hougue qui fut le résultat d'une aberration politique,
les forces s'équilibrèrent sensiblement dans la majorité
des rencontres. Il y eut quelques circonstances où la disproportion des forces, sans être aussi accentuée qu'à la Hou-

---

(1) C'est bien déjà quelque chose que de garder ses positions et de
ne pas se laisser entamer.

gue, fut cependant sensible, mais la balance pencha aussi souvent en notre faveur qu'en faveur des Anglais.

Il est donc possible d'avoir des effectifs moins nombreux que ceux de l'ennemi sans être cependant acculé à des combats disproportionnés; mais enfin il est certain que, en dessous d'une certaine limite, il n'y a pas d'habileté qui puisse suppléer au nombre; et alors on court fatalement à un désastre. Il n'en résulte pas que l'attaque des forces ennemies ne soit pas une nécessité à laquelle on ne puisse se soustraire, bon gré mal gré; si le combat ne s'imposait pas, il n'y aurait aucun avantage à être le plus fort, puisque la force ne servirait à rien.

La France doit donc opter entre deux solutions : ou bien renoncer à être une puissance maritime, ou bien s'imposer les sacrifices nécessaires pour faire la guerre avec succès.

***

Il importe d'autant plus d'être pénétré de la nécessité du combat que cette conviction a une répercussion immédiate sur la nature des moyens militaires. Si l'on n'attribue pas au combat un rôle prépondérant, on sera conduit, ainsi que nous l'avons fait, à donner aux forces navales une composition hétéroclite, répondant à diverses conceptions. On pourra alors se trouver dans l'impossibilité d'affronter une rencontre, non pas parce qu'on manquera de moyens d'une façon absolue, mais parce que ces moyens ne seront pas appropriés au but.

III

L'OBJECTIF PRINCIPAL

Il ne faudrait pas déduire de ce que le combat est le grand moyen de la guerre qu'on doive toujours se jeter en aveugle au-devant de l'ennemi. Il est évident qu'on ne gagne jamais rien à sacrifier inutilement des bâtiments, et lorsqu'on est sûr d'être vaincu, il vaut mieux tâcher d'éviter la lutte. Dans ce cas, entre deux maux, on choisit le moindre. Donc, quand on dit qu'on doit avant tout rechercher le combat, il faut entendre par là que l'effort stratégique doit tendre à amener sur le champ de bataille le plus de forces possible. Ce sont les moyens qu'on peut employer pour atteindre ce but que nous allons examiner maintenant.

Au premier abord, il semble tout naturel d'opposer à chaque fraction des forces ennemies une fraction des siennes. Bien des guerres ont été conduites sans autre règle stratégique.

Quand on possède la supériorité du nombre, c'est un moyen simple. On peut même prétendre que les puissances dont toutes les richesses sont confiées à la mer sont forcées d'adopter cette stratégie, parce qu'elles ne peuvent abandonner aux entreprises de l'ennemi aucun de leurs intérêts sans s'exposer à des pertes sérieuses. Il leur faut donc partout opposer à l'ennemi des forces au moins équivalentes aux siennes afin de l'empêcher de nuire.

A égalité de forces, le système est déjà moins efficace : la guerre prendrait ainsi le caractère d'une succession de combats séparés, et, à moins d'avoir un adversaire mal organisé, il serait téméraire de prétendre avoir partout l'avantage. On s'exposerait à perdre d'un côté ce que l'on gagnerait de l'autre.

Enfin, si l'on se trouve aux prises avec un ennemi manifestement supérieur et qui ne soit pas en pleine désorganisation (comme était notre marine sous la Révolution et l'Empire), on a toutes les chances d'être battu.

Cependant, s'il n'est plus possible d'affronter l'ennemi dès qu'on a l'infériorité numérique, il faut supprimer de notre histoire ses pages les plus glorieuses, il faut retirer notre admiration à ces hommes qui n'ont pas voulu abdiquer devant le nombre et ont été vainqueurs. Quel était donc leur secret? Il consistait à discerner à quel endroit il fallait frapper pour faire crouler toute la puissance de l'adversaire d'un seul coup, et à négliger le reste de ses forces, de façon à être le plus fort sur le point principal. Et ainsi les succès partiels que pouvait obtenir l'ennemi devenaient stériles. C'est pourquoi la stratégie militaire enseigne de s'attaquer d'abord à l'armée principale.

Il en est de même sur mer.

Le caractère de la guerre navale entre deux nations coloniales est de se dérouler sur des espaces immenses. Les points de contact entre les belligérants sont nombreux, et ils se produisent particulièrement dans les régions où les deux partis ont des intérêts communs. Mais l'influence que peut exercer l'attaque ou l'abandon de ces intérêts sur le résultat final n'est pas la même partout. Les nations ont, comme les hommes, un cœur et des membres. S'il est possible de frapper au cœur, il est inutile et même nuisible de dépenser ses forces à couper des bras et des jambes. C'est donc au cœur qu'il faut viser.

Cependant on répugne à s'attaquer au principal centre de résistance de l'ennemi. On préfère souvent poursuivre plusieurs objectifs à la fois, parce qu'on ne veut rien abandonner; on use ainsi ses forces dans des attaques décousues et on n'obtient nulle part de résultat décisif, parce que nulle part on ne fait un effort suffisant. Il arrive aussi qu'on se laisse séduire par l'appât d'une proie facile, et l'on gagne alors des succès qui équivalent à des défaites (1).

Comme l'ennemi accumule toujours ses principaux moyens de défense dans la région où il est le plus vulnérable, on hésite généralement à l'y attaquer, et l'on cherche une solution qui paraît plus simple en apparence. C'est reculer pour mieux sauter; car une opération excentrique qui laisse intactes les forces principales de l'adversaire ne lui enlève pas la faculté de rétablir la situation, et l'on risque toujours de perdre ce que l'on a gagné. Au contraire, lorsqu'on est parvenu à briser la résistance sur le point décisif, les détachements qui opèrent ailleurs se trouvent tous compromis, et la source qui les alimentait est tarie. En outre, la faiblesse de ces détachements ne les rend pas dangereux, et leur dissémination les empêche de se grouper pour devenir une menace sérieuse.

Cela est surtout vrai dans les guerres maritimes où les communications sont souvent coupées et où les distances d'un point à un autre sont considérables.

La principale armée navale de l'ennemi constitue donc

---

(1) Il est facile de montrer qu'une victoire n'est pas toujours bonne à prendre. Lorsque le gouvernement espagnol fit partir l'amiral Camara pour les Philippines avec les dernières réserves de la marine, il faisait un effort impuissant. Le nœud de la situation était à Cuba; c'est là seulement qu'il importait d'être vainqueur; tout bâtiment distrait de ce champ de bataille compromettait l'issue de la guerre, même s'il remportait des succès. On finit par s'en rendre compte, et l'amiral Camara fut rappelé de Suez; mais on aurait bien pu réfléchir avant de le faire partir dans cette fausse direction.

l'objectif principal. Cet objectif est en général facile à déterminer. Toutefois, il peut y avoir doute lorsque l'ennemi dispose de forces très nombreuses. Dans ce cas, c'est affaire
de jugement ; mais on ne devra pas perdre de vue que l'importance d'une force navale ne dépend pas uniquement
de la région dans laquelle elle opère, ainsi que nous le verrons en discutant l'influence de la géographie.

IV

LES CONCENTRATIONS

C'est donc la principale armée ennemie qui est l'objectif principal; et toutes les ressources de la stratégie doivent être employées à l'attaquer dans des conditions favorables. Mais comment y parvenir?

La première idée qui se présente à l'esprit est de concentrer toutes ses forces en face de l'objectif que l'on a en vue.

Nous allons essayer de démontrer que les concentrations (1) *au début de la guerre* ne sont avantageuses que si l'on est le plus fort, à la fois sur terre et sur mer.

Deux cas peuvent se présenter : les deux partis sont de

---

(1) Le mot de concentration évoque l'idée d'un groupement de forces; nous croyons en effet qu'on ne peut pas faire la guerre sans grouper les bâtiments par escadres ou armées navales. Cette nécessité est contestée par des gens avisés qui, ayant remarqué que nos désastres maritimes avaient été causés par la défaite de nos escadres, en ont déduit avec une logique implacable qu'il suffisait de supprimer la cause pour supprimer l'effet. « S'il n'y a plus d'escadres, il est clair qu'on ne pourra les détruire. »

Il est un peu puéril d'en être réduit à réfuter de pareils paradoxes; il faut cependant s'y résoudre, car le public, étranger aux choses de la guerre, prend pour argent comptant tout ce qui tend à lui donner un moyen aussi simple qu'infaillible de vaincre l'ennemi.

Il y a lieu de s'étonner que l'idée de supprimer les défaites en supprimant les armées n'ait pas germé plus tôt dans l'esprit des hommes de guerre remarquables qui ont passé sur la terre, et que, depuis que la guerre existe, on se soit obstiné à grouper les troupes sous le nom d'armées. Il est surtout regrettable qu'en 1870 on n'ait pas employé force à peu près égale, ou l'un des deux a une supériorité marquée sur l'autre.

Dans le premier cas, une concentration générale d'un côté provoque une opération analogue de l'autre. C'est insuffisant, car une lutte à armes égales ne donne pas de chances sérieuses d'anéantir l'ennemi, à moins d'avoir affaire à un adversaire désorganisé : il peut être vaincu, mais il n'est pas réduit à l'impuissance. Or, il ne suffit pas d'être vainqueur ; il faut encore que l'ennemi soit assez éprouvé pour qu'on puisse profiter de la victoire. C'est ce qui ressort très nettement de toutes les guerres où une situation de ce genre s'est rencontrée. En les examinant, nous verrons également quelles sont les causes qui avaient amené les belligérants à se rencontrer sur un seul champ de bataille.

Les exemples les plus remarquables de concentrations générales nous sont fournis par les guerres anglo-hollandaises. Ce qui nous frappe tout d'abord dans ces guerres,

---

ce procédé nouveau qui nous eût évité les capitulations de Metz et de Sedan.

C'est peut-être qu'on ne peut faire autrement. En effet, le bâtiment de guerre, qui est l'outil avec lequel on fait la guerre sur mer, exerce une menace partout où il se trouve. Pour se soustraire aux ravages de toute nature qu'il peut causer, il faut le supprimer. On lui opposera donc un autre vaisseau, et pour être plus sûr d'avoir l'avantage, on lui en opposera deux, si c'est possible. Le premier bâtiment devra alors se retirer (s'il n'est pas détruit) jusqu'à ce qu'il puisse revenir avec du renfort ; pour ne pas être battu, le parti auquel il appartient devra diminuer la dispersion de ses forces pour augmenter leur résistance, et l'autre parti devra faire de même. C'est ainsi que, peu à peu, le souci d'être le plus fort conduit chaque parti à diminuer le nombre de ses objectifs et à concentrer ses forces dans quelques régions où il a des intérêts vitaux à sauvegarder. S'il ne peut être ainsi le plus fort, il est du moins le moins faible possible.

La composition des forces navales en divisions, escadres et armées résulte donc du fait que la guerre est une œuvre de force ; et ceux qui prétendent qu'on peut faire la guerre sans grouper ses forces ne commettent pas seulement une erreur : ils disent une absurdité.

ce sont les faibles dimensions du théâtre des opérations. A part quelques expéditions flibustières dans les colonies lointaines, qui d'ailleurs n'avaient aucune corrélation avec la conduite de la guerre, les flottes des deux pays, réunies en deux masses énormes, se rencontrent invariablement dans cette étroite bande de mer qui sépare l'Angleterre de la Hollande. Cette particularité s'explique facilement. Au point de vue numérique, les forces se faisaient équilibre; cependant les Hollandais avaient dans l'importance de leur commerce une cause d'infériorité, tandis que l'Angleterre trouvait dans l'étendue de son territoire des ressources militaires qui faisaient défaut à ses rivaux. D'un autre côté, si les intérêts maritimes des deux pays sont dispersés, tous ceux de la Hollande et la plus grande partie de ceux de l'Angleterre viennent aboutir, sous forme de bâtiments marchands, dans la mer du Nord. La concentration s'impose pour la Hollande, car si elle distrait une partie de ses flottes pour protéger son commerce, elle découvre sa frontière; tandis qu'en massant tous ses vaisseaux dans la mer du Nord, elle couvre à la fois son territoire et le point d'aboutissement de ses convois. L'Angleterre est obligée d'agir de même pour ne pas se trouver sur ce même terrain en état d'infériorité; elle a également à couvrir l'embouchure de la Tamise et à protéger Chatham, qui est à cette époque son grand port de guerre (1).

Des deux côtés, la concentration s'imposait donc. Cette nécessité ne se fit pas jour du premier coup : la solution des problèmes de guerre est bien plus le fruit de l'expérience que le résultat de calculs raisonnés. Aussi, pendant la première guerre, on essaya d'autres systèmes, tels que la protection directe du commerce et l'attaque de celui de

---

(1) Les faits ont prouvé que ce port n'était pas alors à l'abri d'un coup de main.

l'ennemi; mais le danger de cette ligne de conduite se révéla vite, et, dès la seconde guerre, les concentrations sont absolues.

La guerre que la Hollande eut à soutenir contre les forces réunies de la France et de l'Angleterre présente le même caractère : les mêmes causes appellent les mêmes effets.

Quels furent les résultats de ces énormes groupements? La plupart du temps la victoire est contestée; chaque parti s'en attribue le mérite, ce qui indique que le bénéfice de la rencontre n'est pas évident. Cependant il y eut quelques batailles qui se traduisirent par un avantage marqué pour l'un des partis, mais la force de résistance du vaincu restait suffisante pour qu'il ne fût pas annihilé et que le vainqueur ne pût profiter de sa victoire que momentanément. Des deux côtés on était obligé de rentrer dans les ports pour se réparer; celui qui en sortait le premier prenait quelques convois, opérait des débarquements sans grande portée; puis il était obligé de cesser ses déprédations par suite de la réapparition de l'ennemi.

L'égalité des forces n'offre donc pas des chances suffisantes pour réduire l'ennemi; les victoires ne donnent alors que des satisfactions d'amour-propre, et elles se paient trop cher pour pouvoir en récolter le fruit. Une concentration n'est pas avantageuse dans ce cas. Lorsque les circonstances en feront une nécessité (comme dans les guerres hollandaises), il faudra chercher à rompre l'équilibre des forces par une mobilisation rapide, de manière à s'opposer à la réunion des escadres ennemies et à en accabler une sous le nombre. Ce premier succès peut alors devenir le point de départ d'autres plus importants (1).

_____

(1) C'est exactement ce qu'ont fait les Japonais au début de la guerre, en négligeant la division russe de Vladivostok pour concentrer leurs efforts contre l'escadre de Port-Arthur.

Deux fois les Anglais se placèrent ainsi entre les flottes de la Hollande et de la Zélande, dans les guerres déjà citées, mais la manœuvre échoua pour des causes que nous n'avons pas à examiner ici. En revanche, cette manière de procéder détermina la victoire de Béveziers. A cette époque, les flottes ne prenaient la mer que pendant la belle saison. Escomptant le répit que leur laissait la fin de l'hiver, les Anglais et les Hollandais n'avaient pas encore opéré leur concentration. Une partie des bâtiments hollandais n'avait pas rallié; Schovel surveillait les côtes d'Irlande et Killigrew s'était attardé du côté de Gibraltar. Ce fut alors que Tourville attaqua avec soixante-dix vaisseaux la flotte de Torrington, qui constituait la principale force de l'ennemi, et la battit.

L'ère des concentrations ne fut pas close avec la campagne de 1688, mais les tentatives que firent les Français par la suite n'amenèrent pas de rencontre ou échouèrent. Nous ne les retiendrons donc que pour faire ressortir que leur menace retint dans le voisinage des côtes anglaises toutes les forces de l'ennemi. Elles se présentèrent d'ailleurs dans des conditions défavorables à partir de 1689, car déjà nous étions inférieurs en nombre. Il est évident en effet qu'une concentration du plus faible, effectuée au début d'une guerre, provoque un mouvement analogue de la part de l'ennemi, qui, n'étant menacé que sur un seul point, n'a aucune raison pour se diviser. Dans ces conditions, l'issue ne peut être que désastreuse pour celui qui, de parti pris, se met en état d'infériorité. Sur le champ de bataille, l'énergie des combattants, l'habileté du chef, peuvent fournir, comme à la Hougue, la matière d'une belle page d'histoire, mais ne peuvent prévenir les conséquences d'une lutte disproportionnée.

Pour qu'une concentration initiale soit avantageuse, il faut être à la fois le plus fort sur terre et sur mer (ce qui se présente rarement dans les guerres maritimes). En effet, la puissance navale étant fonction de la richesse maritime, une nation qui réunit toutes ses forces sur un même point abandonne son commerce et son domaine colonial aux entreprises de l'ennemi. Pour mépriser le dommage qu'elle s'expose à subir de ce fait, il faut qu'elle ait le moyen de terminer la guerre d'un seul coup en envahissant le territoire ennemi, ce qui exige la supériorité sur terre et sur mer. Si la supériorité n'existe que sur mer, une concentration n'amènera pas celle de l'adversaire, qui aura, au contraire, tout bénéfice à se diviser pour attaquer les points laissés sans défense. On peut donc dire que la concentration du plus faible détermine celle du plus fort, mais que la réciproque n'est pas vraie. Effectivement, dès que la France renonça aux concentrations qu'elle poursuivit systématiquement jusqu'au désastre de Quiberon, nous voyons le théâtre des opérations s'élargir de plus en plus à mesure que grandit la puissance coloniale de l'Angleterre. Celle-ci ne pouvant rien tenter contre notre territoire, et sollicitée de tous côtés par des intérêts multiples, divise de plus en plus ses forces dès qu'elle n'est plus sous la menace d'une invasion ; à la fin du règne de Louis XIV, la guerre s'étend à la Méditerranée ; sous Louis XV, elle englobe les colonies qui, jusque-là, n'avaient été visitées que par des divisions volantes ou des expéditions entreprises au compte des particuliers ; enfin, sous Louis XVI, on se bat à la fois dans l'Océan, en Méditerranée, aux Antilles, aux Indes, sur les côtes d'Amérique. Il en est à peu près de même pendant les guerres de la Révolution et de l'Empire. On peut remarquer, de plus, que ce fut toujours la distribution de nos forces qui a réglé la répartition des forces anglaises, parce qu'il arriva un moment où les richesses maritimes formèrent l'élément principal de la prospérité de notre rivale et furent si intimement liées à son existence, qu'elle devait tout protéger avant de songer à rien prendre. Ainsi, c'est le plus faible qui choisit son champ de bataille, lorsqu'il n'adopte pas une attitude passive. Partout où il est, il constitue une menace et attire à soi l'ennemi. Celui-ci est donc obligé d'avoir des forces partout où il en a.

De plus, la nation la plus puissante sur mer cherchera toujours à prendre des dispositions préventives; elle placera des forces dans des régions où elle a de nombreux intérêts à sauvegarder, sans attendre qu'ils soient attaqués; au contraire, le plus faible a avantage à négliger une partie de ces forces qui ne lui portent pas ombrage, afin de reporter tout son effort sur d'autres.

Puisque les concentrations initiales ne donnent aucun résultat, on ne doit pas poser en principe qu'il ne faut jamais diviser ses forces, car c'est la seule façon de forcer l'ennemi à diviser les siennes. Colomb (1) fait remarquer que jamais les Anglais n'ont été si tranquilles que lorsque nos escadres se trouvaient réunies, parce qu'ils n'avaient plus alors qu'une seule force à surveiller.

Mais le fractionnement des forces doit se faire avec discernement. Pour forcer l'ennemi à se diviser, il faut que chaque fraction séparée constitue par sa force et sa position une menace, et que les diverses fractions ne soient pas assez rapprochées les unes des autres pour qu'une seule force puisse les surveiller (2).

On détermine ainsi des centres d'action, analogues à

---

(1) *Naval Warfare*.

(2) Ce serait, par exemple, une erreur de fractionner notre escadre de la Méditerranée en deux tronçons répartis entre Toulon et Bizerte. Dans une mer aussi étroite, l'ennemi peut tenir en échec les deux forces sans se diviser; et celles-ci ne pouvant rien faire avant d'avoir opéré leur jonction, leur séparation initiale les compromet inutilement en les exposant à être battues en détail. Si, au lieu de deux centres, on répartit ses forces entre quatre ou cinq, les conséquences sont encore plus graves : l'ennemi, en restant concentré, a de si grandes

ceux qui se sont formés dans nos guerres maritimes; et
c'est alors seulement qu'on peut songer à opérer une concentration inopinée. Si les bâtiments qui opèrent dans un
ou plusieurs de ces centres parviennent à se dérober subitement, et se perdent dans l'immensité des mers, ils pourront tomber à l'improviste à un autre endroit où ils fourniront aux forces qui s'y trouvent déjà l'appoint nécessaire
pour obtenir la supériorité.

Tel est le principe des concentrations; mais son application ne se présente pas sous une forme aussi simple. Le
succès dépend beaucoup de la distance entre le point de
départ et le point d'arrivée, et de l'incertitude qui règne sur
la destination des bâtiments dont la trace est perdue. Si
ceux-ci n'ont qu'un seul objectif possible et une faible distance à parcourir pour l'atteindre, l'ennemi se lancera aussitôt à leur poursuite, et pourra arriver avant que leur présence n'ait produit son effet. Au contraire, si l'ennemi est
obligé de choisir entre plusieurs partis, il pourra se lancer
sur une fausse piste ainsi que firent Colpoys, Nelson et
Bridport, ou rester sur place dans la crainte d'un retour
offensif.

Nous avons déjà vu une concentration de ce genre à
propos de la croisière de Bruix en Méditerranée; nous en
verrons un exemple encore plus frappant dans la grande
opération stratégique de Napoléon. Il ressort nettement
de ces tentatives que le nombre et l'ampleur des combinaisons, auxquelles donnent lieu des déplacements de forces,
sont fonction de l'importance et de la dispersion des inté-

---

chances de s'opposer à une réunion, qu'il peut impunément n'opposer
à tous ces détachements qu'une force centrale inférieure à leur somme.

C'est aussi une erreur de placer une division de l'escadre du Nord à
Brest et une autre à Cherbourg. Isolément chacune est trop faible
pour constituer un danger; on ne récolte donc que la préoccupation
de les réunir, ce qui est toujours une opération dangereuse.

rêts maritimes de l'adversaire. Le parti le plus faible y trouvera donc, sinon une compensation, du moins une atténuation de son infériorité numérique.

Les conditions de la navigation à voiles apportaient des entraves à un système d'opérations qui exige une certaine concordance dans les mouvements; on était obligé de donner une grande élasticité aux prévisions afin de tenir compte des contrariétés que suscitaient la force et la direction du vent. Il semble qu'aujourd'hui la **régularité** de marche des bâtiments à vapeur, jointe à la précision de la navigation, supprimerait en partie ces obstacles. Mais nous en trouvons d'autres d'une nature différente : à tort ou à raison, les marines modernes ont, suivant les **régions**, des bâtiments de types différents dont la réunion constituerait un ensemble hétérogène, et elles sont encombrées de toute une catégorie de navires dont le faible rayon d'action ne se prête à aucune conception stratégique. Ces causes ne permettront pas de donner aux opérations le développement qu'on pourrait entrevoir. On pourra cependant tirer parti des concentrations dans quelques cas bien définis, et en particulier en faisant agir nos stations lointaines entre elles.

*
* *

Les considérations qui précèdent ne peuvent s'appliquer qu'aux nations qui ont des intérêts maritimes mondiaux, ce qui multiplie les points de contact avec l'ennemi et détermine dès le temps de paix un certain éparpillement des forces navales. Mais, lorsque le conflit se trouve localisé sur un théâtre étroit, soit en raison de sa nature même, soit à cause des faibles effectifs des belligérants, il n'y a pas lieu de s'égarer dans des combinaisons compliquées; le mieux est toujours alors de faire masse pour offrir le maximum de résistance. Cette solution pourra ne pas être

excellente; mais ce sera certainement la moins mauvaise.
Il arrive ainsi fréquemment que, dans les questions militaires, on soit obligé de se contenter du moindre mal.

Si, au début de la dernière guerre, les Russes, poursuivant je ne sais quels subtils desseins, n'avaient pas divisé
leurs forces entre Port-Arthur et Vladivostok, ils auraient
été en meilleure posture pour reprendre l'offensive au mois
de mai.

Au contraire, les Japonais, en concentrant leurs forces
dans la mer Jaune et en négligeant la division de Vladivostok, ont fait de la bonne stratégie.

V

LES LIGNES INTÉRIEURES

***

On ne dispose pas toujours d'éléments suffisants pour attaquer la principale armée ennemie. Quand la disproportion des forces est trop grande, il faut bien y renoncer. Il peut alors se présenter que l'ennemi, ne se trouvant pas en face d'une menace immédiate, divise ses forces afin d'augmenter son champ d'action; il est alors possible d'entrevoir le moyen de le battre en détail. Le procédé qui paraît le plus séduisant est celui qui utilise les lignes intérieures. « Les lignes d'opération intérieures sont celles que se constitue une armée en face d'une armée ennemie ayant plusieurs lignes d'opérations, et auxquelles on donne une direction telle qu'on puisse rapprocher les différents corps et coordonner leurs mouvements en vue d'une action commune avant que l'ennemi ne soit en situation de leur opposer une masse plus considérable (1). »

Dans la marine, les opérations par les lignes intérieures se présentent sous une forme beaucoup plus simple : on opère par les lignes intérieures lorsqu'on place la totalité de ses forces entre deux escadres ennemies, afin de les battre en détail. Ce procédé est dit « des lignes intérieures » parce que la position que l'on choisit place la masse centrale à une distance moindre de chaque fraction ennemie que celle qui les sépare l'une de l'autre.

Nous avons vu que, par deux fois, les Anglais vinrent

_____

(1) JOMINI.

s'établir avec toute leur flotte devant le Texel, pour empêcher la réunion des escadres de Hollande et de Zélande en
1788. L'escadre anglaise se plaça de la même façon en
croisière devant Ouessant pour couper la route à Tourville
amenant dans la Manche le contingent de la Méditerranée.
Lorsque Jervis voulut empêcher Bruix d'arriver à Carthagène où se trouvait la flotte espagnole, il plaça Keith au
cap Saint-Sébastien. Ces trois exemples nous montrent
trois applications différentes des lignes intérieures, et nous
aurons occasion d'en citer d'autres, car on en a fait un
usage fréquent.

L'emploi des lignes intérieures offre un moyen commode
de suppléer à l'infériorité du nombre; cependant, les avantages qu'on peut en retirer ne sont pas toujours positifs;
ils dépendent beaucoup du rapport entre la masse centrale
et la somme des deux autres. Lorsque ce rapport est voisin
de l'unité, on doit toujours chercher à utiliser les lignes
intérieures. Si l'opération réussit, on obtient une victoire
décisive dans la première rencontre, grâce à la disproportion
des forces, et on peut espérer ne pas être trop éprouvé pour
engager une seconde bataille. Si l'opération échoue, et que
l'ennemi parvienne à se concentrer, rien n'est compromis.

Lorsque les deux escadres contre lesquelles on agit sont
de forces inégales, on doit s'attacher de préférence à combattre d'abord la plus forte, parce que, si l'ennemi, après
une défaite, cherche à se soustraire à une seconde rencontre,
il ne dispose plus que de moyens insignifiants.

Les circonstances les plus favorables pour utiliser les
lignes intérieures se présentent au début de la guerre, dans
les conditions que nous avons déjà examinées à propos des
concentrations, c'est-à-dire lorsque les forces des deux
adversaires sont sensiblement les mêmes.

Dans le cas où la masse centrale est à peine supérieure à
chacune des deux autres, elle se trouve dans une situation

que l'on peut être obligé de subir, mais qu'on ne doit pas rechercher. Si les forces ennemies parviennent à se réunir, elle se trouve dans une position désespérée. Or, l'éventualité d'une jonction est de celles qu'il faut toujours prévoir, car les lignes intérieures offrent des chances, plutôt que la certitude, de s'y opposer : toutes les combinaisons géométriques que l'on peut faire pour l'empêcher s'écroulent en présence de forces mobiles qui sont libres de choisir la route qui leur plaît. L'incertitude où l'on se trouve conduit souvent à bloquer l'une des forces dans un port, et à s'opposer à la rentrée de l'autre. Cette manière de faire offrait des avantages au temps de la marine à voiles, parce que la brise qui favorisait l'accès du port paralysait en même temps la sortie des bâtiments qui s'y trouvaient. Aujourd'hui cet inconvénient a disparu; et l'escadre de blocus aurait à peine commencé la lutte contre l'ennemi venant du large, qu'il lui faudrait faire face à celui qu'elle tenait enfermé. Le mieux qui puisse advenir, c'est de rencontrer l'une des fractions adverses avant que l'autre ne puisse lui porter secours; ce qui ne peut se produire qu'à l'aide d'un ensemble de circonstances heureuses. L'opération aura alors pleinement réussi; mais quel en sera le résultat? La disproportion des forces ne sera pas suffisante pour que la première victoire ne soit chèrement acquise, et on se trouvera dans l'impossibilité d'affronter une seconde rencontre. Dès lors la fraction des forces ennemies qui n'aura pas combattu restera maîtresse de la mer (1).

En résumé, il semble que, lorsque la masse qui agit par les lignes intérieures n'a pas une force égale à la somme

---

(1) C'est ce qui se produirait si notre escadre de la **Méditerranée** se plaçait à Bizerte pour empêcher la jonction de l'escadre anglaise de la Méditerranée qui stationne à Malte et de l'escadre de la **Manche** qui arriverait par Gibraltar. Après un premier combat, les **Anglais** resteraient maîtres de la mer.

des deux autres, on puisse se ranger à l'avis de von der
Goltz qui dit à ce sujet :

« Quand on parle d'une façon générale des avantages
des lignes intérieures, on est dans l'erreur, car la situation
générale de celui qui se trouve sur la ligne intérieure est
presque toujours très critique... Tout ce qu'on peut dire
c'est que cette situation serait plus critique encore si, pour
un motif quelconque, on était privé de la latitude du mouvement de va-et-vient entre les différents groupes ennemis. »

Il est des circonstances où l'on se trouve sur la ligne intérieure par la force des choses et sans avoir recherché cette
position. La plus grande faute que l'on puisse commettre
alors est de diviser ses forces pour opposer un détachement
à chaque détachement ennemi. C'est cependant une erreur
qui est fréquente, tant est naturel le sentiment qui nous
pousse à faire face partout à la fois. Dans la seconde guerre
hollandaise, les Anglais avaient détaché Rupert avec une
vingtaine de vaisseaux pour attendre le long de la côte sud
d'Angleterre l'escadre du duc de Beaufort qui devait se
joindre aux Hollandais. On s'aperçut trop tard du danger
que faisait courir à la flotte anglaise le départ de Rupert ;
et lorsque celui-ci rallia Monk, la bataille des Quatre-Jours
était engagée depuis deux jours. En 1805, Cornwallis surveillait Ganteaume devant Brest et venait d'être renforcé
par une partie de l'escadre de Nelson et par celle de Calder,
lorsqu'il apprit que Villeneuve était sur la côte d'Espagne.
Il sépara alors ses forces en deux et envoya Calder dans le
sud, ce que Napoléon caractérisa en disant que c'était le
comble de l'imbécillité.

Nous avons vu que les Japonais s'étaient bien gardés de
commettre cette faute avant l'attaque du 8 février.

Il y a encore d'autres applications des lignes intérieures ;
mais elles ne se rapportent pas au sujet que nous traitons.

VI

LA POLITIQUE DES GAGES

Nous avons dit précédemment qu'il fallait toujours chercher à attaquer la principale armée ennemie, et nous avons discuté les différents moyens qui ont été employés pour se présenter sur le champ de bataille en forces supérieures. Mais le dernier, celui des lignes intérieures, n'est bon que dans des circonstances spéciales qui peuvent faire défaut; et le premier doit être favorisé par les conditions géographiques. Enfin, il n'est pas toujours possible de faire porter l'effort principal à l'endroit le plus sensible (1).

On a alors recours à ce qu'un officier supérieur a appelé, d'un mot heureux, « la politique des gages » : elle consiste à s'assurer des gages dont la possession cause à l'ennemi un tort suffisant pour que, dans l'impossibilité de les recouvrer, il préfère renoncer à la lutte. Du jour où les Américains eurent pris pied à Cuba, les Espagnols, privés de ma-

(1) C'est ainsi que, dans la guerre hispano-américaine, on ne voit pas comment les Américains auraient pu recruter et transporter à travers l'Atlantique une armée suffisante pour pénétrer au cœur de l'Espagne; l'effort eût été hors de proportion avec les risques à courir et le résultat à atteindre. De son côté, l'Espagne, pour tenter la même opération, n'avait plus de soldats disponibles; son armée était insuffisante; enfin, l'état de ses finances ne lui permettait plus de grosses dépenses. Il eût donc été inutile pour chacun des belligérants de porter la guerre dans le voisinage immédiat des côtes ennemies, en vue de préparer le passage pour une armée d'invasion.

rine, désespérèrent de pouvoir les en chasser et entamèrent des négociations de paix.

La politique des gages convient particulièrement à la guerre navale, parce que les points que l'on convoite sont généralement des colonies dont l'attaque exige le concours de la flotte. On est irrésistiblement entraîné à la pratiquer quand on est en lutte avec une puissance coloniale : il semble qu'on aura ainsi un effort moindre à faire, ce qui n'est pas toujours vrai, ainsi que nous le verrons à propos de la guerre de l'Indépendance américaine. Ce fut là un des caractères de nos nombreuses guerres avec l'Angleterre, et il faut reconnaître que c'était une conséquence forcée de la situation respective des deux pays en présence : l'Angleterre, ne pouvant songer à débarquer des troupes en France sans nous offrir sur terre le champ de bataille favorable que nous ne trouvions pas sur mer, était attirée par l'appât de nos colonies; les escadres qu'elle entretenait sur les côtes d'Europe avaient seulement pour but de la garantir contre une invasion. Dès que ce danger disparaissait, à la suite de nos défaites, elle reportait tout l'effort de la guerre aux colonies; et dans l'impossibilité de faire autre chose, nous étions obligés de suivre le mouvement.

Pour que la politique des gages conduise au but qu'on se propose, deux conditions sont nécessaires.

La première est qu'on prenne les dispositions convenables pour que l'ennemi ne puisse pas faire de son côté ce que l'on fait soi-même, c'est-à-dire, qu'en prévision de la ligne de conduite adoptée, on puisse attaquer les positions de l'adversaire sans immobiliser ses escadres pour défendre les siennes. Les forces flottantes ne peuvent fournir aux colonies qu'une protection indirecte en se lançant à la recherche des bâtiments ennemis pour les combattre; elles privent ainsi l'adversaire de ses moyens de transport et ouvrent la voie à l'offensive. Pendant que les escadres recherchent l'ennemi flottant, les colonies sont abandonnées provisoirement à leurs propres moyens; elles doivent donc offrir une force de résistance suffisante pour être à l'abri d'un coup de main rapide (1). Si on ne prend pas la précaution de les garnisonner fortement, on ne fait qu'un échange de gages. C'est ce qui est arrivé pendant la guerre de l'Indépendance américaine; nous avons pris aux Anglais la Dominique, Saint-Vincent, la Grenade, Tabago, Saint-Christophe, Trinquemalé, la Floride, tandis que les Anglais nous prenaient Saint-Pierre et Miquelon, Sainte-Lucie, Saint-Eustache, Saint-Martin, Pondichéry. Les hostilités auraient pu se prolonger ainsi indéfiniment. Si la France, qui (pour la première fois peut-être) disposait de toute son armée, avait augmenté ses garnisons (ce que l'Angleterre ne pouvait faire à cette époque dans la même proportion), et si surtout elle avait commencé par subordonner toute entreprise à la destruction de la flotte ennemie, dont la présence rend toujours précaire toute nouvelle conquête, le résultat eût été tout différent (2).

La seconde condition qu'impose la politique des gages est un choix judicieux des gages qu'on se propose d'acquérir.

Une erreur d'appréciation dans la valeur du gage peut conduire à un résultat diamétralement opposé à celui que

---

(1) Il importe du reste de remarquer que c'est dans la garnison des colonies qu'on puise pour attaquer les colonies ennemies, lorsque la voie de mer est libre.

(2) L'abandon presque complet des colonies pendant la paix contrariait toutes les opérations. Dès le début de la guerre, il fallait former des convois qui, comme toutes les forces passives, ne peuvent échapper à l'ennemi qu'à la condition de ne pas le rencontrer, parce que, la force de l'escorte étant généralement connue, il est facile de lui opposer des forces supérieures; les bâtiments affectés à la conduite des convois diminuaient d'autant nos escadres. Voir à ce sujet le combat du cap Finistère (3 mai 1747), celui de M. de l'Étenduère (14 octobre 1747).

l'on cherche et fait le jeu de l'adversaire contre lequel on s'épuise en efforts stériles.

Ce fut cette erreur qui fit traîner en longueur la guerre sino-française : fidèle à ses traditions maritimes, la France, qui ne voulait pas s'engager à fond, chercha à s'assurer la possession d'un gage qu'elle n'avait pas l'intention de conserver, mais grâce auquel elle comptait peser sur les décisions du Céleste-Empire. Elle résolut donc d'occuper Kélong et Tamsui. Remarquons tout d'abord que ces deux points ne formaient qu'une infime partie de Formose et que les dimensions de l'île fournissaient à l'ennemi des éléments de résistance peu en rapport avec la petite quantité de troupes qu'on voulait consacrer à l'expédition. Quand on ne prétend faire qu'un effort limité à l'avance, il ne faut pas s'attaquer à un pays dont les ressources locales sont un aliment constant pour l'ennemi. Ce fut une première faute.

La seconde résidait dans la position géographique du gage qui était beaucoup trop excentrique pour avoir une influence sur l'issue de la guerre. L'amiral Courbet, on le sait, n'était allé à Formose qu'à contre-cœur; il soutenait dans ses dépêches qu'il fallait frapper plus près de la tête et il proposait le blocus du riz et la prise de Port-Arthur. Il a suffi d'adopter partiellement ses vues pour amener la Chine à se soumettre; mais les efforts impuissants dépensés à Formose ne permirent pas d'être exigeant, et c'est à peine si l'amour-propre du Fils du Ciel eut à souffrir des conditions de la paix.

En résumé, la politique des gages exige une grande sûreté de jugement et des moyens en rapport avec le but. Cette dernière considération a son importance, parce que, comme on la pratique généralement pour ne pas faire de trop grands sacrifices, on est enclin à mesurer trop juste (1).

----

(1) C'est la préoccupation de limiter la dépense qui a donné nais-

Par elle-même elle ne constitue pas un expédient moral; mais souvent elle équivaut à faire plus de peur que de mal. Il faut donc mesurer à sa juste valeur la force morale de l'adversaire.

On n'emploiera ce système que dans le cas où on ne pourra faire autrement, et sans se faire d'illusions sur son efficacité absolue. Il ne faut pas perdre de vue, toutefois, que, si l'adversaire possède des forces maritimes, la politique des gages présente, sur un théâtre restreint, les mêmes caractères que les opérations maritimes qui menacent directement les intérêts vitaux des belligérants. Elle ne présente un avantage absolu que dans le cas où la position des gages permet d'y accumuler des forces supérieures à celles de l'ennemi, ce qui pourra avoir lieu lorsque les possessions convoitées seront à la fois éloignées du centre de la puissance de l'ennemi et rapprochées des grandes bases d'opérations dont on dispose soi-même (1). En revanche, on peut s'en servir avantageusement comme d'un moyen de forcer l'ennemi à combattre dans une zone déterminée où il est inférieur en forces : lorsque des bâtiment sont pour mission de protéger une région, il suffit de menacer un point pour les faire accourir. La plupart des combats n'ont pas eu d'autre cause et c'est pour cette raison que presque tous ont été livrés près des côtes.

---

sance à la méthode des petits paquets dont les funestes conséquences sont présentes à l'esprit de tous ceux qui ont fait les campagnes du Tonkin et du Dahomey et la première expédition de Madagascar. On a dépensé par petites sommes bien plus qu'il n'aurait été nécessaire pour terminer ces guerres d'un seul coup.

(1) Ce fut le cas pour les Américains dans leur dernière guerre : Cuba était près de leurs côtes, et trop éloigné de l'Espagne pour que celle-ci pût amener toutes ses forces sur le théâtre des opérations. Au moment où la guerre fut déclarée, tous les journalistes ont établi des comparaisons entre les effectifs de chaque pays; aucun n'a tenu compte de la situation géographique.

VII

LES ALLIANCES

––––––

Les alliances maritimes n'ont généralement pas donné les heureux résultats qu'on en attendait. Ce qui en ressort de plus clair, ce sont les éternelles récriminations que les alliés ne se ménagent pas entre eux.

En 1666, les Hollandais se plaignent d'être abandonnés par les Français; et, en considérant la lenteur de la marche du duc de Beaufort, le reproche paraît fondé. Quelques années après, les Français se trouvent alliés aux Anglais dans deux campagnes consécutives et ces derniers portent contre le comte d'Estrées de telles accusations, que Louis XIV ordonne une enquête. En 1676, les Hollandais ne paraissent pas avoir été plus satisfaits du concours des Espagnols lorsqu'ils se rencontrèrent avec eux contre Duquesne.

A Béveziers, la France fut vengée des attaques que les Anglais avaient portées contre elle : les Hollandais accusèrent hautement Torrington de les avoir laissé écraser par l'avant-garde de Tourville (1).

Tous ces reproches étaient peu fondés : il arrive fréquemment, dans une bataille, qu'une partie de la ligne soit

––––––

(1) Ce fut à ce propos qu'on écrivit : « Dans cette bataille, la victoire fut pour les Français, la gloire pour les Hollandais et la honte pour les Anglais. »

plus éprouvée que l'autre, mais il n'en résulte pas qu'il y ait défection; l'ennemi seul est coupable. Quand des alliés se méfient les uns des autres, ils crient à la trahison dès que la fortune les abandonne.

Pendant toute la durée du règne de Louis XIV, les Hollandais continuent à faire cause commune avec les Anglais; mais il semble que cette fois l'accord se soit établi.

Viennent ensuite les alliances franco-espagnoles. A la bataille de Toulon, de Court dégage par une belle manœuvre les Espagnols, et, pour l'en remercier, l'amiral Navarro, qui s'était conduit d'une façon honteuse, se plaint amèrement (1).

Pendant la guerre d'Amérique, les deux gouvernements alliés parviennent difficilement à s'entendre. Chacun tire la couverture à soi et veut que l'alliance ne serve que ses propres intérêts. On adopte alors un moyen terme, et l'on guerroie, tantôt dans le nord pour le compte de la France, tantôt dans le sud au profit de l'Espagne. Le résultat est ce qu'il devait être : nul. Les flottes combinées ne sont d'ailleurs que des cohues. Je passe sous silence les conflits de préséance.

La Hollande est aussi notre alliée dans cette guerre : elle fait bande à part.

Sous l'Empire, il ne pouvait être question pour l'Espagne de discuter sur un pied d'égalité avec Napoléon. Sa marine dut se contenter d'être purement et simplement à la remorque de la nôtre; mais elle ne fut pour nous qu'une charge. Villeneuve ne se console pas d'avoir dans son escadre des vaisseaux espagnols.

En résumé, les alliances maritimes se seraient surtout manifestées par leur impuissance si la bataille de Navarin

---

(1) Il fut nommé duc de la Victoire, tandis que de Court tombait en disgrâce.

n'était venue démontrer que l'émulation l'emporte quelquefois sur les préventions.

*
* *

A l'origine, les alliances n'avaient d'autre but que de faire la guerre à bon marché : chaque parti stipulait le nombre de bâtiments qu'il engageait, et on laissait à l'autre le soin de faire plus, s'il le jugeait à propos. On se gardait bien d'en rien faire pour ne pas tirer les marrons du feu.

Le traité mentionnait également les revendications de chacun, et on se promettait de ne signer la paix que d'un commun accord, après avoir obtenu gain de cause. Naturellement, dès que la chance devenait contraire, on oubliait toutes ses promesses, et on traitait comme l'on pouvait.

Cette façon de mesurer l'effort de chaque allié était évidemment une cause permanente de revers, puisqu'on renonçait à alimenter la guerre, tandis que la désignation des objectifs à atteindre faussait complètement la direction des opérations : il ne fut jamais possible de faire comprendre à l'Espagne que les clefs de la citadelle de Gibraltar se trouvaient à Londres.

Le caractère de la guerre, en se modifiant, a modifié aussi le caractère des alliances : désormais, chacun engagera toutes ses forces sans restrictions et sans marchander. Mais l'élaboration du plan de campagne peut donner naissance à des difficultés sérieuses.

Il y a presque toujours, dans une guerre, un certain nombre d'opérations ingrates qui procurent plus de peine que d'honneur. De celles-là, personne ne veut. Puis, chaque nation voit les choses à son point de vue particulier, sous une optique spéciale; et l'accord est difficile à établir.

Cette première difficulté vaincue, la question du commandement supérieur constitue une nouvelle source de froissements. S'il est possible, sans compromettre l'issue de la guerre, de faire agir chaque allié sur un champ de bataille séparé, cette solution sera toujours préférable.

A défaut, il faudra former des unités spéciales avec les forces de chaque nationalité, et les laisser sous le commandement de leur chef respectif. On évitera ainsi de tomber dans l'erreur que nous avons commise en intercalant les vaisseaux espagnols au milieu des nôtres (1). Il n'en restera pas moins qu'une armée combinée sera toujours moins redoutable qu'une armée de même force composée d'éléments de même nationalité. L'amiralissime ne pourra pas manier à son gré les diverses unités; chaque marine a une façon de manœuvrer qui lui est propre; elle a ses idées et ses traditions. La question des signaux sera également difficile à résoudre. Il y a ainsi plusieurs causes d'infériorité qui n'ont pour contrepoids que le nombre. Ce sera beaucoup si l'ennemi n'est pas d'une force à peu près égale; sinon ce sera insuffisant.

Puisque nous pouvons espérer dans l'avenir ne pas nous trouver seuls en face de l'ennemi maritime, souhaitons qu'on s'y prenne longtemps à l'avance pour aplanir tous les écueils qui ont si souvent gêné la marche des marines alliées; et qu'au jour de la lutte, il ne subsiste d'autre sentiment que celui de l'émulation qui, sur le champ de bataille, fait accomplir de grandes choses.

---

(1) Il est vrai que c'était dans le but d'éviter qu'ils ne jouassent le rôle des galères de Cléopâtre à la bataille d'Actium.

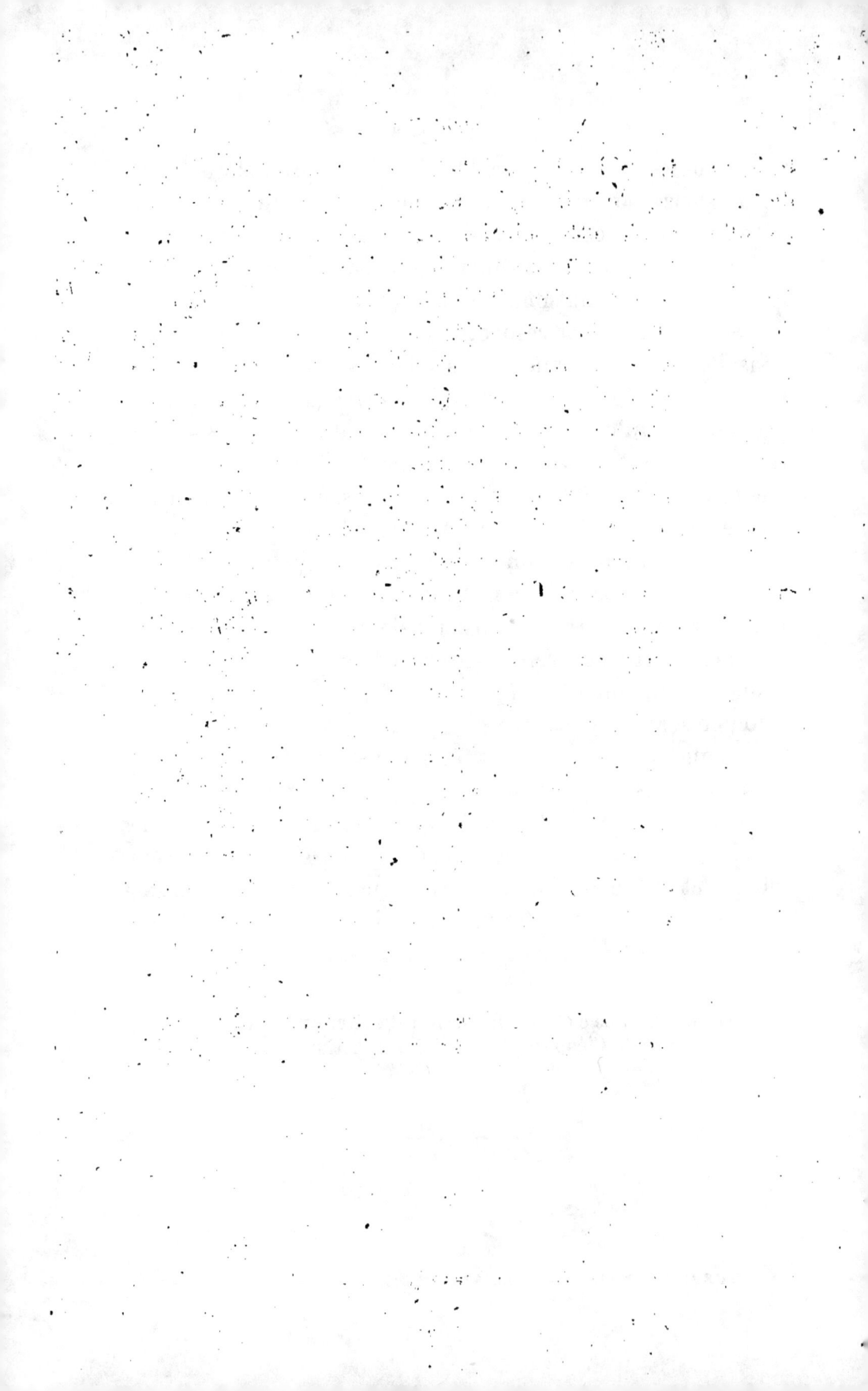

DEUXIÈME PARTIE

LES ÉLÉMENTS DE LA STRATÉGIE NAVALE

I

L'OFFENSIVE ET LA DÉFENSIVE

———

Après avoir passé en revue les moyens dont dispose la stratégie, nous avons à examiner quels sont les éléments qui renforcent ou affaiblissent son action. Ces éléments sont d'une nature très variable, et en premier lieu nous trouvons l'offensive et la défensive.

L'offensive est, dit-on, l'arme du fort; la défensive, celle du faible. Cela est vrai sur terre : les armées, à mesure qu'elles s'éloignent de leur base pour pénétrer sur le territoire ennemi, sèment en route une partie de leurs effectifs pour veiller à la sûreté des communications. On conçoit dès lors que le parti le plus faible préfère rester sur son propre terrain afin de disposer de la totalité de ses forces. Son infériorité numérique est encore compensée par les travaux de défense qu'il aura su accumuler sur le chemin de l'invasion. A l'aide de ces obstacles, il arrêtera la marche de l'ennemi pendant le temps nécessaire pour apprécier la situation et masser ses troupes au point voulu, à l'aide de son réseau intérieur de chemins de fer.

Tout cet ensemble d'opérations a une sanction qui les justifie : le combat. Si la lutte tourne à l'avantage du plus faible, il détruit la cohésion de son adversaire, le démoralise, lui fait des prisonniers qui sont des gages. Il peut ainsi rétablir l'équilibre du nombre et prendre à son tour l'offensive.

La défensive maritime ne se présente pas sous le même jour. Une flotte ne peut guère, à l'époque actuelle, suppléer à son infériorité numérique en s'appuyant sur des ouvrages fixes. Le concours des batteries de côtes ne lui est acquis qu'à l'intérieur des rades ou dans les passes qui y donnent accès; mais les rades et les passes ne sont pas des champs de bataille dont on puisse faire état dans une guerre navale. D'ailleurs, la défense ainsi comprise est du domaine de la tactique, et on n'entrevoit pas que la stratégie puisse forcer l'ennemi à accepter le combat dans ces conditions (1).

La défensive sur mer est plutôt une question de mots qu'une question de fait. C'est la conséquence du caractère un peu spécial des forces navales.

L'armée à laquelle nous faisions allusion doit assurer l'intégrité du territoire et imposer à l'ennemi la loi du plus fort; elle a atteint son double but lorsqu'elle a envahi le territoire de son adversaire, lui enlevant ainsi tout moyen de continuer la lutte.

La marine, elle, ne peut prendre possession du sol; on l'a créée pour la garde des intérêts maritimes, soit que ceux-ci transitent à travers les mers, soit qu'ils soient accumulés dans les ports. Lorsqu'une guerre éclate, le rôle de

---

(1) Les défenses fixes ont souvent fourni un appoint sérieux aux flottes à voiles. Lorsque des bâtiments se trouvaient acculés au combat près d'une côte, ils mouillaient près de terre ou s'échouaient, et débarquaient une partie de leur artillerie pour flanquer les deux extrémités de la ligne. Il était admis qu'une escadre ainsi soutenue avait une position très forte, et rarement l'ennemi se risquait à l'affronter (Voir la manœuvre de Barrington et de Parker à Sainte-Lucie, et de Linois à Algésiras). Suffren ne partageait pas cette opinion. Étant donnée la faible portée de l'artillerie à cette époque, il est probable que l'efficacité de ces batteries improvisées était d'ordre purement moral. On sait qu'à Aboukir, Brueys avait appuyé sa tête de ligne contre une batterie de deux mortiers et de quatre canons de 12 dont les boulets n'atteignirent pas les bâtiments anglais qui doublèrent la ligne

la marine devient très complexe. Elle conserve toujours la mission de protéger les richesses flottantes, mission d'autant plus impérieuse que ces richesses forment une plus grosse part du capital national; mais, en plus, elle doit assurer la police des mers en interdisant toute tentative d'invasion de la métropole ou des colonies. Voilà la partie défensive de sa tâche. Ce n'est pas tout : puisque la lutte est engagée, il faut s'efforcer d'avoir le dessus, ce qui conduit à attaquer chez l'adversaire les intérêts qu'on protège chez soi. C'est le côté offensif. La marine a ainsi à résoudre des problèmes très divers; elle est tiraillée par des nécessités multiples. Ne pouvant faire tête partout à la fois, elle est obligée de choisir entre la protection de ses intérêts ou l'attaque de ceux de l'adversaire, et suivant qu'elle a plus à perdre qu'à gagner, elle adopte la défensive ou l'offensive. En prenant les choses à ce point de vue très général, on peut conclure que c'est la puissance la plus faible qui attaque, et la plus forte qui se défend, puisque la puissance navale est en rapport avec la grandeur des intérêts maritimes. C'est bien ce qui s'est passé dans nos luttes avec l'Angleterre : elle n'a pris l'offensive contre nos colonies qui étaient sa seule convoitise qu'après s'être défendue victorieusement (1).

Mais si nous cherchons comment s'est pratiquée cette

---

(1) Ce caractère de nos guerres maritimes est très marqué :

Dans la guerre de la ligue d'Augsbourg, les attaques contre nos colonies ne deviennent sérieuses qu'après la bataille de la Hougue;

Sous Louis XV, la prise du Canada et de nos possessions des Indes suit le désastre de Quiberon;

Sous la Révolution et l'Empire, la perte de nos dernières colonies est postérieure à Trafalgar.

Nous ne parlons pas de la guerre de la Succession d'Espagne, parce que c'est une de celles où la politique dirigea constamment les opérations, et où les mouvements des flottes furent subordonnés à ceux des armées.

défensive théorique, nous constatons qu'elle a conduit directement à l'offensive contre les escadres ennemies, seul moyen d'enlever à l'adversaire la possibilité de nuire. Ce genre de défensive est donc d'ordre politique plutôt que militaire.

En quoi peut consister la défensive proprement dite, celle qui fournit à celui qui la pratique une compensation de son infériorité numérique?

Consiste-t-elle à s'enfermer dans les ports, d'après un système qui a rencontré dans ces dernières années de nombreux partisans?

Cette manière de procéder ne se rattache à aucun système défensif, elle conduit simplement à l'inaction. Elle ne peut se justifier que si elle procure des avantages à celui qui s'en sert. Or, quels sont ces avantages?

La force qui s'immobilise à l'intérieur d'un port est fatalement bloquée; si nous examinons les situations relatives du bloqueur et du bloqué, il est facile de voir que tout le bénéfice est pour le premier. Celui-ci assure la liberté de la mer derrière soi : suivant l'expression anglaise, il recule les frontières de son pays jusqu'aux rivages de l'ennemi, et, à l'intérieur de cette frontière, la sécurité est absolue. Le bloqueur récolte donc un résultat positif.

Le bloqué ne fait aucun mal à l'ennemi, et il n'empêche pas celui-ci d'en faire; il garantit son existence sans assurer la garde des intérêts qu'il est chargé de défendre. Il immobilise, il est vrai, des forces égales ou supérieures, mais à quoi cela sert-il puisqu'il n'en tire pas profit? Il ne récolte donc de son inaction qu'un résultat négatif. Bien des gens penseront d'ailleurs qu'il vaut mieux ne pas construire de ces machines coûteuses et compliquées qu'on appelle des bâtiments de guerre, si on ne doit pas les utiliser.

Sans doute, il y a des circonstances où une force navale est obligée de s'enfermer dans un port pour échapper à une destruction certaine; mais elle obéit alors à une nécessité impérieuse. On ne peut considérer que, dans ce cas, elle bénéficie des avantages qu'on est en droit de réclamer d'un véritable système défensif. Ceux qui préconisent la réclusion à l'intérieur des ports oublient qu'elle nous a été imposée malgré nous de 1793 à 1814 et que jamais elle n'a rien produit d'avantageux qu'à l'ennemi : l'Angleterre n'était inquiète que lorsqu'une de nos escadres redevenait active en s'échappant (1).

La défensive réside-t-elle dans le fait de se consacrer exclusivement à la protection des côtes? Sans discuter actuellement la quantité d'argent et les forces navales qui seraient nécessaires pour assurer directement la défense du littoral, on entrevoit que la politique qui en ferait l'unique objectif de la guerre navale ne donnerait que des déboires aux nations coloniales. Elle aurait pour conséquence immédiate d'abandonner la haute mer aux entreprises de l'ennemi et d'arrêter tout commerce maritime. De plus, en admettant que les colonies fussent assez fortement garnisonnées pour résister aux attaques (ce qui exigerait un déploiement de forces cadrant mal avec un système défensif), les communications avec la métropole seraient interrompues et les possessions lointaines abandonnées à leurs propres ressources. Une situation de ce genre ne pourrait se prolonger longtemps sans amener des perturbations dans la vie économique de la métropole. Or, qu'est-ce qui la ferait cesser? L'ennemi ne subirait aucun dommage ni dans ses forces constituées, ni dans ses intérêts : la guerre ne serait pas une charge sérieuse pour lui, et il aurait tout avantage à la prolonger. On ne peut cependant pas engager un conflit

---

(1) Quel bénéfice les Russes ont-ils gagné en s'enfermant dans Port-Arthur? Celui de retarder le moment où ils ont été obligés de détruire eux-mêmes leurs vaisseaux; mais les Japonais en ont profité pour débarquer en Mandchourie.

sans posséder un moyen quelconque d'y mettre un terme
par le préjudice qu'on porte à l'adversaire. La protection
des côtes ne fournit pas ce moyen.

Enfin, on peut envisager un troisième système de défensive consistant à attendre l'ennemi chez soi pour utiliser
toutes ses ressources, de quelque nature qu'elles soient. Si
les deux belligérants sont séparés l'un de l'autre par une
grande étendue de mer, ce genre de défensive est avantageux pour le parti le plus faible. Il peut faire entrer en
ligne la totalité de ses moyens d'action, alors que son adversaire doit, pour venir l'attaquer, se priver de tous ses bâtiments à faible rayon d'action.

Malheureusement, ces circonstances favorables ne se présentent jamais dans la pratique. Il peut arriver que deux
nations, séparées par de grandes étendues de mer, se fassent la guerre, mais entre elles se trouvent des intérêts
disputés dont la possession fait généralement l'objet du
litige. Dès lors, on n'est plus maître d'adopter une attitude
défensive : il faut transporter la guerre là où l'ennemi la
porte; car se défendre, ce n'est pas se laisser battre sans
rien faire.

La guerre hispano-américaine nous offre un exemple de
ce genre. Si l'Espagne n'avait pas possédé Cuba et Porto-
Rico dans le voisinage des côtes d'Amérique, il n'y aurait
pas eu de conflit (1). Lorsque celui-ci éclata, les Espagnols
auraient eu d'autant plus d'avantages à attendre l'ennemi
chez eux que la marine américaine était encombrée de
garde-côtes qui ne pouvaient franchir l'Atlantique; mais
ils ne furent pas libres de choisir leur théâtre d'opérations,
ni d'adopter le genre de guerre qui leur convenait. La force

---

(1) De même que nos démêlés avec la Chine ont commencé après
la prise de la Cochinchine et se sont continués par l'occupation du
Tonkin.

des choses les conduisit de l'autre côté de l'Atlantique. Ainsi ce fut le parti le plus faible qui dut se priver d'une partie de ses forces (1).

Lorsque les deux adversaires ont des frontières de mer communes, le plus faible n'a plus intérêt à attendre l'ennemi près de son littoral, car il ne peut plus empêcher la presque totalité des forces adverses de venir l'y combattre. Nous verrons même, en étudiant le détail des opérations, que le stationnement le long des côtes, loin de compenser une infériorité numérique, ne fait que l'aggraver.

En résumé, la défensive maritime, sous quelque forme qu'elle se présente, n'offre que des inconvénients : on peut être obligé de la subir, on ne saurait la rechercher. La puissance qui, de parti pris ou par nécessité, se confine dans une attitude défensive, est par ce fait même vaincue avant d'avoir combattu ; car elle abandonne la mer dont la possession est le but même de la guerre. Il en résulte que, d'un côté comme de l'autre, on est amené à faire de l'offensive, c'est-à-dire à rechercher l'ennemi pour le combattre. Mais les deux partis ne la pratiqueront pas de la même façon.

Le plus fort se lancera toujours au-devant des différentes escadres de l'adversaire pour les détruire le plus tôt possible avant qu'elles aient eu le temps de nuire. Le plus faible cherchera préalablement à faire perdre son contact pour opérer des déplacements de forces et créer de l'imprévu ; puis il tâchera d'entraîner son adversaire sur un champ de bataille favorable où ses plus faibles unités pourront entrer en jeu. Tant que durera cette joute, et tant qu'une bataille décisive n'aura pas fait pencher la balance dans un sens, les deux partis abandonneront les aspirations

---

(1) Ce qui prouve qu'on ne doit pas avoir plusieurs sortes de bâtiments de combat, car on ignore le genre de guerre qu'on sera obligé de subir.

qui ont provoqué la lutte; car c'est sur le champ de bataille que se décidera leur sort.

Qui sera vainqueur? Le plus mobile, le plus adroit, le plus tenace, celui qui aura le matériel le mieux approprié aux nécessités de la guerre.

C'est surtout au début de la guerre que l'offensive procurera des résultats décisifs. Si l'on parvient, par l'impétuosité de l'attaque, à devancer les projets de son adversaire, on imprime aux opérations une orientation déterminée : on crée une menace qui bouleverse toutes les prévisions de l'ennemi, qui le paralyse tant qu'il n'est pas parvenu à se dégager par une victoire. Mais le fait seul de l'avoir placé dans une situation imprévue le met en état d'infériorité et l'empêche de se ressaisir, alors que, au contraire, on a pu soi-même donner à ses forces la meilleure utilisation.

Le caractère de l'offensive est d'imposer l'attaque au lieu de la subir; il s'est manifesté dans l'histoire par le fait que presque toutes les victoires ont été gagnées sur les côtes ennemies.

II

LA GÉOGRAPHIE

Dans toutes les guerres, les conditions géographiques ont pesé sur les opérations, et elles n'ont pas, malheureusement, été favorables à la France.

On a coutume de dire que notre pays, placé à cheval sur deux mers, occupe une position privilégiée. Cette assertion est juste en ce qui concerne notre développement économique : c'est à ses côtes de Provence que la France a dû la prépondérance qu'elle a longtemps exercée en Méditerranée ainsi que la conquête de son domaine africain, tandis que ses rivages océaniens lui offraient des débouchés pour commercer avec les deux Amériques. Cette cause de prospérité devient pendant la guerre une cause de faiblesse ; elle détermine le fractionnement de nos forces maritimes en deux grandes masses très éloignées l'une de l'autre, et qui ne peuvent se réunir sans passer sous les fourches caudines de Gibraltar (1).

Tant que l'Angleterre n'eut pas en Méditerranée de flotte permanente, la France dut aller la combattre dans l'Océan et la Manche. Toute guerre débutait donc par l'envoi des forces de Toulon dans le nord, et les conditions géographiques contrarièrent constamment cette manœuvre : la

_____

(1) La nation qui disposait, au point de vue géographique, des mêmes avantages que la France sans en subir les inconvénients était l'Espagne. Ce fut l'origine de sa grandeur.

distance occasionnait des retards ou facilitait à l'ennemi le moyen de s'opposer à la jonction.

Lorsque le détachement de Toulon se faisait **attendre**, force était de commencer les opérations sans lui, si les circonstances l'exigeaient. C'est ainsi que les Hollandais durent livrer la bataille des Quatre-Jours avant l'arrivée du duc de Beaufort, et que Tourville engagea la bataille de la Hougue avant d'avoir été renforcé par d'Estrées.

Pour s'opposer à la réunion de nos forces, les Anglais procédaient de deux façons différentes : ou bien, profitant de l'impuissance momentanée de notre escadre de Brest, ils s'installaient en croisière au large d'Ouessant pour attendre le détachement de Toulon ; ou bien ils envoyaient des forces supérieures à Gibraltar pour l'intercepter au passage (1).

Tourville réussit une fois à faire entrer dix-huit vaisseaux à Brest à la vue de la flotte anglaise, et Château-Renault échappa l'année suivante à Killigrew qui le poursuivait depuis sa sortie du détroit (2).

Le danger que coururent ces deux amiraux montre les difficultés que présentait l'entreprise, et prouve que l'opération est de celles qui ne doivent pas être tentées logiquement. De fait, Tourville et Château-Renault furent les seuls à réussir et toutes les autres tentatives échouèrent ; et parmi elles celle de M. de La Clue qui entraîna le désastre de Lagos et eut son contre-coup à Quiberon.

Il faut reconnaître que le procédé employé sous Louis XIV

---

(1) Cette deuxième solution prête à la critique : l'Angleterre aurait trouvé plus d'avantages à ne laisser à Gibraltar que des frégates pour surveiller le passage, et à concentrer toutes ses forces dans le nord ; elle eût été ainsi dans des conditions plus favorables, quoi qu'il advînt.

(2) Pendant la guerre de la Succession d'Espagne, les Anglais placèrent même la totalité de leurs forces au cap Saint-Vincent pour contrarier l'opération inverse : le passage du comte de Toulouse du nord dans le midi.

et Louis XV n'était pas de nature à pallier les inconvénients d'une situation géographique défavorable. En envoyant les vaisseaux de Toulon dans le nord, ceux-ci se rapprochaient du centre de la puissance anglaise et couraient au-devant du danger. Il eût été plus logique de faire la manœuvre inverse, et d'opérer la jonction le plus loin possible de la principale armée ennemie. Il eût fallu faire partir l'escadre de Brest (la plus forte) pour le sud à l'époque où celle de Toulon avait coutume de sortir (c'est-à-dire un peu avant le commencement de la campagne, en mars ou avril). Elle aurait passé le détroit, rallié les bâtiments de Toulon et serait remontée ensuite dans le nord. Le pis qui pût arriver eût été qu'elle fût suivie par la flotte anglaise; mais il vaut mieux fuir devant le danger que d'aller à sa rencontre.

Pendant la guerre que Louis XIV et Charles II soutinrent contre la Hollande, en 1672, la réunion des escadres française et anglaise s'opéra d'après ces principes. Le gros des forces anglaises était à Chatham avec le duc d'York; les trente bâtiments de d'Estrées armaient à Brest. Le point de concentration fut fixé à Sainte-Hélène. Ruyter, qui commandait les Hollandais, se proposa de séparer les alliés en se plaçant dans le Pas de Calais. Dès que le duc d'York apprit que l'escadre hollandaise se dirigeait du Texel sur le détroit, il sortit en toute hâte de la Tamise en abandonnant les vaisseaux qui n'avaient pas encore terminé leur armement, et parvint ainsi à devancer Ruyter. La jonction se fit ensuite sans encombre à l'endroit désigné; puis la flotte alliée, remontant dans l'est, prit au passage les bâtiments restés dans la Tamise. La situation eût été complètement différente si le duc d'York avait attendu sur place le contingent français (1).

---

(1) Cette manœuvre n'est pas mentionnée dans les histoires maritimes; elle ressort du rapport du comte d'Estrées.

Pendant la guerre de l'Indépendance américaine, chaque fois que la flotte combinée croisa dans la Manche, la jonction s'opéra préalablement en Espagne, tantôt au Ferrol, tantôt à Cadix, c'est-à-dire loin des côtes ennemies. Il est probable qu'en adoptant cette ligne de conduite, le gouvernement français obéit à des considérations d'ordre politique plutôt que stratégique. Quelles que fussent les causes, elles n'en favorisèrent pas moins la concentration.

Par le percement du canal de Suez, la Méditerranée se trouva couper la route du commerce entre l'Angleterre d'une part, l'Inde et l'Extrême-Orient de l'autre. La géographie se serait alors retournée de notre côté si, par sa prévoyance, notre rivale n'avait su se réserver la possession de Malte et de Gibraltar.

La Méditerranée, en effet, n'a jamais été un champ de bataille favorable aux flottes anglaises jusqu'au jour où elles purent se servir des ports de l'Italie, de la Sicile et de la Sardaigne. Jusque-là, elles y étaient trop éloignées de leur base pour s'y maintenir en permanence; et si l'Angleterre put conserver Gibraltar qui se défend lui-même, elle perdit deux fois Minorque.

Dans les guerres anglo-hollandaises, la géographie était encore favorable à l'Angleterre. Toutes les côtes de la Hollande étaient surveillées par une partie de celles de l'Angleterre, et pas un bâtiment de commerce batave ne pouvait arriver au port sans traverser le théâtre des opérations. Au contraire, la plus grande partie des côtes anglaises se trouvait complètement en dehors de la zone d'action des flottes, et les bâtiments pouvaient s'y réfugier en attendant une occasion favorable pour entrer dans la Tamise. Il en résulta que la Hollande dut interdire tout transit pendant la durée des hostilités, et qu'elle se ruina peu à peu sans avoir eu sur mer une infériorité marquée.

Il nous semble inutile de montrer la part prépondérante

qu'eut la géographie dans le conflit hispano-américain. Il suffit de prendre une carte pour s'en rendre compte.

Dans la guerre russo-japonaise, la géographie a été deux fois contre les Russes : 1º leurs forces se trouvaient aux deux extrémités du globe au moment où la guerre éclata; 2º sur le théâtre des opérations, le Japon occupait, par rapport aux deux bases de la Russie (Port-Arthur et Vladivostok), une position centrale qui lui était favorable. Cette situation permit aux Japonais d'avoir toujours la supériorité numérique sur le champ de bataille.

*
* *

Lorsque l'on a la géographie pour soi, il faut en user; mais il ne faut pas en abuser. On a en effet une tendance à se laisser séduire par les avantages que peut éventuellement procurer une position géographique; et on en arrive ainsi à attribuer à cette position plus d'importance qu'aux forces ennemies. Il y a, dans une conception de ce genre, un cercle vicieux. L'objectif est toujours l'ennemi flottant; les positions géographiques n'ont donc pas de valeur en soi; elles n'en ont qu'autant qu'elles favorisent l'action des forces maritimes contre l'ennemi.

Pour fixer les idées, prenons comme exemple le Pas de Calais. Voilà bien le type le plus parfait de la position géographique. Nous avons donc placé à Dunkerque une puissante flottille dans le but avoué de commander le passage. Mais quel pourrait être le rôle de cette flottille? Il sera peut-être moins brillant qu'on ne serait tenté de le croire.

Les opérations ne présenteront pas le même caractère suivant que la côte anglaise sera ennemie ou neutre.

Dans le premier cas, notre flottille qui s'appuie sur Dunkerque et Calais trouvera en face de soi une flottille ennemie qui s'appuiera sur Douvres et l'embouchure de la Tamise; et comme le nombre ne sera pas en notre faveur, on ne voit pas nettement ce qu'elle pourrait entreprendre avec succès. Si nos torpilleurs restent circonspects et évitent de s'engager, ils laisseront en fait l'ennemi maître du détroit. Il semble donc préférable de les employer sur un autre terrain, et leur place n'est pas dans le Pas de Calais. Ils n'auraient d'intérêt à s'y présenter qu'autant qu'ils auraient des chances de balayer la flottille ennemie.

Dans le second cas, c'est-à-dire si la côte anglaise est neutre, rien n'empêchera la France de *commander* le passage et cette fois du moins on pourrait penser que la présence d'une flottille à Dunkerque se justifierait. Pas le moins du monde. Si la flottille comprend un nombre important de sous-marins, elle exercera sans doute une menace suffisante pour enlever à l'ennemi l'envie de se hasarder dans le détroit; mais cela ne constitue pas un résultat positif. L'ennemi sera contrarié dans ses mouvements; mais il ne subira aucun dommage dans sa puissance. En revanche, nous aurons immobilisé en pure perte une nombreuse flottille. Ne nous lassons pas de répéter que les forces navales sont faites pour jouer un rôle actif. Les condamner à faire le pied de grue dans un couloir en prévision d'événements qui peuvent ne jamais survenir équivaut à fournir à l'ennemi l'appoint d'une force équivalente à celle qu'on distrait ainsi du théâtre des opérations. Le jour où l'on verra une armée ennemie se présenter dans l'Océan après avoir passé dans l'ouest de l'Angleterre, on se rendra compte que la position du Pas de Calais n'a pas une valeur absolue.

Les positions géographiques n'en ont pas moins une importance stratégique indiscutable qui a été mise en relief par la guerre russo-japonaise; et cependant les Japonais n'ont jamais songé à immobiliser en permanence des forces dans le canal des Pescadores et celui de Corée (1), dans les détroits de Tsugaru et de la Pérouse, car ces forces auraient fait défaut dans la mer Jaune. Ils ont profité des avantages que procuraient certaines de ces positions dans des circonstances déterminées; mais ils n'ont pas cherché à leur faire rendre plus qu'elles ne pouvaient donner.

Les considérations qui précèdent ne s'appliquent pas seulement à des détroits; elles sont vraies pour des régions entières. Il est évident, par exemple, que la Manche serait un champ d'action excellent pour nos flottilles qui sont composées en majeure partie d'unités de petit tonnage. Il faut nous garder de nous laisser séduire par cet avantage en assignant d'avance à nos torpilleurs la Manche comme théâtre d'opérations; car tant que l'ennemi ne s'y présentera pas, ils n'ont rien à y faire.

Dans le même ordre d'idées, le public doit se persuader que nos escadres ne sont nullement destinées à opérer dans une région plutôt que dans une autre, en dépit de leur appellation officielle qui semble les affecter spécialement à la garde d'une région déterminée. Elles ont été créées, à grands frais, pour détruire l'ennemi, quel que soit l'endroit où celui-ci se trouvera. S'il ne vient pas à elles, ce sont elles qui devront aller à lui. Aussi bien, là où n'est pas l'ennemi, nos intérêts ne sont pas menacés et nous n'avons pas à les protéger.

---

(1) Quelques torpilleurs avaient pour base Takechiki, mais ils étaient peu nombreux et ne pouvaient, en raison de leurs faibles dimensions, prendre part aux opérations dans la mer Jaune. Leur présence dans le canal de Corée semble d'ailleurs pouvoir être attribué bien moins à la préoccupation de garder le passage (ce qu'ils étaient incapables de faire) qu'à celle de favoriser la traversée des transports qui sillonnaient le canal.

III

LE SECRET DES OPÉRATIONS

————

S'il n'y avait jamais eu d'imprévu dans la composition et les mouvements des forces, les combinaisons géniales qui font notre admiration auraient été réduites à néant, et les grands capitaines eussent été privés d'un de leurs moyens d'action les plus puissants.

Il ne semble pas cependant que, dans les guerres maritimes, on ait fait beaucoup de mystères; et bien que les prévisions se soient souvent trouvées en défaut par suite de circonstances fortuites, nous connaissions généralement les armements anglais, et les Anglais connaissaient les nôtres. Il n'entrait pas sans doute dans les mœurs du temps de cacher aux officiers leur destination, en sorte que l'ennemi était renseigné, non seulement sur les préparatifs qui se faisaient, mais aussi sur leur but. C'est peut-être pour cette raison que, sur toutes les mers, les forces tendaient toujours à s'équilibrer dans la mesure des moyens dont chaque parti disposait.

Napoléon, au contraire, a toujours pris soin de laisser planer le doute sur ses opérations maritimes. On sait que le secret de l'expédition d'Égypte a été bien gardé, et qu'il entraîna le succès du débarquement. On verra plus loin de quelle manière l'Empereur détourna l'attention du gouver-

nement anglais dans sa grande entreprise stratégique.
L'efficacité des dispositions adoptées est manifeste, puisque Missiessy ne fut pas suivi aux Antilles et que Nelson
perdit un mois avant de s'élancer à la poursuite de Villeneuve.

Il est presque impossible de cacher les armements qui se
font dans les ports; l'ennemi aura même souvent assez de
perspicacité pour ne pas accepter sans restriction tous les
bruits qui circulent à leur sujet, ni prendre au sérieux tous
les préparatifs qui sembleront les confirmer. Cependant, il
ne pourra pas les dédaigner et négliger d'en tenir compte;
car il suffirait qu'il ne prît pas les mesures que comporte-
raient les projets avoués de l'ennemi pour rendre possible
leur accomplissement.

Le secret des opérations fait naître l'indécision; or, il n'y
a pas, pour ceux qui ont la responsabilité de diriger les
mouvements des flottes, de plus mauvais conseiller que
l'indécision. Elle conduit souvent à adopter une cote mal
taillée et à diviser ses forces mal à propos. Nous en avons
déjà vu des exemples, et les Américains en ont fourni une
nouvelle preuve tout récemment : lorsque l'escadre espagnole quitta les îles du Cap-Vert, l'incertitude qui régnait
sur son objectif amena le département de la marine à scin-
der ses forces en deux groupes dont aucun n'avait, théori-
quement, une supériorité marquée sur les croiseurs espagnols. La jonction ne s'opéra qu'après avoir eu connaissance
de la région où se trouvait l'ennemi.

Il ne faut donc jamais dévoiler ses projets, même ceux
qui semblent s'imposer : on est étonné, en lisant l'histoire,
combien l'ennemi est disposé à toujours croire à la solution
la plus compliquée, lorsqu'on le met en demeure de deviner
l'objectif d'un armement.

Avec les moyens de communication dont on dispose actuellement, il semble difficile de tromper longtemps l'en-

nemi sur ses déplacements. Cependant les Japonais, à l'aide d'un contrôle sévère, sont parvenus à tenir leurs adversaires dans l'ignorance presque absolue de leurs mouvements. Il serait donc prématuré de considérer que, en raison du développement de la télégraphie — avec ou sans fil — on doive renoncer au secret des opérations.

IV

LES RENSEIGNEMENTS
ET LES COMMUNICATIONS.

Le service des renseignements a pour but de pénétrer les desseins de l'ennemi malgré les précautions qu'il prend pour les cacher.

La connaissance approfondie de l'adversaire fournit déjà des indications précieuses; l'histoire montre quelles sont ses aspirations, les moyens qu'il a employés dans les guerres précédentes pour les réaliser. En combinant ces données avec la situation économique du pays et les idées qui y ont cours, on réunit un certain nombre de présomptions qui donnent une impression sur l'orientation qu'il imprimera aux opérations.

La guerre déclarée, ce qu'il importe surtout de connaître, c'est le nombre, la composition et les déplacements des forces adverses.

Tous les gouvernements entretiennent dans ce but des agents qui les renseignent sur les armements des ports et sur les bruits qui circulent; mais on ne doit accepter tous ces renseignements que sous bénéfice d'inventaire, car ceux qui les fournissent sont souvent sujets à caution et ont rarement une connaissance exacte du métier. En tout cas, comme les agents sont mus par un motif intéressé, ils se préoccupent beaucoup plus de donner des renseignements que de les donner exacts, et, pour gagner leur **argent**, ils ont une tendance à toujours exagérer.

La recherche. — Lorsque les escadres ennemies prennent la mer, on ne peut connaître leur destination et contrarier leurs projets qu'en prenant leur contact. Le service des renseignements incombe alors aux bâtiments rapides; sous sa forme moderne, il est connu sous le nom de « recherche. »

La recherche consiste à trouver l'ennemi sans autre donnée que son point de départ. Les inventeurs du procédé ont préconisé, pour résoudre ce problème, l'emploi de courbes dites stratégiques. Sur le papier, ces courbes donnent lieu à d'amusantes récréations: transportées sur le terrain, exécutées par de vrais bâtiments, elles ne donnent rien, parce qu'il faut, pour les utiliser, étayer les problèmes de stratégie sur des données fausses ou conventionnelles (1). En sorte qu'on se demande si les courbes stratégiques sont nées de la préoccupation de trouver l'ennemi ou si, au contraire, on ne les a pas affectées à ce rôle dans le but de leur trouver une utilisation. Quoi qu'il en soit, lorsqu'il s'est agi de passer à la pratique, on fut amené fatalement à balayer, avec une ligne de croiseurs, des secteurs de mer dans lesquels on supposait que l'ennemi devait se trouver.

Pendant plusieurs années, l'application du principe de la recherche fournit le thème de tous les exercices sans donner de résultats bien concluants. Comme on se contentait de poursuivre la découverte de l'ennemi, sans faire inter-

_____

(1) L'écart supposé, entre la vitesse du chasseur et celle du chassé, est trop grand; les points de départ sont plus rapprochés qu'ils ne le seront dans la réalité pour permettre de résoudre le problème pendant la durée du jour; enfin on interdit à l'ennemi de changer de route, ce qui est peut-être excessif.

venir les données qui, en temps de guerre, restreindront l'incertitude sur sa position, sans tenir compte de la répercussion du développement des croiseurs sur la force du corps de bataille, on répéta sur tous les tons que nos escadres n'avaient pas assez de croiseurs. Et il n'en pouvait être autrement, car on prétendait donner une solution absolue à un problème qui, par lui-même, n'en comporte pas, excepté dans des cas particuliers.

De plus, l'importance qu'on attribua à cette cavalerie battant l'estrade fit supposer que l'ennemi userait des mêmes moyens, et qu'avant de pouvoir atteindre le gros de ses forces pour déterminer leur nombre et leur position, il faudrait refouler des obstacles. Ce n'est donc plus de la cavalerie légère qui doit précéder les escadres, mais de la grosse cavalerie, des croiseurs cuirassés; les bâtiments légers ne sont plus bons qu'à relier la ligne d'éclairage au commandement par un service ininterrompu d'estafettes.

Il n'y aurait qu'avantage à doter nos escadres d'une nuée de croiseurs, si la conséquence n'en était de diminuer d'autant le corps de bataille. Certainement, les lignes de croiseurs fourniront peut-être le moyen d'être renseigné à temps sur la force de l'ennemi pour permettre de se dérober en cas d'infériorité: il ne faudrait pas cependant que cette infériorité fût due au développement exagéré des navires auxiliaires. Or, dans certaines manœuvres, le tonnage global de ceux-ci a atteint 50 % du tonnage de tous les cuirassés, et maintenant que les croiseurs de 12.500 tonnes et plus sont entrés en service, le tonnage global de nos bâtiments, dits légers, se rapproche de celui des cuirassés.

Où cela mène-t-il? Car, enfin, on ne peut admettre une pareille diminution dans nos effectifs de combat qu'à la condition que les éléments qui les affaiblissent soient indispensables. Or, la composition des bâtiments affectés à la recherche prête à la critique aussi bien que la recherche elle-même.

L'objectif des bâtiments qui gravitent autour des escadres n'est pas de se battre : il est de fournir des renseignements. Les combats qu'ils peuvent avoir à soutenir dans l'accomplissement de leur mission ne sont que des accidents : s'ils sont plus forts que l'ennemi, ils le refoulent; s'ils sont plus faibles, ils se replient. Or, c'est l'idée de faire combattre nos croiseurs qui a déterminé l'accroissement de leur tonnage, par la préoccupation de faire toujours plus fort que les autres nations. On devait ainsi fatalement rapprocher le croiseur du cuirassé : ce qui est un contre-sens. Effectivement, nos nouveaux croiseurs ont le tonnage de nos cuirassés et leur vitesse est à peine supérieure. Sans doute, on admet difficilement qu'on puisse avoir un type de bâtiment léger inférieur à celui de l'ennemi; mais, d'une part, c'est nous qui avons inventé la recherche, et, d'autre part, la théorie des lignes de croiseurs ne repose sur aucune donnée expérimentale, et rien ne prouve que, dans la réalité, les choses se passeront suivant les prévisions. Il se peut très bien, au contraire, que, dès le début d'une guerre, tout le système s'écroule, car il n'a pas reçu la sanction de la pratique.

Dès maintenant, en effet, on peut s'attendre à beaucoup de déboires de ce côté. Dans les exercices de nos escadres, on n'a jamais serré le problème de très près; la plupart des thèmes sont conçus en vue d'assurer leur réussite pour ne pas s'exposer à brûler du charbon en pure perte. Malgré cela, les conclusions qu'on peut tirer de nos manœuvres ne sont guère consolantes : la première partie du programme, celle qui consiste à découvrir l'ennemi, réussit quelquefois grâce à des conventions rigoureuses que la guerre refusera d'admettre; en revanche, le maintien du contact et le service d'informations ont toujours assez mal fonctionné. Ces résultats sont de nature à éveiller nos soupçons sur l'efficacité des lignes d'éclairage.

Les services qu'on leur demande ne s'imposent pas d'ailleurs au même degré aux deux partis. Le plus fort, après s'être assuré la supériorité du nombre, pourra songer à augmenter le nombre des satellites qui accompagnent les escadres pour augmenter ses chances de joindre l'ennemi. Le plus faible, au contraire, ne sera jamais embarrassé pour provoquer une rencontre; mais, avant de l'affronter, il tâchera de se faire renforcer par d'autres unités; et pour les rallier, il n'a pas intérêt à faire la tache d'huile; il se concentrera, au contraire, pour occuper le plus faible espace possible (1).

Le nombre et la nature des bâtiments destinés à assurer le service des renseignement et des communications ne doivent pas être déterminés d'une façon abstraite; ils doivent tenir compte de la répercussion que peut avoir le développement des navires auxiliaires sur les conditions générales de la guerre (2). Donnez à un chef d'escadre la mission de rechercher une autre escadre au milieu des mers, comme on cherche une aiguille dans une botte de foin, cet amiral, ne voyant que cet objectif immédiat, trouvera qu'il manque toujours de bâtiments légers; doublez, triplez leur nombre, il ne s'en plaindra pas. Supposez maintenant que ce même chef d'escadre commande en temps de guerre et que, du résultat de sa rencontre avec l'ennemi dépendent les destinées du pays. A ce moment critique, sa sollicitude n'ira

---

(1) Si, pendant les manœuvres de 1901, l'escadre B n'avait pas déployé ses croiseurs, elle aurait eu plus de chances de passer par maille.

(2) « Si on ouvrait mon cœur, écrivait Nelson au moment où il cherchait l'escadre de Brueys, on y lirait : Je n'ai pas de frégates. » Sans doute, il avait raison. Mais si l'Amirauté avait remplacé les vaisseaux par des frégates, on eût lu dans le cœur de Nelson : « Je n'ai plus assez de moyens pour me battre. »

pas aux bâtiments légers, mais aux bâtiments de combat. Ce sont ceux-là qu'il réclamera avec insistance. Et, si on pouvait le laisser libre de disposer à son gré du tonnage représenté par l'ensemble des bâtiments dits légers, il y a neuf chances sur dix pour qu'il en transforme la majeure partie en solides cuirassés, parce qu'on n'a jamais trop de forces pour assurer la victoire. Cet amiral pensera sans doute qu'avant de songer à rencontrer l'ennemi, il faut d'abord pouvoir se mesurer avec lui, et qu'il n'y a pas d'exemple que les adversaires n'aient fini par se rencontrer (1).

Il ne gardera donc que la quantité d'éclaireurs indispensable, et ceux-ci, ne représentant qu'une faible partie du tonnage de toute l'escadre, ne diminueront pas sa force d'une façon sensible. En un mot, il adoptera la solution qui lui donnera le meilleur rendement (2).

---

(1) Examinons en effet quelles ont été les causes déterminantes des batailles navales. On peut les ranger en deux catégories. La première comprend tous les combats où les adversaires ont été délibérément l'un au-devant de l'autre pour décider à qui appartiendrait l'empire de la mer. Appartiennent à cette catégorie les batailles connues sous les noms suivants : Lowestoft, la bataille des Quatre-Jours, North-Foreland, Solebay, Schone-Veldt, Béveziers, Malaga, Ouessant. La seconde catégorie comprend les batailles qui ont été la conséquence d'opérations entreprises par l'un des belligérants et auxquelles l'autre essayait de s'opposer : Stromboli, Agosta et Palerme sont liés à l'occupation de la Sicile par les Français; Bantry a pour cause un débarquement en Irlande; la Hougue, une menace d'invasion de l'Angleterre; Mahon, le siège de cette ville; Quiberon n'est qu'une réédition de la Hougue.

Presque toutes les rencontres de la guerre de l'Indépendance américaine aux Antilles et sur les côtes d'Amérique ont pour origine des opérations à terre; une partie des combats de Suffren également. Aboukir est le résultat de l'expédition d'Égypte; enfin Trafalgar est le dernier acte de la tentative de débarquement en Angleterre.

La marine à vapeur ne modifie pas le caractère des rencontres; Lissa, le Yalu, Santiago, ont une certaine analogie avec Bantry.

Quant aux rencontres fortuites, elles sont en infime minorité, et on doit les porter au compte des profits et pertes de la guerre.

(2) L'accroissement du tonnage et de l'armement des croiseurs nous

Nous sommes ainsi amenés à étudier comment on avait des renseignements à l'époque où on ne ratissait pas la mer avec des croiseurs.

Tout d'abord on est frappé de la quantité de nouvelles fournies par les bâtiments neutres (1) et les prises faites à l'ennemi.

L'escadre qui les recueille les communique, s'il est nécessaire, aux autres escadres et à la métropole. Celle-ci, de son côté, envoie aux escadres tous les renseignements qui sont de nature à les intéresser. Il s'établit ainsi entre les escadres et la terre, et entre les escadres elles-mêmes, un échange permanent de communications au moyen de bâtiments légers (2). Tous les renseignements qui parviennent

---

forcera à les considérer comme des vaisseaux de ligne. On aura ainsi de mauvais bâtiments de combat qu'on ne sera même pas sûr de faire participer à l'action ; car ils pourront fort bien être à une grande distance du corps de bataille au moment de la rencontre.

(1) *Exemples.* — Un navire neutre apprend aux Espagnols le départ de Derby avec un convoi pour Gibraltar (1781) ; Derby est avisé par un neutre de la prise du convoi de Saint-Eustache par La Motte-Picquet et détache huit vaisseaux pour essayer de le reprendre (1781). Des pêcheurs de Madère apprennent à Suffren le passage de Johnston : celui-ci faisait route vers le Cap lorsqu'il est informé par un neutre des préparatifs qui rendent son expédition inutile (1781). Un bâtiment marchand apprend à Suffren où se trouve l'escadre anglaise de l'Inde (1782). Lord Howe rencontre des neutres qui le renseignent sur la position de Villaret-Joyeuse (1794). Pendant la traversée de l'expédition d'Égypte, un brick rencontre en mer l'escadre de Nelson et en informe le port de Toulon qui expédie deux avisos à Brueys (1798). Le 22 juin, les Anglais communiquent avec un bâtiment qui avait passé au milieu de la flotte de Brueys (1798). Bridport est informé par plusieurs bâtiments marchands que la flotte de Bruix, sortie de Brest, fait route au sud-ouest (1799). Un navire ragusien apprend à Villeneuve que Nelson est au sud de la Sardaigne (1805). Celui-ci apprend à son tour que Villeneuve était le 7 mars au sud du cap de Gale, etc.

(2) *Exemples.* — D'Estaing expédie la *Flore* sur les côtes d'Espagne pour tenir le ministre au courant de sa navigation (1778). La frégate

aux chefs d'escadre ne leur fournissent que des indications dont ils tirent des probabilités. Ils lancent alors des éclaireurs dans des directions précises pour voir si leurs prévisions sont fondées.

Ce système de communications n'a pas été créé de toutes pièces, comme le nôtre. Il était le résultat de l'expérience des siècles, et rien ne prouve que les nécessités auxquelles il répondait ne soient pas aussi impérieuses aujourd'hui qu'autrefois. On ne le pratique pas pendant les manœuvres et les exercices, parce que l'énoncé même du thème y supplée; mais il est fort possible qu'en temps de guerre on soit obligé de le rétablir subitement. On se trouvera alors démuni de bâtiments légers, parce que, d'une part, la pratique de la recherche a donné aux divisions auxiliaires une composition qui ne convient nullement à ce genre de service, et que, d'autre part, nous ne voyons pas qu'on ait prévu des éclaireurs répartis dans tous les ports, à la disposition du pouvoir central. Dans l'ancienne marine, les estafettes étaient de petits bâtiments (frégates, corvettes et

---

la *Concorde* apporte à la Martinique la nouvelle de la déclaration de guerre (1778). La corvette la *Diligente* porte en France la nouvelle de la prise de Grenade et du combat du 6 juillet (1779). De Ternay envoie un bâtiment en France pour demander des renforts (1780). De Grasse demande à Barras de lui envoyer des avisos avec les dépêches de Rochambeau (1781). La *Fine* porte à Maurice et au Cap les projets du gouvernement (1781). La *Consolante* va au Cap porter à Suffren l'ordre de rallier Maurice (1781). Suffren envoie en France un navire annoncer le combat de la Praya (1781). L'*Argus* part pour l'Europe porter la nouvelle du départ du comte d'Orves (1781). Hockam est averti par un exprès de Gênes de la sortie de l'amiral Martin (1795). Le *Curieux*, expédié par Nelson en Europe, rencontre la flotte de Villeneuve (1805). L'*Aréthuse* rencontre en mer deux divisions françaises : il expédie un aviso à Cornwalis, une corvette devant Le Ferrol et devant Cadix prévenir les flottes anglaises (1805). L'amiral Duckworth expédie une frégate en Angleterre porter à la connaissance de l'Amirauté la force et la direction d'une escadre française qu'il a rencontrée (1805).

bricks) dont le faible prix permettait d'augmenter le nombre sans trop diminuer l'effectif des vaisseaux de ligne. On distribuait les bâtiments dans tous les ports afin d'être toujours sûr de pouvoir en expédier un d'une région non surveillée par l'ennemi; si on avait une nouvelle très importante à communiquer, on en faisait partir deux ou trois à la fois d'endroits différents. Les courriers venant des escadres, de leur côté, n'avaient garde d'atterrir dans les parages où croisait l'ennemi, et ils pénétraient de préférence dans des ports de commerce.

Si la marine moderne doit assumer le même service, elle n'aura que faire de grands croiseurs; il lui faudrait une nuée d'éclaireurs de 900 à 1.200 tonnes, qui auront l'avantage d'être nombreux sans coûter très cher, et dans maintes circonstances de simples contre-torpilleurs suffiront pour cette tâche, grâce à leur grande vitesse.

Si, d'ailleurs, nous nous en rapportons aux trois dernières guerres maritimes, la guerre sino-japonaise, la guerre hispano-américaine et la guerre russo-japonaise, nous ne voyons pas que la recherche eût pu y trouver un emploi. Dans la première, les Japonais n'ont eu nullement besoin de faire joujou avec des râteaux de recherche pour avoir connaissance de la force et de la position de l'ennemi. Dans la seconde, les lignes d'éclairage se seraient montrées manifestement impuissantes pour découvrir au milieu de l'Océan la division espagnole, partie des îles du Cap-Vert avec une destination inconnue. Les Américains eussent-ils transformé en éclaireurs toute leur flotte, jusqu'à n'avoir plus aucun navire de combat à opposer à l'amiral Cervera, que leur râteau de recherche eût occupé sur la surface de la mer une place insignifiante. Il faut savoir admettre qu'il y a des circonstances, sur terre comme sur mer, où l'on est obligé de laisser l'ennemi se manifester, pour savoir où il est, ce qui généralement ne tarde pas. Il faut surtout éviter de perdre

un temps précieux et de disperser en pure perte des bâtiments non moins précieux, pour le plaisir de faire de la
cinématique. Enfin, dans la troisième guerre, nous savons
très bien l'usage qu'on a fait ou qu'on aurait pu faire des
bâtiments légers; mais ce n'est certes pas sous la forme conventionnelle que nous avons créée.

Est-ce à dire que jamais on ne devra avoir recours aux
lignes d'éclairage? Nullement; mais, au lieu de s'en servir
d'une façon permanente, comme l'on fait actuellement, on
ne les utilisera que dans des cas particuliers, et pendant
peu de temps, lorsqu'on opérera dans des mers très étroites
qui leur donneront une efficacité absolue. Mais on n'aura
pas besoin d'y affecter des bâtiments créés spécialement
pour ce service : il suffira de réunir pour la circonstance
tous les bâtiments légers dont on pourra disposer dans la
région et de suspendre, pendant la durée de l'opération, les
communications avec la terre et les escadres.

Quant au choc entre croiseurs d'avant-garde de chaque
parti, quant à ce choc dont l'éventualité nous a valu les
croiseurs cuirassés, il ne s'est pas encore produit, malgré
trois guerres successives. On nous permettra d'en conclure
sans présomption que nous avons généralisé à la légère ce
qui ne sera jamais qu'un cas exceptionnel.

On peut se demander l'influence qu'auront sur le service
des renseignements les réseaux télégraphiques qui sillonnent le monde. Si l'on en juge par la guerre hispano-américaine, les avantages des communications instantanées ont
été tempérés par quelques inconvénients. Les croiseurs y
ont trouvé un bénéfice évident en se rendant au point d'a-
boutissement d'un câble, au lieu de franchir d'énormes espaces; en revanche, le gouvernement américain a été inondé
des nouvelles les plus contradictoires.

En tout cas, on doit prévoir la rupture des câbles et se
précautionner en conséquence.

L'éclairage. — On n'a pas trouvé suffisant de lancer, en avant des escadres, des croiseurs à la découverte de l'ennemi; on a encore voulu que les forces navales aient dans leur voisinage immédiat un rideau de sentinelles pour les préserver de toute surprise. On avait d'abord essayé de l'éclairage en croix, qui est encore réglementaire; puis, on est tombé d'accord pour préférer l'éclairage polygonal, qui assure une protection égale dans tous les sens, si on laisse culer le corps de bataille sur l'arrière du centre de figure par rapport au sens de la marche.

Sans vouloir déprécier les mérites de l'éclairage, fût-il même hexagonal, on peut dire qu'il dérive d'une idée qui est plus séduisante que pratique.

En supposant le gros des forces à 12 milles de l'éclaireur le plus éloigné (ce qui est un maximum) et une vitesse de rapprochement de 24 nœuds (ce qui constitue un loch minimum de 12 nœuds), le délai de sécurité est augmenté d'une demi-heure.

Ce n'est pas pour ce mince bénéfice qu'on immobilisera cinq ou six éclaireurs. Il serait dangereux de leur substituer des cuirassés : ils pourraient n'avoir pas le temps de se concentrer, s'ils étaient surpris par un ennemi fonçant à toute vitesse. Il ne reste donc, pour être affecté à l'éclairage immédiat, que le convoi, dont les navires ne possèdent pas des moyens de communication suffisants pour assurer ce service.

Généralement, on saura quand l'ennemi est à proximité et qu'il y a chance de rencontre. On remplacera alors l'éclairage par une veille plus soutenue.

La chasse. — Depuis l'entrée des croiseurs dans la composition des escadres, les problèmes de chasse ont pris un tel développement qu'ils semblent, avec la recherche, incarner la guerre navale. Nous avons là une nouvelle preuve de l'importance exagérée que nous attribuons à l'accessoire au détriment du principal.

Certainement, la chasse rendra de réels services; mais ce ne sera peut-être pas sous la forme qu'on lui donne. On s'est ingénié à y trouver un prétexte pour résoudre un triangle; afin de lui donner ce moule trigonométrique, il a fallu attribuer des valeurs absolues à des inconnues, telles que la route, la vitesse et quelquefois même la position du chassé. Ces précautions n'étant pas encore suffisantes, on y a ajouté, pour le chassé, l'obligation de se conformer à des règles étroites qu'il est de son devoir le plus élémentaire de ne pas suivre.

Le jour où ces distractions pacifiques se transformeront en opérations de guerre, les sinus et les cosinus devront céder la place au coup d'œil et à la décision. Ne serait-il pas préférable de développer ces qualités dès le temps de paix, au lieu de leur substituer des constructions géométriques?

Lorsqu'un conflit nous aura brutalement ramené au véritable concept de la guerre maritime, on s'étonnera à juste titre que nous ayons pu substituer ainsi des fictions à la réalité.

Les différents procédés étudiés pour la solution des problèmes de chasse trouvent leur application dans la tenue du poste des éclaireurs entre eux ou par rapport à l'escadre; toutes les données sont alors connues et fournissent un point de départ exact. Mais la stratégie n'a rien à voir là-dedans, ni même la tactique; ces procédés sont simplement utiles dans la navigation, au même titre que la détermination du point; ils doivent donc faire partie de l'instruction générale des jeunes officiers.

V

LES BASES D'OPÉRATIONS

Il est inutile de définir ce qu'est une base d'opérations :
la nécessité s'impose d'elle-même d'avoir des refuges pour
préparer ses forces avant de les envoyer se battre, les réparer et les réapprovisionner après la bataille. Mais le
nombre, la position et l'utilisation de ces bases donnent
lieu à des divergences d'opinions.

La première condition que doivent remplir les points
d'appui est de se suffire à eux-mêmes, c'est-à-dire ne pas
exiger le concours de forces mobiles. Si les bases d'opérations sont faites pour protéger les bâtiments, les bâtiments
ne peuvent avoir pour objectif de protéger les bases d'opérations. C'est ainsi que les Anglais les ont toujours com-
prises, et les événements leur ont donné raison : l'Amirauté
ne s'est jamais préoccupée des attaques tentées contre
Gibraltar à partir du jour où la place fut mise en état de
défense; elle a abandonné la garnison à elle-même, se contentant de la ravitailler de temps en temps. C'est justement la solution inverse qu'ont adoptée les Russes à Port-
Arthur; et l'on sait ce qu'il leur en a coûté de sacrifier
l'armement de leur flotte à la défense de Port-Arthur.

Plus un pays met de points d'appui à la disposition de
ses flottes, plus la stratégie peut prendre de développement.
Il y aurait donc intérêt à les multiplier si les sacrifices finan-

ciers qu'ils nécessitent (tant pour leur création que pour le fonctionnement normal de leurs services) ne diminuaient pas d'autant la puissance des forces agissantes pour lesquelles ils ont été créés. Leur nombre est donc limité (1).

Il y a généralement accord pour ne placer des bases qu'aux endroits qui ont une valeur stratégique, mais il devient plus difficile de s'entendre sur la façon dont on comprend la valeur stratégique d'un point déterminé. Certains esprits se laissent facilement séduire par les facilités qu'offrent quelques endroits pour l'établissement d'un grand arsenal maritime, et ils sont enclins à croire que ce fait seul donne à ces ports une importance stratégique. On veut alors transformer l'étang de Berre en un second Bizerte; et des progressistes vont même jusqu'à vouloir utiliser la mer de Bou-Grara. Le seul avantage de ces deux étangs réside dans la nappe d'eau intérieure, « qui permettrait d'abriter toutes les flottes du monde ». Cette phrase, que chacun de nous a entendue à propos de Brest, de Rio-de-Janeiro, de Bizerte, de Diégo-Suarez, a le privilège d'exercer une profonde impression sur le public.

Les dimensions exagérées d'une rade sont cependant un inconvénient plutôt qu'un avantage, et il est absolument inutile de pouvoir abriter mille navires dans un endroit où les nécessités de la guerre n'en amèneront jamais plus de cinquante. Si la rade de Brest était moins vaste, la défense intérieure eût été plus facile à organiser, et le besoin d'une jetée-abri ne se serait point fait sentir; c'est également la superficie du lac de Bizerte qui a forcé de construire un petit port à l'intérieur du grand. L'intérêt de ces rades réside donc bien moins dans l'étendue de la surface liquide

---

(1) Encore faut-il qu'il y en ait. On ne s'explique pas très bien comment les bâtiments de nos stations lointaines pourront faire la guerre tant que, dans chaque station, ils n'auront pas au moins un port où ils se trouveront en sécurité.

que dans la distance qui les sépare de la mer, distance qui met les établissements à l'abri des boulets perdus.

La valeur stratégique des points d'appui ne dépend en réalité que de leur position géographique.

* *
*

L'utilisation des bases d'opérations est un problème complexe qui se présente sous un jour différent dans chaque région, suivant les conditions spéciales à chacune d'elles. Il nous suffira de rechercher le rôle que quelques-unes ont joué dans le passé, et celui qu'elles peuvent avoir dans l'avenir, pour montrer que les services qu'elles rendent ne sont pas tous du même ordre.

Brest et Cherbourg menacent directement les côtes d'Angleterre, et on a construit Toulon pour commander la Méditerranée. Il semble donc que les deux premiers ports serviront de points de concentration aux forces destinées à opérer dans la Manche et que les escadres qui agiront dans la Méditerranée seront tirées de Toulon. Cependant, nous avons vu que l'immense flotte qui, sous les ordres de Villeneuve, mit en péril la suprématie anglaise dans la Manche, était tirée tout entière de Toulon, de Cadix et du Ferrol; tandis que l'escadre de Brest ne joua aucun rôle. Au contraire, lorsque Bruix se trouva en Méditerranée à la tête de forces doubles de celles des Anglais, c'est Brest qui lui avait fourni la majeure partie de ses effectifs. Plus tard, le premier Consul, voulant envoyer des secours en Égypte, fit partir de Brest les forces destinées à cette expédition (croisière de Ganteaume).

Ces anomalies s'expliquent facilement. La menace constituée par la présence de forces navales à Brest était trop évidente pour que l'Angleterre n'en tînt pas compte en pla-

çant dans leur voisinage des forces égales ou supérieures;
et la proximité de ses côtes lui donnait toutes facilités à cet
égard, car, si Brest commande les côtes anglaises, Portsmouth commande les côtes françaises. Pour avoir la supériorité, il fallait donc tirer de régions excentriques des forces
supplémentaires qui, par leur éloignement, pouvaient avoir
d'autres objectifs et par conséquent n'inspiraient pas à l'ennemi les mêmes appréhensions.

Toulon n'était pas, comme Brest, paralysé par un port
ennemi, et eût peut-être pu suffire aux forces de la Méditerranée avec ses propres ressources si nos rivaux n'avaient
eu la prévoyance de s'assurer des points d'appui provisoires
qui suppléaient, dans une certaine mesure, à l'éloignement
de leurs grands ports militaires.

Tant qu'une bataille n'intervient pas, le bénéfice absolu
des bases qui commandent une côte ou une région n'est
acquis qu'au parti le plus fort qui y concentre à l'avance
les forces qu'il juge nécessaires. Mais c'est seulement après
une victoire que, d'un côté comme de l'autre, l'importance
stratégique de ces bases se fait surtout sentir. Le vainqueur,
maître de la mer, s'y établit en permanence et trouve, dans
les ressources qu'elles offrent, le moyen de ravitailler ses
bâtiments et de renforcer ses escadres sans s'éloigner de son
champ d'action. Il ne faut donc pas déduire l'importance
d'un point du nombre de bâtiments qui s'y trouvent au
début des hostilités, mais des forces que le cours des opérations peut y amener; car, tôt ou tard, l'intérêt de la
guerre se concentrera dans des régions que l'on peut appeler des centres d'attraction.

Rochefort et Lorient. — Les avantages de ces ports, pendant nos guerres maritimes, tenaient à une double cause :

l'importance de Brest où se faisaient les principaux armements, écartait d'eux l'attention des Anglais; en même temps, leur éloignement de la côte ennemie rendait leur surveillance plus difficile. C'est pourquoi on tâchait toujours de faire partir de ces ports les secours destinés aux colonies et, en général, les petites expéditions destinées à opérer dans l'Océan. Il est à remarquer que les divisions de Missiessy, d'Allemand et de Savary qui, presque seules, purent partir et revenir sans encombre, eurent Rochefort pour base. Et leur succès doit être attribué à la difficulté pour l'ennemi de surveiller ce port.

Les bases secondaires complètent donc avantageusement les bases principales, sans enlever à celles-ci de leur importance, et sans rien leur faire perdre de leur valeur propre.

La suppression des bases secondaires simplifie la tâche de l'ennemi en lui permettant de surveiller avec une seule force les diverses fractions qui ne sont pas appelées à agir ensemble.

Par ailleurs, il est évident qu'à partir du moment où nos ports militaires de second rang sont devenus insuffisants pour recevoir les escadres actuelles dont les unités n'ont pas moins de 12.500 tonnes, ils ont cessé de constituer des bases et ne rendent plus aucun service. C'est malheureusement le cas de Rochefort et de Lorient.

Gibraltar. — Gibraltar n'a pas toujours eu l'importance qu'on lui prête. Sa véritable efficacité ne date que des guerres de la Révolution, c'est-à-dire de l'époque où les Anglais entretinrent en Méditerranée des escadres permanentes. Même alors, le rocher n'était qu'un poste à nouvelles, accolé à un médiocre mouillage; les bâtiments n'y trouvaient pas même l'eau qu'ils allaient chercher à Tétuan ou à Lagos. Il a fallu les immenses travaux entrepris en ces dernières années pour faire de Gibraltar une véritable base d'opérations.

Avant 1793, la Méditerranée ne faisait partie du théâtre de la guerre que par intermittences et, dans ces intervalles, la forteresse a quelquefois été une lourde charge : elle ne rendait plus aucun service, et il n'en fallait pas moins la ravitailler en passant au travers des forces espagnoles établies à Cadix.

Malte est, pour les Anglais, la clef de la Méditerranée. L'entrée de cette mer est fermée par Gibraltar, mais nous sommes déjà dans la place. Sans Malte, l'Égypte et Chypre sont menacées, le débouché du canal de Suez est à notre merci ; et, dans une action qui se déroulerait à l'est de Bizerte, nous pourrions amener toutes nos forces, tandis que les Anglais, s'ils n'avaient que Gibraltar, seraient privés de leurs torpilleurs.

Bizerte. — La création de Bizerte s'imposait pour la France à plusieurs titres.

Tout d'abord, il suffit de regarder une carte pour qu'il ne soit pas besoin d'insister sur le parti qu'on pourrait tirer de cet arsenal après une victoire en Méditerranée.

En second lieu, la nécessité de Bizerte résulte de la grande étendue de côtes que nous possédons en Afrique. Du cap Bon à Nemours, nos rivages côtoient la route Gibraltar-Malte : la guerre doit donc fatalement nous conduire dans ces parages. Nous n'y avions aucun moyen de ravitaillement, parce que tous les ports d'Algérie sont à fleur de côte ; Bizerte comble cette lacune.

Enfin, la disposition d'un seul arsenal dans une mer aussi vaste que la Méditerranée plaçait nos forces dans une situation difficile ; car, comme le disait un de nos amiraux, il est presque impossible de concevoir des opérations stratégiques quand on ne dispose que d'une seule et unique base.

**

Il y a trois sortes de bases d'opérations :

1º Les arsenaux, qui sont des ports de construction, d'armement et de réparation ;

2º Les points d'appui où les bâtiments trouvent du combustible et des vivres et où ils peuvent faire de menues réparations ;

3º Les postes de torpilleurs.

Quelles qu'elles soient, ces différentes bases sont trop intimement liées à l'utilisation de nos forces agissantes pour qu'elles ne soient pas rendues inviolables. Et cette condition sera d'autant plus facile à remplir si elles sont au fond de passes longues et étroites.

Il ne faut cependant pas prendre au tragique la situation de Cherbourg. Ce port est à fleur de côte, il est vrai ; mais on l'a défendu en conséquence. On a coutume de considérer que l'ennemi pourra facilement le bombarder. Les trois cents gros canons du front de mer resteront-ils silencieux ? Les torpilleurs et les sous-marins ne sortiront-ils pas ?

On ne peut donner à la protéction des postes de torpilleurs le même développement qu'aux grandes bases de la flotte. La meilleure défense consistera à les placer dans des ports enfoncés dans les terres, d'accès difficile et inaccessibles aux bâtiments d'un tirant d'eau supérieur à celui des torpilleurs. Des estacades, défendues par de l'artillerie légère, suffiront à les préserver des entreprises de l'ennemi.

Il est rare que des vaisseaux aient osé s'attaquer directement aux défenses d'un arsenal maritime. Cependant, au seizième siècle, les Anglais ont réussi à atteindre une flotte espagnole à l'intérieur de la rade de Cadix, et les Hollandais, au siècle suivant, brûlèrent quelques vaisseaux anglais désarmés à Chatham. On ne peut tirer aucune conclusion de ces faits isolés, si ce n'est que la défense de ces places n'était pas suffisante; car jamais on n'a essayé de franchir le goulet de Brest. Si l'on commet l'imprudence de placer des bâtiments dans les bases d'opérations avant qu'elles soient suffisamment outillées pour se défendre, les points d'appui deviennent des points de faiblesse.

VI

LE RAYON D'ACTION

Des bases d'opérations comme centre, avec, pour rayon, la moitié de la distance franchissable des bâtiments, décrivons des cercles. Les secteurs de mer contenus dans ces cercles représenteront le champ d'action maximum des forces mobiles partant de chaque port.

Lorsque le rayon d'action est très faible, ces divers secteurs ne couvrent qu'une surface de mer insignifiante : ils sont isolés les uns des autres et peuvent même ne pas effleurer les eaux territoriales ennemies. Il n'y a plus alors de stratégie; les bâtiments sont rivés à leur base par une chaîne qui entrave leurs mouvements et, en dehors de leur zone, la mer est libre; la guerre n'y pénètre pas. Si l'ennemi, mieux outillé, a donné à ses bâtiments un rayon d'action suffisant, il a tout le loisir de rassembler ses forces et d'attaquer un seul secteur, sûr de n'avoir rien à craindre des autres. Ainsi, le parti qui a le moins de mobilité est fatalement condamné à l'infériorité sur le champ de bataille, même s'il a la supériorité absolue.

Augmentons maintenant le rayon d'action. Les secteurs s'étendront jusqu'aux bases voisines, et aussitôt la situation s'améliore. Une escadre, partant d'une base, peut aboutir à une autre, ou bien des escadres séparées peuvent se réunir. Le nombre des combinaisons augmente et aussi l'imprévu. L'ennemi n'a plus la même quiétude; s'il se donne pour

objectif une force déterminée, il est menacé d'être pris à
revers et, pour se couvrir, il divise ses forces.

Enfin, si nous supposons un très grand rayon d'action,
la stratégie atteint son plein développement; partout l'ennemi est accessible et on peut opérer tous les déplacements
de forces que nécessitent les circonstances.

La première supposition que nous avons faite n'est pas
imaginaire. Elle correspond encore aujourd'hui à une réalité en ce qui concerne une partie de nos forces navales.

Nous avons des garde-côtes qui ne peuvent aller de Toulon à Brest, même à moyenne vitesse, sans renouveler leur
combustible. Si l'intérêt de la guerre se transporte loin de
leur base, nous devrons nous priver de leur concours. Mais,
dira-t-on, on les a mis là pour qu'ils y restent. Il y a des
nécessités auxquelles on ne peut se soustraire; car les garde-
côtes de l'amiral Nabogatov, qui avaient été construits pour
la Baltique, ont été se faire couler près des côtes du Japon.

Examinons maintenant dans quelle situation se trouvent
nos possessions lointaines. Actuellement, les bâtiments qui
les composent ne peuvent s'appuyer que sur leur unique
base. A moins de s'y renfermer (auquel cas leur utilité devient nulle), ils seront détruits tôt ou tard. L'ennemi, con-
naissant leur nombre et leur isolement, leur opposera des
forces supérieures et arrivera toujours à les joindre, parce
qu'ils ne pourront se mouvoir que dans une zone restreinte
et que, de ce fait, leurs objectifs seront limités; l'ennemi
saura de plus que, par une nécessité inéluctable, ces bâtiments devront revenir à leur point de départ, et il les attendra dans le voisinage.

Si ces mêmes navires possédaient un rayon d'action suffisant pour que, de leur centre de station, ils pussent facilement atteindre les stations voisines et se rendre, par exemple, de Dakar à la Martinique et à Diégo-Suarez, ou de
Diégo-Suarez à Saïgon et à Dakar, la valeur militaire de

nos stations lointaines cesserait d'être quantité négligeable. Deux ou trois stations pourraient se réunir en une seule, se trouver ainsi momentanément supérieures aux forces ennemies et les écraser. Au lieu de s'enfermer dans une souricière, ce qui constitue une défaite morale, elles pourraient prendre l'offensive et jouer le seul rôle qui convienne à des navires de combat : faire la guerre.

On trouvera sans doute qu'il faudra abattre des centaines et des milliers de milles pour courir après un résultat aléatoire ; mais la guerre n'est pas un jeu d'enfant et on n'obtient rien sans se dépenser. Il est possible qu'on fasse des raids infructueux ; cependant, la persévérance a toujours été récompensée, et une bonne victoire efface vite le souvenir des tribulations passées. Qu'on calcule sur la carte le nombre de lieues qu'a parcourues Nelson avant d'atteindre Brueys à Aboukir et Villeneuve à Trafalgar, et l'on se rendra compte de l'effort qu'il a dû faire avant d'atteindre l'ennemi ; et si Nelson avait survécu à sa dernière victoire, peut-être eût-il trouvé qu'il ne l'avait pas achetée trop cher en la payant de sept mois de poursuites.

Le peu d'importance que, pendant longtemps, on a attaché au rayon d'action était la conséquence de la transformation du matériel naval. L'apparition de la vapeur modifia complètement les conditions stratégiques de la guerre navale ; et, en donnant au bâtiment la liberté de ses mouvements, elle l'emprisonna dans un cercle étroit. On envisagea alors les opérations militaires sous un jour nouveau, et, devant une situation de fait, on perdit de vue peu à peu la valeur de la distance franchissable. Ainsi, on négligea longtemps d'entrer dans la voie nouvelle ouverte par les perfectionnements dans l'économie des machines ; on vécut sur d'anciens errements, parce que les conceptions de l'esprit sont toujours en retard sur les progrès du matériel. Ce n'est que dans ces dernières années qu'on est revenu à des

idées plus justes en développant le rayon d'action de nos
bâtiments, mais l'erreur commise nous a valu la flotte des
garde-côtes qui sont impropres à faire la guerre. On avait
cependant de nombreux exemples d'entreprises qui durent
être interrompues ou échouèrent par suite de la nécessité
de rentrer au port (1).

Quant aux avantages que procure une supériorité de
rayon d'action sur l'ennemi, ils se sont surtout manifestés
pendant les guerres de la Révolution et de l'Empire. A cette
époque, les Anglais avaient augmenté dans des proportions
considérables l'autonomie de leurs escadres en introduisant
à bord l'usage des caisses à eau en fer et en améliorant l'état
sanitaire des équipages par des mesures de propreté jusqu'alors inconnues. En même temps, l'entraînement constant
auquel étaient soumis les marins avait diminué les avaries
qui forçaient si fréquemment à rentrer au port; en sorte que
Nelson pouvait dire que ses bâtiments étaient moins éprouvés par le gros temps en une année que les nôtres en un jour.
C'est grâce à ces améliorations et à cet entraînement que les
Anglais purent exercer d'une façon continue le blocus de
nos côtes, qui n'avait jamais été tenté auparavant, et faire
de ces raids gigantesques qui eussent été impossibles dans les
guerres précédentes (2). Ils récoltèrent ainsi un bénéfice
absolu. Mais aujourd'hui les éléments du rayon d'action se
sont modifiés : ils ne résident plus dans l'hygiène du bord,

---

(1) L'une de celles qui mettent le mieux en relief les conséquences
que peut entraîner la méconnaissance de ce facteur stratégique est la
campagne que les flottes combinées de France et d'Espagne firent sur
les côtes d'Angleterre, pendant l'été de 1779, sous les ordres d'Orvilliers, et qui avorta misérablement parce que les bâtiments ne pouvaient plus rester à la mer.

(2) Le rayon d'action des vaisseaux à voiles n'était pas aussi étendu
qu'on le pense, bien qu'il fût indépendant du moteur. Pour aller aux
Indes, les Anglais relâchaient au Brésil, au cap de Bonne-Espérance
(ou à Sainte-Hélène avant la prise du Cap) et dans les possessions

mais dans la quantité de charbon qu'on peut consommer; ils ont ainsi une répercussion directe sur les tonnages qui augmentent sans cesse, et une répercussion indirecte sur le nombre des unités qui diminuent proportionnellement au déplacement. Toutefois, on peut dire que le rayon d'action, facilitant l'utilisation de toutes les forces dont on dispose, compense dans une certaine mesure la réduction d'effectifs qu'entraîne son développement.

La limite que doit atteindre le développement du rayon d'action est assez difficile à déterminer avec précision. Quelques officiers pensent qu'elle est fixée par la distance qui sépare les différentes bases d'opérations. Cependant, la guerre ne consiste pas à aller d'un point à un autre par le chemin le plus court. Il faut aller là où est l'ennemi, dépenser du combustible en allées et venues, apporter en un mot dans l'action cette continuité qui caractérise les entreprises couronnées de succès. Ce n'est pas au moment d'atteindre le but qu'il faudra abandonner la croisière pour prendre du charbon. Le rayon d'action ne doit pas être calculé trop parcimonieusement: on ne peut le déduire que des lignes générales du plan de campagne qu'on se propose d'adopter.

L'influence du rayon d'action sur la progression des tonnages a déterminé dans la marine française un courant d'opinion contraire à l'expansion de la distance franchissable. Le combustible étant un élément renouvelable, on a pensé qu'on pouvait l'embarquer en moins grande quantité, à condition de remplir plus souvent les soutes vides. Cependant, il n'est pas indifférent de parcourir une distance donnée d'une seule traite ou par bonds successifs. Dans ce der-

---

portugaises de l'océan Indien. Aujourd'hui, le *Powerful* peut aller d'Angleterre à Maurice sans faire de charbon. Les escadres à vapeur peuvent donc avoir une distance franchissable supérieure à celle des anciennes flottes à voiles auxquelles on a souvent prêté un rayon d'action « infini ».

nier cas, il en résulte une grande perte de temps, et l'on peut être obligé de se déranger de sa route.

La distance franchissable représente, dans les opérations maritimes, le facteur « mouvement ». Le mouvement est l'âme de la stratégie, c'est lui qui l'anime. Sans la faculté de se déplacer, tout est prévu d'avance, les événements suivent leur cours naturel : le plus fort est vainqueur, le plus faible est vaincu. A l'aide de déplacements de forces, au contraire, les rôles peuvent être renversés : on fait donner au matériel flottant le rendement maximum, on le multiplie. Qu'on subisse ou qu'on impose le champ de bataille, il importe d'abord d'y amener le plus grand nombre possible de bâtiments : mouvement. Enfin le bénéfice le plus immédiat que procure la victoire est de permettre d'abandonner un adversaire réduit à l'impuissance pour se transporter sur un autre terrain : mouvement.

Une unité tactique, si puissante soit-elle, ne rendra jamais que de faibles services si elle n'est pas susceptible de se mouvoir à son gré. L'ennemi se contentera de ne pas se jeter sur sa route. Sans revenir sur les garde-côtes, voyez les défenses mobiles : si nos escadres étaient sûres d'avoir toujours avec soi une nuée de torpilleurs, leur force serait sensiblement accrue; mais cette certitude fait défaut parce que ces bâtiments ont les jambes courtes, qu'ils sont fréquemment paralysés par la mer, et qu'enfin on ne peut prévoir à l'avance où et quand on rencontrera l'ennemi (1). Si, un jour, on s'étonne du faible rendement du torpilleur, ce sera en grande partie au défaut de mouvement qu'il faudra l'attribuer. Ceci nous prouve que la tactique et la stratégie sont liées ensemble d'une façon indissoluble : l'une ne vaut rien sans l'autre.

---

(1) Les qualités nautiques interviennent dans les éléments du rayon d'action des torpilleurs.

Une force navale, dénuée de rayon d'action, est exclusivement défensive. Elle pourra contrarier les intentions de l'ennemi; elle ne le menacera jamais. Elle ne contribue donc pas aux fins de la guerre; elle a une efficacité négative. Elle peut être redoutable, mais sa puissance est emprisonnée : c'est un lion enfermé dans une cage. Ce n'est pas en interdisant l'accès de tel ou tel point qu'on améliore sa situation; c'est en enlevant à l'ennemi toute sécurité, quel que soit l'endroit où il se trouve. La défensive est passive; l'offensive est active. Or, cette dernière ne se conçoit pas sans mouvement.

Évidemment, les nations qui construisent des bâtiments sans souffle espèrent bien qu'elles pourront s'en servir; elles supposent que la guerre prendra une forme appropriée à leur emploi. On se ménage ainsi bien des déceptions, car, dans cet ordre d'idées, il faut compter avec l'ennemi qui trouvera toujours moyen d'être supérieur en force et en nombre s'il n'a à craindre que des forces passives. La guerre ne se décompose pas en une série de cas particuliers; elle ne renferme qu'un cas général qui est d'aller là où on a besoin d'être.

Après l'exemple que viennent de nous donner l'Espagne, les États-Unis et la Russie, on ne saurait mépriser le mouvement. Aucune de ces trois nations ne fut capable de faire participer la totalité de ses forces aux opérations, parce qu'une partie était incapable de se déplacer.

**

Le combustible n'est pas le seul élément du rayon d'action. En fait, c'est celui auquel on se réfère généralement; mais il y a un autre facteur qu'on ne saurait non plus négliger : c'est l'approvisionnement en munitions.

Une force navale dont les soutes à charbon sont pleines alors que ses soutes à munitions sont vides n'en est pas moins impuissante (1).

Dans les prévisions du rayon d'action d'un bâtiment, l'approvisionnement en munitions représente la condition nécessaire, et la quantité de charbon, la condition suffisante, parce que le second facteur a pour but de mettre le premier en valeur.

---

(1) Lorsque l'escadre japonaise a abandonné le champ de bataille du Yalu, faute de munitions, elle a manqué de rayon d'action. Il en a été de même de la division américaine qui a livré le combat de Cavite : la destruction de la flotte espagnole a été suivie d'une longue période d'inaction occasionnée par le manque d'obus. Si les Espagnols avaient eu d'autres forces aux Philippines, les Américains auraient été obligés de quitter les îles.

VII

LA VITESSE

Les avantages que procurait la vitesse, dans l'ancienne marine, ressortent nettement du rapport suivant de Suffren, dans lequel il demande que nos vaisseaux soient doublés en cuivre pour pouvoir lutter avec ceux des Anglais :

« Depuis que les Anglais ont doublé en cuivre quantité de vaisseaux et qu'ils continuent à les doubler avec tant d'activité qu'ils le seront tous dans peu, l'opération de doubler les nôtres ne doit point être regardée simplement comme avantageuse; elle est d'une nécessité absolue. Sans cela, lorsqu'ils seront les plus forts, ils seront sûrs de nous joindre, et lorsqu'ils seront faibles, de nous éviter...

« On voit dans les relations de l'amiral Rodney avec quelle confiance il envoie trois vaisseaux dans la Méditerranée, avec quelle témérité il en fait croiser devant le fort Royal où nous en avions vingt-cinq. Sans les vaisseaux doublés, vu l'approche de la nuit et le mauvais temps, Langara aurait pu échapper; le *Prothée* doublé n'aurait pas été pris. Ces réflexions, qu'il est impossible à un marin de ne pas faire, m'ont affecté sensiblement, en voyant échapper l'escorte du convoi que l'armée combinée vient de prendre. Si le *Zélé* eût été doublé, il aurait rejoint et attaqué le *Ramillies*. Dans une croisière précédente, j'aurais pris cinq corsaires que j'ai chassés, et un convoi très riche allant de Londres à Lisbonne, que j'ai manqué pour avoir chassé seize heures un corsaire qui m'a éloigné de 25 lieues de la croisière que j'avais établie au cap de la Roque, aux Barlingues. Enfin l'audace avec laquelle le commodore Johnston croise avec un cinquante-canons et quelques frégates, entouré de cinquante vaisseaux de guerre, est une bien forte preuve de ce que je viens d'avancer. »

Toutes ces considérations sont encore vraies. Les avantages de la vitesse peuvent se résumer de la façon suivante :

Une infériorité de vitesse par rapport à l'ennemi compromet toutes les opérations; elle rend presque impossible l'offensive sans profiter à la défensive.

La supériorité de vitesse diminue le temps mort qui sépare la conception de l'exécution; elle favorise les surprises.

L'influence de la vitesse se manifeste également en ce qu'elle donne au commandement une plus grande liberté d'esprit et d'allures, par suite de la diminution du danger résultant du voisinage d'une force supérieure.

On s'efforcera donc d'être plus vite que l'ennemi, mais c'est là que commence la difficulté. Aucune puissance n'est dépositaire du secret qui permet de construire des bâtiments plus rapides que ceux du voisin; et, par le fait, chez les grandes nations maritimes, les vitesses de chaque catégorie de navires s'équilibrent sensiblement. Si une marine prétend à la supériorité, son avance dure peu et ne porte que sur un nombre d'unités si restreint qu'il n'y a pas à en prendre ombrage (1).

_____

(1) D'après les chiffres officiels, les destroyers anglais sont plus rapides que les nôtres; mais des accidents ont montré que l'excès de leur vitesse n'avait été obtenu qu'au détriment des qualités primordiales des navires; il serait donc un inconvénient plutôt qu'un avantage.

Il ne faut pas d'ailleurs attribuer à la vitesse des vertus surnaturelles. Ses adorateurs nous font un tableau séduisant de ses qualités : « Si l'on est plus vite que l'ennemi, on lui imposera le combat à l'heure et sur le lieu que l'on choisira. » Les choses ne se passeront pas aussi simplement. Il est sans doute possible d'attirer l'ennemi à soi en se plaçant dans une région où il a des intérêts à sauvegarder; mais quand il y sera, la rencontre se produira où et quand on pourra, et non pas où et quand on voudra. La vitesse sera certainement utile; mais à quoi aura-t-elle servi si, pour arriver bon premier sur le champ de bataille, on a dû jeter une partie de son artillerie à la mer afin d'augmenter le sillage. C'est cependant à ce résultat qu'on arrive en poursuivant à tout prix la supériorité de vitesse. Il suffit, pour s'en convaincre, de comparer l'armement de deux navires de même tonnage et de vitesses différentes.

Il ne reste plus alors qu'à se sauver, et on en conclut tout naturellement qu'il eût été préférable de ne pas venir. La fuite n'est pas une solution : c'est une abstention.

Lorsque la vitesse est au service de la faiblesse, elle n'est qu'un instrument de défection. Pendant la guerre russo-japonaise, les croiseurs russes nous ont fourni à ce sujet, à trois reprises différentes, des indications précieuses; n'ayons garde de les oublier.

Il ne sera même pas facile de jouer sur mer les Juifs errants. Nous nous ménageons un terrible réveil en nous figurant qu'une supériorité de 2 ou 3 nœuds suffira pour se dérober. On conçoit qu'un bâtiment qui aura, en permanence, tous ses feux allumés et toutes ses chaudières sous pression pourra se soustraire à toute atteinte, grâce à sa rapidité, s'il n'a rien autre chose à faire qu'à prendre chasse dès qu'il apercevra une fumée à l'horizon. Mais tout cela est du domaine de la théorie pure. Dans la pratique, aucun navire de guerre n'est capable de garder, pendant toute la durée d'une croisière, ses chaudières à 17 kilos de pression; et avant de prendre la fuite, il faut d'abord avoir reconnu à qui on a affaire. On sera ainsi obligé de se laisser approcher; et quand on prendra le parti de se sauver, on sera déjà dans une position critique. Pour en sortir, on soumettra le navire à une de ces épreuves qui sont si souvent interrompues par des avaries pendant les essais officiels. Une simple statistique montrerait le danger de se fier à la vitesse dans ces conditions d'outrance.

Sans doute, le chasseur pourra avoir aussi les mêmes avaries, mais elles n'auront pas pour lui les mêmes conséquences; elles n'entraîneront pas sa perte. La situation n'est donc pas la même.

Si, au lieu d'envisager le cas d'un navire isolé, nous prenons celui d'un groupe de bâtiments, nous arrivons à des conclusions encore plus pessimistes. L'homogénéité de vitesse est la plus difficile à obtenir : les navires ont une vitesse en rapport avec leur âge, la propreté des carènes, l'encrassement des chaudières, etc., etc. Actuellement où la vitesse des cuirassés talonne celle des croiseurs, une escadre de cuirassés a des unités plus rapides que les mauvais marcheurs d'une division de croiseurs. Dès lors, celle-ci ne peut plus s'échapper sans abandonner à l'ennemi quelques-uns de ses navires : les traînards seront vite rattrapés par les cuirassés rapides; et pour les secourir, il faudra faire tête.

Tout cela prouve que les avantages de la vitesse sont beaucoup plus sensibles pour le parti le plus fort, qui en tire un bénéfice absolu, que pour le parti le plus faible, qui en usera, mais qui n'a intérêt à la rechercher qu'à la condition de ne pas s'affaiblir. Or, tant qu'une invention nouvelle ne permettra pas de concentrer une plus grande puissance sous un moindre poids, on n'augmentera le sillage qu'en augmentant la force de la machine et le nombre des chaudières au détriment de l'armement. On retombe ainsi dans l'erreur qui a été commise à l'époque où on a augmenté la puissance de l'artillerie en faisant des canons monstres, et la protection des navires en donnant aux cuirasses une plus grande épaisseur. Dans le premier cas, on a réduit l'armement à une ou deux grosses pièces; dans le second, la cuirasse n'abritait plus qu'une maigre artillerie.

La marine la plus faible en est donc réduite à ne pas se laisser distancer, et à rechercher de préférence l'endurance qui, à égalité de vitesse théorique, donne en fait la supériorité. Cette nécessité s'impose d'une façon d'autant plus impérieuse que la vitesse coûte excessivement cher; non seulement un bâtiment rapide sera moins armé à égalité de tonnage, mais il coûtera également plus cher, car la tonne de cuirassé coûte environ 2.200 francs, tandis que celle des bâtiments légers qui n'ont aucune protection revient à 3.000 francs. La vitesse affaiblit donc doublement : elle diminue l'armement des navires ainsi que leur nombre. Cependant, aujourd'hui, on ne peut plus discuter la vitesse sous ses différents aspects sans être accusé du crime de lèse-patrie. A force de l'exalter, on l'a divinisée. On ne la considère plus dans ses rapports avec les autres éléments : on en fait un être à part, intangible, qui a sa valeur propre.

Ne craignons pas, au contraire, de crier bien fort (au risque d'être traités de rétrogrades) que la vitesse n'est pas une force, mais un moyen de faire valoir la force, et qu'on n'a pas le droit de lui sacrifier un seul canon. Voilà la vérité.

**
*

On appelle « vitesse stratégique » celle qui correspond à l'allure la plus rapide qu'on puisse conserver indéfiniment. Nous autres, marins, nous n'avons que faire de ces vitesses d'essais qu'on obtient en poussant le navire sur la base comme un cheval de course au poteau. Ces tours de force nécessitent une dépense d'énergie et un supplément de personnel qu'on ne peut fournir en service courant. Ce qu'il nous faut, c'est conserver sans défaillance une allure soutenue, c'est posséder des appareils qui ne soient pas sujets à des avaries.

Le coup de fouet de la grande vitesse réclame la présence dans la machine et devant les feux de tout le personnel mécanicien. Ce n'est donc qu'un élément tactique qui permet, à un moment donné, de faire un bond en avant lorsqu'on est en contact avec l'ennemi (1).

*
* *

Le rayon d'action, combiné avec la vitesse, donne au navire la *mobilité*. Mais l'importance respective de ces deux facteurs n'est pas la même. La vitesse est un enfant prodigue qui dépense sans compter et épuise vite ses ressources. Le rayon d'action se distingue par la persévérance et la ténacité. L'une est une qualité brillante; l'autre, une qualité solide.

Si faible que soit numériquement une force navale, on ne sera jamais embarrassé de l'utiliser si elle a de la mobilité; il sera toujours possible de lui trouver un terrain d'action où elle ne se trouvera pas en face de la cruelle nécessité de succomber avec gloire.

---

(1) Sur les navires de guerre, où le poids et l'espace consacrés au moteur sont limités d'avance, les grandes vitesses ont été obtenues à l'aide d'un expédient : grâce à des chaudières très élastiques qui peuvent brûler jusqu'à 200 kilos de charbon par mètre carré de grille, on obtient, par une chauffe intensive, une surproduction de vapeur qu'on consomme en faisant donner à la machine un nombre de tours excessif.

Pour les allures de route, il faut abaisser la puissance de la machine jusqu'à son fonctionnement normal. Lorsque ce résultat est atteint, le cheval-vapeur arrive à peser à peu près autant que sur les paquebots.

VIII

L'HOMOGÉNÉITÉ

L'homogénéité a pour but de tirer le rendement maximum de la vitesse et du rayon d'action (1). C'est le facteur qui pratique, par excellence, l'économie des forces. Le manque d'homogénéité d'une armée navale constitue un gaspillage inutile de force et d'argent. Il est évident, en effet, que la vitesse d'une escadre est réglée sur celle du bâtiment le plus lent et que l'ampleur des opérations est limitée par les moyens du bâtiment qui en a le moins (2). On peut donc être forcé, pour un seul navire, d'inutiliser les qualités de la masse.

Puisque l'hétérogénéité est une source de faiblesse, c'est

---

(1) Nous ne parlons ici que de l'homogénéité stratégique; nous examinerons plus tard le caractère de l'homogénéité tactique.

(2) Extrait d'un rapport de traversée de d'Estaing : « Le *Languedoc* et le *César* ont une marche supérieure. Le *Tonnant* est le troisième voilier de l'escadre; après ce vaisseau viennent l'*Hector* et le *Zélé*. Le *Protecteur,* le *Fantasque* et le *Sagittaire* sont ce qu'on appelle trois vaisseaux de compagnie. Le *Marseillais* et la *Provence* marchent médiocrement; quant au *Guerrier* et au *Vaillant,* ils sont tous deux les plus mauvais voiliers de l'escadre..... Ce qui pourra vous donner une idée de la lenteur à laquelle nous sommes condamnés par le *Guerrier* et le *Vaillant,* c'est que tous les bâtiments marchands qui se sont ralliés à nous ne se sont séparés de l'escadre que lorsqu'ils ont voulu. Ces deux vaisseaux souffrent et font courir des risques à leur mâture, en restant toujours couverts de toile, tandis que nous roulons et que la mer nous mange, parce qu'il faut toujours carguer pour les attendre. »

la marine la plus faible qui doit logiquement poursuivre avec le plus de ténacité la similitude des types.

Malheureusement il n'en a jamais été ainsi pour la France. Jamais elle ne s'est souciée de donner à ses escadres une composition rationnelle. Les choses ont même été poussées à ce point qu'il semble qu'on ait cherché quelquefois à composer un mélange de bâtiments dissemblables, afin qu'il y en eût pour tous les goûts. On pensait sans doute que les qualités supérieures des uns compensaient les défectuosités des autres, et que cette cote mal taillée donnait à l'ensemble une valeur moyenne.

Quelques tentatives ont été faites dans une voie plus normale; elles ont été en partie abandonnées et n'avaient d'ailleurs donné que des résultats imparfaits. Comment arriver à une solution logique lorsque, dans notre marine, chaque unité a son cachet spécial? Il suffit de citer le *Redoutable,* la *Dévastation* et le *Courbet* pour montrer que des bâtiments peuvent avoir des moyens très différents malgré une certaine analogie de lignes. Notre escadre la plus récente elle-même n'est pas homogène au point de vue de l'artillerie.

On serait curieux de connaître le rôle qu'on prétendait assigner à une division composée comme l'était, à une époque récente, notre escadre de l'Extrême-Orient (*Bayard, Vauban, Isly, Pascal, Éclaireur*). Ces bâtiments se gênaient les uns les autres, sans pouvoir se soutenir entre eux. Il eût été au moins logique de donner aux navires les moins armés la plus grande vitesse; cependant le *Kersaint,* qui a remplacé l'*Éclaireur,* a été construit pour 16 nœuds, alors que le *Pascal* en donne 19.

A toutes les époques, les Anglais ont eu plus que nous la préoccupation de l'homogénéité. On sait avec quel soin étaient composées les escadres qui avaient la mission, toujours délicate, de ravitailler Gibraltar en présence de l'ennemi. La cohésion qui était le bénéfice de l'homogénéité ne fut pas étrangère au succès de cette opération. De nos jours, la flotte anglaise a ce même caractère qui fait totalement défaut à la nôtre, parce qu'en Angleterre on construit les bâtiments par séries et que les progrès portent sur un groupe entier.

On chercherait vainement dans le passé les avantages qu'a pu procurer le défaut d'homogénéité, tandis que ses inconvénients nous sont révélés à chaque page de l'histoire. Quelle fatalité pèse donc sur la marine française pour qu'elle s'obstine à ne pas les voir?

Sans doute, on a fait un gros effort pour tâcher — sans y parvenir d'ailleurs — d'avoir au moins une escadre de cuirassés homogène; mais cette intention louable n'a pas été jusqu'aux croiseurs cuirassés qui continuent à représenter des échantillons. Le *Léon-Gambetta,* l'*Ernest-Renan* et le *Waldeck-Rousseau* ont des armements différents.

Il n'y a pas de circonstance, dans la guerre maritime, où le manque d'homogénéité pèse d'un poids plus lourd que dans le cas où une force navale est obligée de prendre chasse. Au bout de peu de temps, les bâtiments finissent par s'égrener suivant l'ordre de vitesse et tombent successivement dans les rangs ennemis (1). Une vitesse uniforme, si faible fût-elle, forcerait à faire tête et le combat se présenterait sous un jour moins défavorable.

L'homogénéité n'a pas la même valeur suivant qu'elle s'exerce sur les escadres entre elles ou sur les bâtiments d'une même escadre.

Il n'y a pas avantage à avoir plusieurs escadres possédant les mêmes caractéristiques. Le matériel naval ne cesse pas de se perfectionner, et si on voulait que toutes nos escadres fussent semblables, on serait distancé par les marines ri-

---

(1) Ce fut la cause du désastre de Quiberon et l'origine de la perte des bâtiments de de La Clue.

vales, ou bien on se priverait du concours de bâtiments déjà anciens, mais non dépourvus de valeur militaire. Les différentes fractions de nos forces auront à remplir des rôles différents qui n'exigent pas qu'elles aient toutes les mêmes qualités au même degré; si elles doivent se réunir, elles n'auront pas toutes le même chemin à poursuivre. Il suffira donc de donner la tâche la plus ardue à l'escadre qui a le plus de moyens.

Dans une même escadre, l'homogénéité du corps de bataille importe seule. Les bâtiments légers qui rayonnent dans toutes les directions seront fréquemment employés isolément. Dans les diverses missions qui leur seront confiées, ils auront à déployer toutes leurs qualités, et plus ces qualités seront développées, mieux cela vaudra; mais les bâtiments plus vieux, par conséquent moins doués, n'en seront pas moins utiles à défaut d'autres; ils rendront des services moins appréciés, mais encore appréciables. Du reste, l'utilisation des bâtiments légers est d'une nature si variée, qu'elle exige même quelquefois des types différents (1). L'homogénéité relative qu'on leur donnera résultera donc de considérations économiques plutôt que stratégiques, parce que la variété est une source de dépenses.

---

(1) On peut avoir besoin d'éclaireurs d'un faible tirant d'eau, et d'autres d'un grand rayon d'action.

TROISIÈME PARTIE

LES OPÉRATIONS

I

L'ATTAQUE ET LA DÉFENSE DES CÔTES

La défense des côtes a pris, à notre époque, une telle prépondérance dans les préoccupations du monde maritime,
qu'elle semble, à elle seule, incarner la guerre navale. Pour
les uns, nous n'avons constitué à grands frais une marine
que pour assurer « l'inviolabilité de nos côtes » — c'est le
terme consacré. D'autres, cherchant à démêler l'inconnu
des luttes futures dans les opérations maritimes du siècle
dernier, ont remarqué que presque toutes se déroulaient le
long des côtes et se résumaient en attaques d'ouvrages for-
tifiés, combinées avec des débarquements; ils en ont conclu
que la guerre navale, subissant l'évolution du temps, prenait une forme nouvelle dont le type nous est fourni par la
guerre de Sécession et l'expédition de Crimée.

Avant d'imposer à la France ce système de guerre avec
toutes les conséquences qu'il entraîne au point de vue du
matériel, il eût fallu d'abord déterminer les causes qui
l'avaient fait naître; on eût alors constaté que, pendant la
guerre de Sécession, les Confédérés avaient une marine im-
provisée, absolument impropre à faire la guerre, et que,
pendant l'expédition de Crimée, les Russes avaient coulé
leurs vaisseaux. Dans les deux cas, l'agresseur s'est donc
trouvé, dès le principe, dans une situation aussi avantageuse
que s'il avait détruit préalablement les forces offensives de

l'adversaire, et ces exemples ne nous fournissent aucune indication sur l'influence qu'exercent les forces navales sur la protection du littoral.

La défense des côtes trouve toujours un accueil favorable auprès du public. Celui-ci, sans responsabilité sur la conduite de la guerre, voit surtout les maux qu'elle engendre; et il s'effraie à l'idée d'en subir le contre-coup. Il accepte alors sans contrôle les opinions toutes faites de ces écrivains faciles qui flattent l'instinct de la conservation inné chez l'homme. Sous cette impulsion, chaque village, chaque ville, chaque région, réclament leur part de protection; on évoque le spectre de l'*Augusta* ravageant nos côtes en 1870, et l'on demande des batteries, des torpilleurs, des garde-côtes, voire même des escadres.

Où mènent de pareilles exagérations? Car, enfin, l'*Augusta,* invariablement citée, n'a pris que deux vapeurs et un bâtiment de servitude; et ce n'est pas pour nous prémunir contre un pareil danger que nous avons construit deux cents torpilleurs et dépensé des centaines de millions pour nos cuirassés. Il n'y a pas de guerre possible si toutes nos ressources sont consacrées à repousser des périls imaginaires.

La guerre, on ne saurait trop le répéter, ne peut avoir d'autre but que d'imposer à l'ennemi la loi du plus fort. Nous n'avons donc pas le droit de faire de la défense des côtes un problème à part qui tend à absorber l'accessoire au détriment du principal. Elle ne peut entrer en ligne de compte, dans l'utilisation de nos ressources, qu'au point de vue de ses rapports avec la richesse publique qui alimente la guerre. La part qui lui revient ne doit représenter qu'une prime d'assurance proportionnée au capital qu'elle garantit. Si la prime est supérieure au capital assuré, on tombe dans l'absurde.

La première chose à faire est donc de nous rendre compte du danger que font courir les incursions contre le littoral et des chances qu'elles ont de se produire. Nous essaierons ensuite de rechercher s'il n'est pas possible d'assurer aux côtes une protection efficace sans contrarier l'action offensive qui peut seule amener l'ennemi à composition.

Il est curieux que ceux qui font profession de voir dans l'attaque de nos côtes la suprême calamité, se soient bornés à enregistrer les faits sans en mesurer la portée. L'étude des causes et des effets est cependant la meilleure base d'appréciation que nous possédions : c'est par elle que nous commencerons tout d'abord.

Attaques contre les côtes sous Louis XIII (1). —

En 1627, la France n'a pas de marine. L'ennemi peut insulter notre littoral sans crainte d'être pris à revers; s'il tente un débarquement, la mer lui fournit une ligne de retraite et de communications assurée.

L'Angleterre en profite pour essayer de prendre pied au milieu des populations protestantes révoltées et acquérir une base d'opérations en vue de reconquérir l'ancien royaume d'Aquitaine.

Le 20 juillet, Buckingham parait devant l'île de Ré avec cent vingt navires portant 8.000 hommes de troupe.

Le 26, le débarquement est terminé; le 27, la petite garnison française, obligée de se replier, s'enferme dans la citadelle de Saint-Martin où elle est aussitôt bloquée. Le siège dura cinq mois.

Malgré un renfort de 4.000 hommes, Buckingham ne put venir à bout de l'héroïque résistance de Toiras; et, le 27 no-

---

(1) Pour les attaques qui se sont produites sur les côtes de l'Océan pendant la période qui comprend les règnes de Louis XIII et de Louis XIV, nous avons suivi le récit de M. Georges Toudouze, qui a publié, sur l'organisation de la défense des côtes au dix-septième siècle, un excellent ouvrage très documenté. Nous donnons textuellement les passages qui offrent un intérêt particulier.

vembre, il se rembarquait, ne ramenant en Angleterre que 2.000 hommes.

L'échec était complet.

Attaques contre les côtes sous Louis XIV. — La guerre éclate, en 1672, entre la Hollande d'une part, la France et l'Angleterre de l'autre.

Les deux premières années se passent en luttes d'escadres contre escadres; elles sont marquées par les batailles de Southwood, de Walcheren et du Texel; mais, en 1674, la Hollande, ayant fait sa paix avec l'Angleterre, profite de l'envoi de toutes nos forces du Ponant dans le Levant pour essayer de ravager systématiquement notre littoral.

Tromp, avec une flotte de trente-six vaisseaux et de trente-quatre bâtiments de transport, portant 8.000 hommes, croise d'abord devant les côtes de Normandie, cherchant un point de débarquement; mais il trouva partout la côte si bien gardée qu'il n'osa aventurer ses troupes.

A la fin de juin, la flotte hollandaise paraît à l'entrée de l'Iroise; un coup de vent la rejette au large. Elle fit route alors pour Belle-Isle où elle mouilla le 27 juin.

Le comte de Horn, qui commandait les troupes, fit sommer la place. Le gouverneur de l'île ayant refusé de se rendre, le général hollandais n'osa pas opérer un débarquement de vive force et usa d'un procédé classique.

Pendant la nuit, cinquante hommes furent jetés à terre au petit village de Loc-Maria, et mirent le feu aux maisons. Grâce à cette diversion, qui attira les défenseurs de l'île, les troupes purent débarquer à l'anse du Grand-Sable sans être inquiétées.

La garnison de l'île s'était réfugiée dans la citadelle, s'apprêtant à soutenir un siège; après un assaut infructueux, les Hollandais se contentèrent de ravager l'île et, le 4 juillet, ils appareillèrent, se dirigeant sur Noirmoutier.

La flotte ennemie séjourna trois semaines devant cette île, tandis que le corps de débarquement rançonnait les habitants, détruisait les fortifications et faisait main basse sur la propriété privée. Après avoir chargé ses vaisseaux des dépouilles de la population, Tromp leva l'ancre et alla faire dans les pertuis d'Oléron une manifestation platonique; puis il quitta définitivement l'Océan et se rendit en Méditerranée où l'appelaient les Espagnols.

« Personne en France n'avait rien compris à cette étrange expédition qui se promena le long de ses côtes et dont le plus grand exploit fut le pillage de Noirmoutier (1). »

Jusqu'à la paix de Nimègue, nos côtes ne furent plus inquiétées : les flottes des deux partis opèrent dans la Méditerranée, où elles n'ont ni le temps, ni le moyen de faire des dégâts purement matériels.

Nous arrivons maintenant à la guerre de la ligue d'Augsbourg.

Les quatre premières années se passent sans attaques contre les côtes : c'est l'époque où notre puissance maritime est à son apogée et nous permet de tenir en échec les forces réunies de l'Angleterre et de la Hollande. Trois ans de suite, Tourville paralyse les flottes alliées et leur inflige même une défaite à Béveziers. Mais, en 1692, il est battu à la Hougue, et dès l'année suivante, l'ennemi reparaît devant nos côtes (2).

Louis XIV, en effet, cédant aux sollicitations de Pont-

---

(1) Georges Toudouze, *La Défense des côtes de Dunkerque à Bayonne au dix-septième siècle.*

(2) La bataille de la Hougue fut livrée à la fin de mai. Les alliés avaient donc du temps devant eux pour profiter de la victoire, les campagnes ne se terminant qu'à l'automne; effectivement, ils avaient projeté une attaque combinée sur Saint-Malo, mais la saison s'écoula sans que les autorités maritimes et militaires eussent pu se mettre d'accord sur le plan des opérations (Voir Colomb, *Naval Warfare*).

chartrain, renonce à lutter en ligne dans l'Océan et il envoie Tourville en Méditerranée (1). L'année suivante, cet amiral retourne encore dans le Levant, où son escadre restera jusqu'à la fin de la guerre à peu près inoccupée (2). L'Océan reste donc dégarni.

Ce fut Saint-Malo qui soutint le premier choc.

Le 27 novembre, une flotte, composée de « douze vaisseaux, douze galiotes à bombes, douze brigantins et plusieurs chaloupes », aux ordres de Philippe Bindault, se déploya dans la rade.

Pendant cinq jours, la ville fut bombardée. Bien que les défenses fussent loin d'être achevées, les habitants, secondés par les troupes, firent bonne contenance et ripostèrent avec énergie.

Ce fut en cette circonstance que les Anglais firent l'essai de ces machines infernales dont ils devaient faire un usage fréquent dans cette guerre et qui ne leur donnèrent jamais que des mécomptes. Le *Vésuve* fit explosion, mais ne détruisit que son équipage.

L'ennemi, en se présentant devant Saint-Malo, comptait détruire un nid de corsaires ; il ne réussit qu'à casser des vitres et des ardoises. « Ce n'est pas une plaisanterie, raconte une relation du temps, de dire qu'à l'exception d'un soldat qui disparut de la tour de Bidouane où il était de faction et du pauvre diable canonnier dont nous avons parlé plus haut, nous n'eûmes qu'un malheureux chat tué dans une gouttière (3). »

---

(1) Il appareilla de Brest, le 26 mai, avec soixante et onze vaisseaux, presque toutes les forces navales de la France. Ce fut pendant cette traversée qu'il rencontra, à hauteur de Lagos, un convoi de quatre cents voiles, escorté par vingt-six vaisseaux dont il captura une partie.

(2) Il quitta Brest le 24 avril.

(3) Cité par Georges Toudouze.

Après cet exploit, la flotte retourna hiverner dans ses ports.

Afin de relever leur prestige, les alliés préparèrent, pour la campagne suivante, une attaque contre Brest. Le plan consistait à débarquer dans la presqu'île de Kelern un petit corps d'armée, afin de détruire toutes les défenses de la côte sud du goulet, et de permettre ainsi aux vaisseaux de franchir les passes et d'arriver jusqu'à l'arsenal.

Le 17 juin 1694, la flotte anglo-hollandaise, commandée par Lord Berkley, entra dans l'Iroise et vint mouiller à l'entrée du goulet, entre Bertheaume et Camaret. Elle se composait de 22 vaisseaux anglais, 19 hollandais, 12 galiotes à bombes et d'un grand nombre de transports (1). Le général Talmash avait le commandement des troupes de débarquement, au nombre de 6.000 hommes.

Le soir même, une frégate alla reconnaître la plage de Trez-Rouz, à côté de Camaret, où devait s'opérer le débarquement; mais à peine s'approchait-elle de terre que le feu des batteries la força à s'éloigner. C'était une déception : Lord Berkley croyait ne trouver aucune résistance et, puisque les Français étaient sur leurs gardes, la situation se présentait sous un jour nouveau.

Au conseil de guerre, l'amiral fut d'avis de renoncer à l'expédition; mais l'opinion du général Talmash prévalut, et le débarquement fut fixé au lendemain.

Dans la nuit, Vauban, qui commandait la défense, fit passer des renforts dans la presqu'île de Kelern : chacun s'apprêta à recevoir l'ennemi.

---

(1) COLOMB, *Naval Warfare.* Pour la composition des escadres et l'effectif des troupes, nous avons pris, de préférence, les chiffres des historiens anglais; au contraire, nous avons adopté la version française au point de vue des résultats de chaque opération, parce que l'ennemi ne se rendait jamais un compte exact des dégâts qu'il causait.

Le 18, dès que la brume fut dissipée, sept frégates appareillèrent sous les ordres du contre-amiral Carmarthen pour protéger le débarquement.

« Ce fut sur le fort (de Camaret) que Carmarthen se prépara à diriger tous ses coups ; mais, à peine les sept frégates eurent-elles doublé l'écueil qui termine la pointe du Couvent, que la côte entière s'embrasa sur tout son pourtour ; un feu terrible, dirigé par des batteries dont l'existence était inconnue aux Alliés, s'abattit sur les sept navires. Il y eut parmi ceux-ci un moment de désordre et de confusion qui eût pu leur être funeste sans la bouillante valeur de Carmarthen. Tandis qu'il rétablissait le combat, si brusquement commencé, et remettait ses hommes de leur surprise, Berkley tentait sur Talmash un dernier effort et cherchait à le dissuader de son entreprise, en présence d'une telle supériorité de défense. Mais le lieutenant-général ne voulut rien entendre et prit la tête d'une centaine de chaloupes contenant les premières troupes de débarquement.

« Très bravement, pendant ce temps, trois frégates s'embossaient à demi-portée des batteries de la pointe du Couvent ; trois autres s'attaquaient au petit fort de Camaret et la septième se dirigeait vers la grève de Trez-Rouz, pour préparer l'arrivée des chaloupes. Celles-ci entrèrent à leur tour dans le cercle de feu formé par les batteries françaises qui en coulèrent un certain nombre ; les autres atterrirent cependant sous le plus effroyable feu d'artillerie et de mousqueterie qui se puisse imaginer, et les troupes, déjà maltraitées, se mirent à débarquer parmi les volutes. Mais, pris en écharpe par une batterie, fusillés de front par les troupes de marine et les miliciens gardes-côtes abrités derrière les épaulements qui dominaient la grève, les Anglo-Hollandais se déployèrent en désordre sur le sable humide et leurs lignes décimées flottèrent. Trop nombreux pour s'abriter tous derrière un énorme rocher qui occupe le centre de la

grève, ils n'étaient pas en nombre suffisant pour tenter
l'assaut des retranchements; le feu meurtrier qu'elles es-
suyaient retardait l'arrivée des autres chaloupes, déjà con-
trariées par le courant de jusant, tandis que les frégates de
soutien tenaient très difficilement tête aux batteries françaises.

« Dans cette situation critique, une hésitation très visible
se manifesta dans les rangs des soldats débarqués : saisis-
sant avec le plus grand bonheur cette minute de trouble,
MM. de Benoise et de La Cousse se jetèrent l'épée à la main
sur la grève et, à la tête d'une centaine d'hommes des compagnies franches, coururent droit aux 1.200 ou 1.300 Anglo-
Hollandais alignés le long du brisant. Imitant aussitôt
cet audacieux exemple, 1.600 à 1.800 miliciens gardes-côtes,
qui garnissaient les épaulements de la grève et dont beaucoup n'étaient armés que de bâtons et de faux emmanchées
à revers, se ruèrent en masse sur l'ennemi, poussant de
sauvages clameurs. Une mêlée, furieuse autant que courte,
s'engagea. Dès le début, Talmash tomba, blessé à mort; il
fut aussitôt transporté dans sa chaloupe qui s'enfuit à
force de rames et de voiles, ainsi que toutes les embarcations qui n'avaient point encore atterri. C'était la déroute
qui commençait : les troupes débarquées voulurent fuir,
mais la mer descendante avait laissé les chaloupes au sec
et faisait échouer les uns après les autres les canots trop
chargés. La frégate de soutien pliait à son tour et prenait
le large, aux trois quarts désemparée et impuissante. Sur
la grève, malgré une fort belle défense, 800 soldats gisaient
morts, et les 400 à 500 survivants mettaient bas les armes
devant un escadron du régiment de Du Plessis-Praslin,
accouru à bride abattue pour sauver ces malheureux auxquels les gardes-côtes, ivres de fureur, refusaient tout quar-
tier.

« En quelques instants, tout était fini et les cris de victoire se répercutaient sur le pourtour de la baie, tandis que les batteries, activant encore leur tir, couvraient de projectiles les chaloupes en déroute et les frégates déjà si maltraitées. Le *Monk,* navire de Carmarthen, après avoir inutilement cherché à forcer l'entrée de Camaret, dégréé de ses vergues, ses voiles en lambeaux, sa coque percée de trous, dut demander une remorque. Les deux frégates qui s'étaient attaquées au petit fort de Camaret reculèrent à leur tour après avoir abattu le clocher de la chapelle de Notre-Dame du Roc-Amadour, située sur la jetée, à côté du fort, et sur les murs de laquelle se voient encore les traces de leurs boulets. Mais, des trois navires qui luttaient péniblement contre les batteries de la pointe du Couvent, deux seulement purent rejoindre la flotte. Le troisième, navire hollandais de trente-quatre canons appelé le *Teesep,* s'était trop approché de la côte; il toucha sur les fonds de la grève connue sous le nom de Coréjou, ne put se relever et resta échoué avec 12 pieds d'eau dans sa cale, sous un feu terrible; il se rendit enfin à M. de La Gondinière dont les mousquetaires fusillaient l'équipage du haut de la falaise voisine; on y trouva quarante morts et l'on y fit soixante prisonniers. Peu de temps auparavant, une caiche chargée d'infanterie avait été coulée à pic au milieu de la baie par une bombe partie de la batterie de deux mortiers établie sur la pointe du Couvent.

« Peu à peu, les débris de l'expédition rallièrent le gros de l'escadre, sur laquelle ne tarda pas à régner un profond découragement; les pertes, en effet, étaient hors de proportion avec la durée du combat. 800 hommes avaient péri sur la grève de Trez-Rouz; 500 étaient prisonniers; 400 à 500 soldats et marins avaient été tués sur les navires et les embarcations; 2 bâtiments et 48 chaloupes étaient perdus. C'était un véritable désastre et les historiens anglais ont en vain cherché à en cacher toute l'étendue. Talmash, exaspéré d'avoir été vaincu par des paysans, voulait que l'on tentât de féroces représailles ; il demanda à Berkley de forcer l'entrée du port coûte que coûte et d'écraser le village de Camaret sous les boulets rouges de toute l'escadre, pour venger sur les habitants ce sanglant échec. La demande du lieutenant-général fut repoussée par les membres du conseil de guerre, peu soucieux d'engager une nouvelle action ; et Berkley, aux appréhensions trop justifiées duquel l'événement venait de donner une triste sanction, fit mettre à la voile. L'escadre alliée, levant l'ancre, reprit la route de l'Angleterre, mais ses malheurs n'étaient pas finis ; en doublant Ouessant, elle dut encore laisser couler dans ces parages deux navires très maltraités dans le combat du 18 et elle fut ensuite assaillie pendant cinq jours par une violente tempête du sud-est. Elle n'arriva à Portsmouth qu'à la fin du mois, criblée d'avaries (1)... »

Ridiculisés à Saint-Malo, battus à Camaret, les Alliés cherchèrent une revanche qui pût les dédommager, sans leur faire courir de risques.

Ils jetèrent leur dévolu sur Dieppe, ville à peu près sans défense.

Au milieu de juillet, la ville fut bombardée. Les maisons, construites en bois, ne tardèrent pas à s'enflammer sous l'action des bombes ; les deux tiers de la ville furent consumés par les flammes. Les habitants, d'ailleurs, ne firent rien pour arrêter l'incendie.

Après ce facile succès, les Anglo-Hollandais se rendirent au Havre pour recommencer la même opération. Mais là, on avait pris des dispositions pour combattre le feu, qui constituait le seul danger sérieux de ces bombardements. Les dégâts furent peu importants ; la place d'ailleurs se défendit bien : les batteries forcèrent deux fois la flotte

---

(1) Georges TOUDOUZE.

ennemie à changer de mouillage et firent sauter une galiote.

Après être restés cinq jours devant Le Havre, les Alliés se dirigèrent sur Dunkerque ; « mais là, ils avaient affaire à une véritable place forte et ils étaient attendus de pied ferme, les forts étaient bien armés et approvisionnés ; et Jean Bart en personne avait accepté le commandement de six barques longues et onze chaloupes destinées à faire un mauvais parti aux galiotes qui s'approcheraient du port.

« Les ennemis parurent le 20 septembre, et les frégates d'avant-garde qui vinrent sonder la rade plièrent sous le feu du Risban et de la citadelle. Le 22, trente-six vaisseaux, frégates et brûlots, vinrent attaquer les forts de tête des jetées, mais le canon de ces forts fit sauter les deux machines infernales que cette flotte amenait, avant qu'elles eussent pu s'attacher aux charpentes de la jetée ; et après cet échec les ennemis se retirèrent hors de portée de l'artillerie.

« Ils ne levèrent l'ancre que le 26, pour jeter sans succès quelques bombes sur Calais ; de Calais, ils allèrent croiser devant Cherbourg et rallièrent enfin l'Angleterre (1). »

La campagne de 1694 était terminée. Suivant l'usage, les flottes prirent leurs quartiers d'hiver et ne réarmèrent qu'au printemps.

En 1695, l'objectif des Alliés n'a pas changé : ils veulent à tout prix ensevelir sous les décombres les repaires où s'abritent nos corsaires. C'est donc encore sur les villes de Saint-Malo et de Dunkerque que portera leur principal effort. Mais, attribuant sans doute leurs échecs de l'année précédente à la faiblesse de leurs moyens, ils augmentent leurs effectifs. C'est une flotte de soixante-dix vaisseaux qui, le 14 juillet, vint mouiller devant Saint-Malo.

« Le 15, les ennemis cherchèrent sans aucun succès à dé-

---

(1) Georges TOUDOUZE.

truire le fort de la Conché; ils tirèrent 1.500 à 1.600 bombes dont 900 seulement tombèrent dans la ville, et l'état estimatif qui fut dressé le 30 juillet suivant donne comme somme totale des dégâts 103.532 francs, et comme nombre des victimes vingt à vingt-cinq personnes et quatre soldats du régiment d'Oléron. Quant aux Alliés, leurs pertes, qu'il n'est guère possible d'estimer au juste, durent être très grandes, car l'historien anglais Smollet dit que « les « galiotes de sa nation souffrirent plus de dommages qu'elles « n'en causèrent ». Ce qu'il y a de certain, c'est que l'une d'elles s'échoua à Césambre et qu'une autre fut brûlée par ceux-là mêmes qui la montaient et qui l'abandonnèrent après y avoir mis le feu; en outre, trois doubles chaloupes furent coulées (1). »

Les ennemis s'aperçurent qu'ils dépensaient inutilement leur temps et leur argent; et le 17 ils se retirèrent. Mais, tandis que le gros de la flotte faisait route pour l'Angleterre, un détachement nouvellement arrivé s'attarda à jeter 500 bombes sur Granville « sans causer grand dommage, bien que les Anglais se soient vantés d'avoir laissé cette ville toute en flammes (2) ».

Les Alliés, après s'être ravitaillés, paraissent en août devant Dunkerque.

Il est probable que les chefs de la flotte se rendaient fort bien compte qu'ils n'auraient pas plus de succès qu'à Saint-Malo, mais leurs gouvernements avaient encore le droit de conserver des illusions; car, si l'on en juge par les relations anglaises, les amiraux, n'osant avouer leurs échecs, contribuaient eux-mêmes à les tromper en exagérant les résultats. S'ils avaient dit vrai, il n'eût pas été nécessaire d'attaquer les mêmes places à des intervalles si rapprochés.

---

(1) Georges Toudouze.
(2) Georges Toudouze.

Cette fois, le nombre des galiotes à bombes avait été augmenté et porté à vingt (1). Ce fut en pure perte, ou plutôt ce ne fut pas sans pertes. Jamais plus les Anglais ne s'attaquèrent à Dunkerque.

« Se trouvant dans cette fâcheuse alternative : ou d'être obligés de subir le feu des batteries ou de manquer de se perdre sur le banc Brack, les ennemis préférèrent, suivant l'expression de Clément, « aller essuyer leur chagrin sur « Calais », ce qu'ils firent d'ailleurs de façon fort médiocre, car ils causèrent quelques dégâts, mais ne purent, malgré leurs efforts, incendier ni détruire le pont de bois qui protégeait Calais du côté de la mer (2). »

En 1696, les Alliés deviennent plus circonspects : en mai, ils bombardent mollement Calais, font une manifestation devant Brest, et viennent mouiller dans la baie de Quiberon.

Des descentes furent exécutées dans les deux petites îles de Houat et Hoëdic, ainsi qu'à Groix ; ces îles, vu leur peu d'importance, étaient absolument sans défenses.

« Les historiens anglais ont fait de ces îles de vastes étendues de terre, populeuses, avec de grandes villes et d'innombrables villages ; ils disent que l'on brûla vingt villages, à Hoëdick, où il y avait à peine ce nombre de chaumières, et déclarent que l'on enleva ou tua six cents pièces de bétail dans cette île, qui n'aurait pu en nourrir la moitié ; quant

---

(1) A cette époque, les galiotes à bombes, inventées par l'ingénieur français Petit-Renau, jouaient le principal rôle dans les bombardements. La hausse n'existant pas (elle ne parut qu'au milieu du dix-neuvième siècle), le tir des pièces était très incertain et les galiotes, à cause de leurs faibles dimensions, offraient une cible difficile à atteindre. On en profitait pour les amener le plus près possible du rivage, d'où elles lançaient des bombes sur la ville, tandis que les vaisseaux se tenaient à toute portée des batteries. C'est ce qui explique que ces derniers souffraient peu dans ce genre d'opérations.

(2) Georges Toudouze.

à la ville d'Houat, elle n'a jamais existé que dans l'imagination de ces historiens empressés à dissimuler la médiocrité de ces expéditions : aussi le père François-Marie Galen, qui était témoin oculaire, ne cesse-t-il de les accabler de sarcasmes à ce propos (1). »

Après ces exploits, l'amiral Rooke, qui commandait la flotte alliée, alla tenter une descente à Belle-Isle avec 8.000 hommes.

Mais là, il y avait un gouverneur énergique, une garnison, faible il est vrai, mais qui suffisait à encadrer la population; il y avait, en un mot, une défense organisée. Aussi, lorsque les troupes voulurent débarquer, furent-elles si mal accueillies qu'elles n'insistèrent pas. Il semble que le souvenir de Camaret soit encore présent à l'esprit des Alliés, car la flotte reste quinze jours devant Belle-Isle sans oser rien faire. Pendant ce temps, un détachement va jeter quelques bombes aux Sables-d'Olonne et dans Saint-Martin-de-Ré, pour ne pas revenir en Angleterre sans avoir rien à raconter.

L'année suivante, la paix était signée.

Ainsi, pendant trois années consécutives, les Anglais ont immobilisé des forces énormes pour bombarder tout notre littoral, et tous ces armements n'ont servi qu'à réduire en cendres une petite ville. L'historien anglais Burchett reconnaît que, tous comptes faits, le résultat ne fut pas proportionné à la dépense.

Les ennemis se rendirent compte de la stérilité des bombardements et, pendant la guerre de la Succession d'Espagne, nous allons les voir renoncer à labourer nos champs avec des boulets et se consacrer exclusivement aux descentes. Mais ils agiront avec une telle circonspection, que leurs troupes ne parviendront qu'une seule fois à mettre le pied sur le sol français.

_____

(1) Georges Toudouze.

Comme dans les dernières années de la guerre précédente, la France abandonna l'Atlantique. Elle livra une partie de ses bâtiments du Ponant aux armateurs pour faire la course; les autres furent envoyés à Toulon ou consacrés à la protection des convois.

Les Anglais en profitèrent pour tenter sans succès un coup de main contre Cadix avec 14.000 hommes, et pour détruire à Vigo les galions espagnols et les vaisseaux de Château-Renault qui les escortaient.

En 1703, la même flotte se livra le long de nos côtes à une inutile promenade. Elle avait cependant pris la mer avec de magnifiques projets : il ne s'agissait de rien de moins que de détruire toutes les défenses qui protégeaient les pertuis, de ruiner ensuite Rochefort et de terminer par une descente à Brest.

L'amiral Rooke, qui commandait la flotte, emmenait avec lui un corps de débarquement de 7.000 hommes; il avait même eu la prévoyance de faire préparer des flûtes maçonnées pour obstruer les passes.

Mais il y a loin de la conception à l'exécution : on part avec de belles résolutions; puis, quand on arrive sur les lieux, on s'aperçoit — mais un peu tard — qu'il est bien dangereux de débarquer une poignée d'hommes dans un pays comme la France; on devient alors plus prudent.

Sir Georges Rooke se dirigea effectivement vers les côtes de la Saintonge, puis il remonta tout à coup dans le nord. On a dit qu'il avait reçu avis de la présence d'une escadre française de vingt-six vaisseaux, et qu'il voulait d'abord s'en débarrasser; cependant, cette escadre n'existait pas (1). Au commencement de juin, la flotte ennemie mouillait devant Belle-Isle.

-----

(1) Il est probable que c'était un convoi de navires de commerce, escorté par quelques bâtiments de guerre.

L'amiral anglais était-il venu là en désespoir de cause, ou bien avait-il l'intention d'opérer un débarquement? Toujours est-il qu'il resta quinze jours devant Le Palais sans rien faire. En revanche, l'activité qui régnait à terre indiquait clairement que, si les ennemis descendaient, ils trouveraient à qui parler. En 1696, Rooke avait déjà pu apprécier à ses dépens les dispositions prises par le gouverneur; et peut-être ce souvenir fut-il pour quelque chose dans la résolution qu'il prit de se retirer (1).

Quand on est mécontent de soi, on passe souvent sa colère sur des gens inoffensifs. Les Anglais, avant de retourner en Angleterre, cherchèrent une victime expiatoire et jetèrent leur dévolu sur l'île de Groix que ce même amiral Rooke avait dévastée par deux fois en 1696.

« Cette île, qui était sans troupes et sans fortifications, aurait vu certainement se renouveler le désastre qu'elle avait subi en 1696; son curé la sauva : « Grâce à un strata-
« gème imaginé par le curé, les Anglais crurent avoir devant
« eux des troupes régulières en quantité considérable : le
« débarquement n'eut pas lieu. Le curé avait fait mettre
« des bonnets rouges à des femmes et à des filles et leur avait
« ordonné de se ranger avec tous les hommes de l'île sur la
« partie la plus élevée de l'île, qui se présente en pente sur
« la mer. Cette population, montée sur des chevaux, sur des
« ânes, sur des vaches ou des bœufs, causa une illusion telle
« sur l'amiral anglais qu'il n'osa s'avancer..... » Le curé
reçut du ministre Pontchartrain quelques lettres des plus curieuses, dans lesquelles celui-ci lui accordait pour les services rendus un brevet de 500 livres sur l'évêché d'Agen

---

(1) « Lorsque la flotte ennemie parut devant Belle-Isle, le gouverneur, Hervé de La Ferrière (le même qu'en 1696), était à la chasse sur le continent. On l'envoya chercher par une barque qui le ramena en traversant la flotte. » (Georges TOUDOUZE.)

et le nommait, en cas d'absence d'officiers, commandant des milices et des gardes-côtes (1). »

A partir de 1704, l'attention du gouvernement anglais est attirée vers le sud. La même flotte qui a opéré en 1702 en Espagne, en 1703 en France, escorte jusqu'à Lisbonne un corps d'armée destiné à soutenir les prétentions de l'archiduc Charles ; puis elle prend Gibraltar par surprise et est retenue dans la Méditerranée par l'escadre du comte de Toulouse, avec laquelle elle se rencontre à Malaga. Après le désarmement de nos vaisseaux, elle prend part aux opérations militaires devant Barcelone ; puis elle hiverne à Lisbonne et dans les ports anglais.

L'année suivante (1706), l'apparition du comte de Toulouse devant Barcelone ramène les Alliés en Méditerranée ; ils forcent notre escadre à se retirer à Toulon.

Ainsi, pendant trois ans, nos côtes jouissent d'une tranquillité absolue. Mais en 1707, le duc de Savoie et le prince Eugène assiègent Toulon par terre ; et Shovel, qui commandait les forces navales ennemies, croit le moment favorable pour se débarrasser de nos vaisseaux qui, malgré leur désarmement, constituaient une menace permanente.

Ce ne fut qu'une alerte. L'armée ennemie ayant levé le siège au bout de dix jours, la flotte perdait tout espoir de pénétrer dans la rade, et elle se retira après avoir inutilement vidé ses soutes.

L'année suivante, une flotte ennemie reparaît dans le Nord.

L'amiral Ring mouille, le 20 août 1708, devant Saint-Vaast-la-Hougue, avec soixante vaisseaux.

Dès qu'on lui signala la présence de la flotte ennemie, le maréchal de Matignon accourut au secours de la petite garnison locale avec trois régiments.

---

(1) CABART-DANNEVILLE (rapport au Sénat) et Georges TOUDOUZE.

Le 23, une tentative de débarquement échoue : les embarcations n'arrivent même pas jusqu'à la plage.

La flotte appareille alors et va se montrer devant Cherbourg; puis, subitement, elle vient reprendre son mouillage. Mais la défense n'était pas tombée dans le piège, et de toutes parts les troupes affluaient.

Le 28, les embarcations se dirigèrent de nouveau vers la terre, et, comme la première fois, elles durent regagner leurs vaisseaux sans avoir pu débarquer les troupes.

L'ennemi hésitait sans doute à revenir bredouille, car, pendant un mois, il resta sur les côtes du Cotentin, et ce ne fut qu'à la fin de septembre qu'il s'éloigna définitivement.

Cet échec enleva aux Anglais l'envie de s'attaquer de nouveau, pendant le reste de la guerre, à nos côtes du Ponant; ils crurent être plus heureux sur notre littoral méditerranéen qui, n'ayant pas encore subi ces descentes, devait être moins préparé à les repousser.

Effectivement, 700 hommes purent facilement débarquer dans les environs de Cette, le 19 juillet 1710; le lendemain, ils s'emparèrent de la ville, pendant que les vaisseaux échangeaient des bordées avec les forts.

Le but des Anglais était de tendre la main aux paysans protestants des Cévennes qui étaient alors en pleine révolte et de leur faire passer des secours en hommes et en argent, en prenant la ville de Cette comme base d'opérations; mais il fallait que le gouvernement anglais fût bien mal renseigné sur l'importance de ces soulèvements pour prétendre se maintenir en territoire français avec des effectifs aussi ridicules.

Le 21, la ville et le pont d'Agde furent pris; puis les ennemis s'arrêtèrent, n'osant s'aventurer plus loin. Le 27, les têtes de colonne des troupes françaises furent signalées à Mèze. Menacé d'être coupé, le général Seissan demanda à l'amiral anglais d'envoyer des embarcations armées en guerre dans l'étang de Thau pour empêcher les Français de le passer à gué (1); mais, en même temps, on reçut avis que des forces considérables marchaient sur Agde. La retraite s'imposait. Les Anglais se replièrent sur Cette; poussés l'épée dans les reins, ils ne firent que traverser la ville pour gagner leurs embarcations, et ne s'embarquèrent qu'en sacrifiant leur arrière-garde.

Cette attaque fut la dernière de la guerre, qui se termina le 11 avril 1713 par le traité d'Utrecht.

Attaques contre les côtes sous Louis XV. — Pendant les guerres maritimes du règne de Louis XV, les attaques contre les côtes vont continuer, mais elles prennent un nouveau caractère.

Les objectifs restent les mêmes; les procédés diffèrent. Les Anglais s'interdisent systématiquement les bombardements; ils chercheront à prendre nos villes maritimes à revers en débarquant des masses de troupes qui atteindront jusqu'à 14.000 hommes; mais, éclairés par l'expérience, ils éviteront, autant que possible, les débarquements de vive force, et, pour trouver des plages désertes, ils seront obligés de débarquer loin de leur objectif; chaque fois que la défense ne perdra pas la tête, cet éloignement leur sera fatal.

La guerre de la Succession d'Autriche ne fut marquée que par une seule attaque contre les côtes. Après la bataille de Toulon, qui détermina la déclaration de guerre officielle (2), la France prépara une expédition pour essayer

---

(1) Les villes de Cette et d'Agde sont séparées par une longue digue qui est baignée, d'un côté par la mer, de l'autre par l'étang de Thau. Mèze se trouve au bord de l'étang, en son milieu.

(2) Les hostilités étaient déjà commencées, suivant la tradition anglaise.

encore une fois la restauration des Stuart. L'active surveillance des escadres anglaises ruina ces projets, et l'escadre française qu'on avait armée fut disloquée : une partie
passa en Méditerranée, d'autres vaisseaux rallièrent Lorient
et Rochefort.

Mais le gouvernement anglais avait encore des sujets de
préoccupation : Charles-Édouard, le fils du prétendant,
avait débarqué dans le nord de l'Écosse et avait soulevé le
pays. Pendant près de deux ans, il tint en échec les troupes
lancées à sa poursuite.

Tant que dura cette héroïque équipée, les escadres ennemies croisèrent devant nos côtes, depuis Dunkerque jusqu'à
Rochefort, afin d'intercepter tout secours envoyé au prince.
Lorsque Charles-Édouard, n'ayant plus de soldats, en fut
réduit à errer fugitif dans les montagnes de l'Écosse, le
gouvernement britannique respira; et ce fut alors seulement qu'il songea à opérer un coup de main contre Lorient, afin de ruiner les établissements de la Compagnie
des Indes.

L'amiral Lestock mouilla le 1er octobre 1746 dans la baie
du Pouldu avec 16 vaisseaux, 8 frégates et 2 bombardes;
il escortait un convoi portant 5.800 hommes de troupes et
commandé par le général Sinclair.

Le débarquement s'effectua le même jour; le 2, les
Anglais s'emparaient de Guidel et de Plimur, et établis-
saient leur camp entre les deux bourgs. De là, le général
Sinclair envoya sommer la ville.

Les habitants n'étaient pas fiers : bien que Lorient eût
des murailles armées de canons, elle ne pouvait passer
pour une place forte. Les autorités signèrent une trêve et
entrèrent en délibération sur le parti qu'il convenait de
prendre.

Tandis que les Lorientais discutaient entre eux, le général
anglais discutait avec son amiral; car, si les Français trou-

vaient que leur situation n'était pas bonne, les Anglais trouvaient la leur mauvaise : ils pouvaient d'un moment à l'autre être coupés de leurs vaisseaux.

Au bout de quelques jours, les habitants, intimidés par quelques coups de canons, décidèrent de se rendre : un parlementaire sortit de la ville pour régler les termes de la capitulation. Or, précisément au même instant, les Anglais venaient de prendre le parti de se retirer; et ils avaient levé leur camp si précipitamment, qu'ils abandonnèrent quatre pièces de canon, un mortier et des munitions. Sinclair avait reçu avis de rassemblements de troupes, et, ne sachant s'il aurait affaire à une compagnie de 100 hommes ou à une armée de 20.000 soldats, il avait préféré se retirer. Effectivement, treize bataillons et quatorze escadrons s'avançaient sous les ordres de MM. de Saint-Pern et de Coëtlogon, mais ils étaient encore à plusieurs journées de marche (1).

Le 9 octobre, la flotte appareilla. Lestock, n'osant revenir immédiatement en Angleterre, croisa pendant quinze jours devant la côte, fit une descente à Houat et à Hoëdic, et s'éloigna définitivement le 23 octobre.

Est-ce l'insuccès de cette expédition qui éloigna les Anglais de nos côtes pendant le reste de la guerre? On serait tenté de le croire, car ce ne sont pas les quelques bâtiments que nous avions conservés armés qui pouvaient leur porter ombrage.

La guerre de Sept ans débuta par un échec pour l'ennemi : la France s'empara de Minorque avant que les Anglais eussent eu le temps d'envoyer des forces en Méditerranée.

La perte de Minorque fut vivement ressentie en Angle-

---

(1) Ces troupes avaient été détachées de l'armée du maréchal de Saxe.

terre et l'opinion publique réclama à grands cris des représailles. L'occasion était favorable : après un premier effort couronné de succès, la marine française sembla pendant trois ans ne plus exister: elle est alors dirigée par Berryer qui avait pris à cœur de la ruiner.

L'Angleterre avait beau jeu : elle en profita.

Une flotte, composée de dix-sept vaisseaux de ligne, sous les ordres de l'amiral Hawke, appareilla de Portsmouth le 7 septembre 1757; elle escortait un convoi portant 10.000 hommes. Le 20, elle fut signalée par les vigies de l'île de Ré, louvoyant pour se rapprocher de terre; le 22, elle mouillait dans la rade des Basques. Nul doute : elle en voulait à notre arsenal de Rochefort.

Le lendemain, l'île d'Aix, qui n'était défendue que par 16 canons et n'avait qu'une garnison de 250 hommes, tombait au pouvoir de l'ennemi. Les Anglais firent mine de débarquer à Châtelaillon, où se trouvaient quelques centaines de gardes-côtes; ils en furent, dit-on, empêchés par l'état de la mer. Ils firent également une démonstration devant Fouras où le lieutenant général de Langeron s'était transporté; le 30 septembre, ils se retirèrent, abandonnant l'île d'Aix.

Pendant tout ce temps, la plus extrême confusion n'avait cessé de régner à Rochefort où l'on songeait bien plus à se sauver qu'à se défendre. Là encore, la terreur fut égale des deux côtés; ce fut l'attitude énergique de M. de Langeron qui, avec quelques compagnies régulières et des gardes-côtes, sauva la situation.

L'année suivante, l'amiral Hawke reparut devant l'île d'Aix; mais, cette fois, il n'avait pas pour objectif la terre. Il n'amenait avec lui que sept vaisseaux et trois frégates, et ne visait que la destruction d'un important convoi destiné aux colonies. Nous nous contenterons donc de signaler cette opération qui ne rentre pas dans le cadre des attaques contre les côtes (1); mais quelque temps après, les descentes recommencèrent, et c'est encore Saint-Malo qui attira les Anglais.

L'effort était immense : cent transports portant 16.000 hommes sous les ordres du duc de Marlborough.

Le 5 juin 1758, la flotte, commandée par l'amiral Howe, mouilla dans la baie de Cancale. Le débarquement s'opéra sans difficultés; et Marlborough, après avoir installé un camp retranché pour protéger le rembarquement en cas de revers, se mit en marche vers Saint-Malo. En route, il s'attarda à ravager la campagne, et lorsqu'il arriva sous les murs de la place, le marquis de La Châtre avait eu le temps de s'y enfermer avec 2.000 hommes et de la mettre en état de défense.

Ne pouvant pénétrer dans la ville, peu soucieux de livrer un assaut, les Anglais brûlèrent tous les bâtiments qui se trouvaient dans le port de Saint-Servan.

Cependant, le duc d'Aiguillon, gouverneur de la province, faisait affluer vers la côte toutes les troupes de Bretagne, et il avait déjà réuni quelques milliers d'hommes à Dinan où il s'était transporté de sa personne.

Craignant d'être coupé de sa ligne de retraite, Marlborough se décide à lever le siège; les forces dont disposait le duc d'Aiguillon n'étaient pas encore suffisantes pour l'inquiéter, et il put se rembarquer sans pertes, le 11 juin. La flotte appareilla le 17 et retourna en Angleterre.

Qu'étaient venus faire les Anglais à Saint-Malo?

Ce n'est pas pour brûler quatre-vingts navires, dont la plupart n'étaient que des chaloupes, qu'ils avaient adjoint

---

(1) L'entreprise n'échoua pas complètement : les bâtiments, qui avaient été obligés de s'alléger pour remonter la rivière, perdirent une grande partie de leur matériel, et le départ du convoi fut retardé. Il se composait de cinq vaisseaux, de quelques frégates et de quarante transports.

à l'infanterie 1.000 chevaux et vingt-cinq pièces d'artillerie.

Ce n'est pas pour faire une expédition de huit jours qu'on mobilise 16.000 hommes et qu'on nolise cent bâtiments de commerce.

Ils avaient donc l'intention de prendre la place, et on ne s'explique pas qu'ils n'aient essayé ni d'ouvrir la brèche, ni de donner l'assaut; ou plutôt on doit supposer qu'ils s'aperçurent alors qu'ils s'étaient mis dans une fausse position.

La conduite de Marlborough fut sans doute sévèrement jugée en Angleterre, car il fut remplacé par le général Bligh; et, à la fin de juillet, la flotte se dirigea sur Cherbourg : elle n'amenait avec elle que 6.000 hommes de débarquement.

Il y a, dans cette triste affaire de Cherbourg, des faits si extraordinaires qu'il est intéressant d'en donner une relation détaillée :

« A la fin de juillet 1758, on apprend que plusieurs divisions de la flotte anglaise sont à 18 lieues et, vis-à-vis de Cherbourg, quelques navires louvoient le long des côtes.

« Le 5 août, la flotte anglaise force de voiles pour doubler le cap de la Hougue. Le commandant de Cherbourg, le baron de Coppley, est informé à 9 heures du soir ce même jour.

« Le 6 août, la flotte anglaise fait route pour la rade. M. de Coppley prévient le comte de Raymond, maréchal de camp, commandant les troupes du Cotentin sous les ordres du lieutenant général d'Harcourt, qui réside à Caen.

« Le même jour sont réunis à Cherbourg :

« Le régiment d'Orion;

« Le régiment de Clark;

« 1.200 bourgeois armés;

« 20 bombardiers;

« 72 canonniers bourgeois;

« 6 bataillons de gardes-côtes;

« Le régiment de dragons de Languedoc.

« Ce qui constituait un effectif de plus de 6.500 hommes. Ajoutons que le régiment de Guyenne et deux bataillons de milice qui sont à la Hougue reçoivent l'ordre d'y rester, on ne sait pourquoi.

« Le 7 août, les Anglais envoient des bombes qui, d'ailleurs, ne font aucun mal.

« Quelques batteries de côtes commencent à tirer : « La « batterie de Tourlaville casse le gaillard d'arrière d'une fré- « gate et renverse quarante-cinq hommes tués ou blessés, « entre autres presque tout l'état-major de ce navire. »

« Il avait été tiré en tout dix coups.

« Le commandant de Cherbourg donne l'ordre de cesser le feu. Il est impossible de trouver une explication plausible de ce fait étrange; il n'est d'ailleurs que la première faute du commandement, qui en commettra bien d'autres. Le général baron de Raymond voulait peut-être attendre les Anglais dans la baie de Sainte-Anne où des préparatifs formidables avaient été faits pour les jeter à la mer. Il arriva ce qui se présentera toujours, à savoir que les Anglais se gardèrent bien de débarquer là où l'on s'était si bien préparé à les recevoir, mais dans la baie d'Urville qu'on avait jugée impraticable. Ce débarquement se fit avec beaucoup de bonheur et d'habileté sous les yeux de nos troupes, qui, contenues par l'artillerie des vaisseaux, ne firent aucune résistance. Le corps de débarquement avait un effectif d'environ 5.000 hommes. Le général de Raymond donne alors l'ordre de céder le terrain; les Anglais se rassemblent et occupent les positions dominantes.

« Ainsi, dit le témoin oculaire auquel nous empruntons « ce récit, ainsi fut, avec étonnement, exécutée une descente « à laquelle on se préparait depuis deux mois par toutes

« sortes de fortifications dans les endroits les plus suscep-
« tibles d'attaque. »

« Ce n'est certes pas la première fois (et ce ne sera pas la
dernière) que les fortifications font perdre la tête à un chef
mal préparé à en faire usage.

« Et il ne faudrait pas croire que les troupes dont on disposait fussent peu disposées à se battre.

« Les troupes, les bourgeois, les habitants même de la
« campagne, dit notre auteur, ne redoutaient de la part des
« Anglais aucune attaque. Ils souhaitaient au contraire
« qu'ils fissent quelques tentatives sur nos côtes, persuadés
« qu'ils auraient à s'en repentir. »

« Le 8 août, ce n'est qu'à midi et demi que le général de
Raymond sort de Cherbourg et part à cheval pour reconnaître l'ennemi; mais il ne va même pas jusqu'aux postes
avancés des troupes françaises, et il rentre dans la ville en
laissant à toutes les troupes cet ordre étrange d'aller le
rejoindre au mont Épinguet, à 10 kilomètres de Cherbourg.
Dans la soirée, les Anglais entraient dans la ville qui n'avait
plus un soldat. Le 9 août, la flotte débarque encore 1.800
hommes, et les Anglais occupent la montagne du Roule
abandonnée par nous. Le 10 août, ils envoient à la découverte une patrouille de cavalerie sur le chemin de Valognes.
Elle est mal accueillie par une petite troupe française, et
elle bat en retraite.

« Ce jour-là arrive au camp français le lieutenant-général
d'Harcourt, le comte de Coëtlogon et Roth, également
lieutenants-généraux, ainsi qu'un bataillon venant d'Avran-
ches. Le 12 août, arrivent encore au camp français le régiment de cavalerie d'Escav, deux bataillons du Poitou, quatre bataillons de gardes-côtes de Caen. Le 13 août, arrivent
deux bataillons de Saint-Kamans et le régiment de cavalerie de Bourbon-Prince. Le 14 août arrive le maréchal de
Luxembourg.

« Les Anglais occupent leur temps à piller les habitants, rançonner la ville, détruire les jetées, casser ou emporter les canons abandonnés, couler ou incendier les navires qui sont dans le port, etc. Ils ne sont d'ailleurs troublés par aucun incident pendant tout le temps qu'ils procèdent à cette exécution du pays. Le 16 août, ils se rembarquent. Le 17 août, à 3 heures après midi, les généraux et les troupes françaises rentrent à Cherbourg (1). »

Enhardis par ce succès dont ils ne semblent pas avoir discerné les causes, les Anglais veulent réparer leur échec du mois de juin devant Saint-Malo; mais ils allaient constater cette fois que, seule, l'inertie des défenseurs peut permettre de pareilles incursions.

Leur flotte parut le 3 septembre à hauteur du cap Fréhel; le 4, elle mouillait devant l'île d'Agot; le 5, les troupes débarquaient dans l'anse de Saint-Briac, sans rencontrer de résistance.

Si le général Bligh avait choisi un point de débarquement du côté de la rive gauche de la Rance afin de pouvoir débarquer sans encombre, son calcul était juste; mais cet avantage était largement compensé par l'inconvénient d'avoir à traverser la Rance pour atteindre Saint-Malo. L'entrée de la rivière était d'ailleurs défendue par une ligne de frégates et de corsaires; il eût fallu pénétrer dans l'intérieur des terres pour la tourner. Bligh n'osa pas s'aventurer si loin, et pour justifier son entreprise, il se mit à ravager le pays.

Dès qu'il avait eu connaissance de la présence des Anglais, le duc d'Aiguillon était venu s'établir à Lamballe, faisant converger sur ce point toutes les troupes de la région.

Bligh se décida alors à battre en retraite, et se dirigea

_____

(1) *Des Opérations maritimes contre les côtes et des débarquements,* par M. D. B. G.

vers Saint-Cast, où étaient venus l'attendre ses vaisseaux ;
mais il en était encore loin, et il lui fallait traverser l'Ar-
guenon. Pendant deux jours, les Anglais furent harcelés
par nos troupes ; ils s'arrêtèrent enfin sur le plateau de
Matignon pour se concentrer.

« Dans cette position, ils étaient inexpugnables ; mais il
fallait qu'ils en descendissent, soit pour se procurer des
vivres, soit pour se rembarquer. C'était ce moment qu'attendait le duc d'Aiguillon. Il avait partagé sa petite armée
en trois corps ; lui-même, avec celui du centre, devait
suivre pas à pas les mouvements des Anglais, et les deux
autres devaient longer le bord de la mer et les attaquer de
flanc quand ils se rembarqueraient. Un rembarquement est
toujours une opération difficile, parce qu'il se présente un
moment où la moitié des troupes est à bord, l'autre à terre,
et qu'il faut à celle-ci beaucoup de sang-froid et de courage
pour se maintenir. Il y avait dans celui-ci une difficulté de
plus : le chemin qui descend de Matignon à la mer était une
pente rapide et sablonneuse ; il devait s'effectuer sous la
pression de toutes les forces françaises. Le 10 au matin, le
général Bligh commença son mouvement ; les embarcations
de l'amiral Howe étaient sur le rivage et les frégates embos-
sées. Quand la moitié à peu près des troupes anglaises fut
embarquée, les Français attaquèrent comme il était con-
venu, des trois côtés à la fois. Les Anglais tinrent pied
d'abord ; mais un assez grand nombre d'eux, effrayés,
s'étant jetés à l'eau pour rejoindre les chaloupes, deux de
celles-ci, surchargées de monde, coulèrent bas ; les autres,
pour éviter un pareil malheur, coupèrent alors à coups de
sabre les mains des infortunés qui se cramponnaient à leurs
bords. A ce spectacle, les troupes restées à terre se crurent
abandonnées, poussèrent des cris de détresse et rompirent
leurs rangs. Le désordre fut au comble. Les frégates qui
n'avaient point encore tiré, de peur d'atteindre leur propre

corps d'armée, firent feu, de rage, sur cette mêlée confuse
d'amis et d'ennemis. Le duc d'Aiguillon eut alors la présence d'esprit de dégager ses soldats et poussa les Anglais
seuls, en troupeau, sur le rivage. Les frégates s'en aperçurent, cessèrent leur feu, et les malheureux soldats anglais, victimes de cette mitraillade, n'eurent d'autre ressource que de se rendre prisonniers, au nombre de 3.500 (1).
Le soir même, la flotte anglaise appareilla (2). »

Cependant le duc de Choiseul était arrivé au pouvoir.
Patriote ardent, il se demanda si la politique de l'abstention convenait à la France et si la marine devait assister
impuissante à la ruine de nos colonies et à l'insulte de nos
côtes. C'est alors qu'il conçut le projet d'une descente en
Angleterre qui, frappant l'ennemi au cœur, le terrasserait
d'un seul coup. Malheureusement, la marine n'avait plus
assez de vaisseaux pour mener à bien une pareille entreprise, et cette tentative amena la perte de nos escadres à
Lagos et à Quiberon. Mais la menace d'une invasion a toujours eu le don d'inquiéter l'Angleterre; et, cette fois,
comme en 1745, elle suspendit ses opérations pour surveiller
les préparatifs qui se faisaient en France.

Quand tout danger fut écarté, elle songea de nouveau à
reparaître devant notre littoral. Mais l'expérience lui avait
révélé le danger des descentes sur le continent, et elle jette
son dévolu sur Belle-Isle, qui voyait l'ennemi pour la quatrième fois en moins d'un siècle.

Le 7 avril 1761 parut la flotte de l'amiral Keppel, forte
de vingt-cinq vaisseaux; elle escortait un convoi de cent
transports portant 10.000 hommes.

---

(1) Ce chiffre est exagéré. Le chevalier de Mirabeau, qui était sur les
lieux, écrit à son frère : « Mille à douze cents tués, sept à huit cents
prisonniers. » Consulter LACOUR-GAYET, *La Marine militaire de la*
France sous le règne de Louis XV.

(2) Henri RIVIÈRE, *La Marine française sous le règne de Louis XV.*

Nous avons vu que Tromp avait réussi à descendre à Belle-Isle à l'aide d'une diversion ; Rooke avait échoué dans une descente de vive force en 1696 ; en 1703, il n'osa même pas la tenter. De même, Keppel sera d'abord repoussé dans une attaque directe ; il emploiera alors le système de la fausse attaque, et parviendra ainsi à mettre le pied dans l'île.

Le 8, les embarcations de l'escadre débarquent des troupes à la pointe d'Andro. Le gouverneur, M. de Sainte-Croix, les reçoit de telle façon qu'elles regagnent précipitamment leurs vaisseaux en abandonnant 400 hommes.

Cet échec semble décourager Keppel ; pendant quinze jours il ne fait rien. Peut-être attendait-il les six vaisseaux qui lui apportèrent un renfort de 2.400 hommes. Dès qu'il l'eût reçu, le 22, il bombarde Le Palais avec ses vaisseaux, tandis que les embarcations vont déposer 4.000 hommes dans l'anse de Loc-Maria (1). M. de Sainte-Croix arriva trop tard pour contrarier la descente ; il dut s'enfermer dans la ville. Après une résistance énergique, il capitula le 7 juin (2).

Peu après les préliminaires de paix étaient ouverts, et Mahon fut échangé contre Belle-Isle. Il semble même que la prise de cette île n'avait pas d'autre but que de servir de gage d'échange ; car les Anglais ne pouvaient la conserver qu'en immobilisant une escadre pour garder le chenal qui la sépare du continent, et si les hostilités avaient dû se prolonger, c'eût été une gêne pour eux.

Attaques contre les côtes sous Louis XVI. — Pendant les cinq années que dura la guerre de l'Indépendance américaine, nos côtes vécurent dans une tranquillité

---

(1) Probablement au petit jour.

(2) Voir pour la prise de Belle-Isle : Lacour-Gayet, *La Marine militaire de la France sous le règne de Louis XV*.

absolue. C'est qu'alors nous avions une marine qui tenait la mer et ne permettait pas aux Anglais de se livrer à des diversions dont les bénéfices avaient souvent un goût amer.

Il est juste de dire que les opérations en Amérique ne laissaient pas à l'Angleterre des ressources suffisantes pour entreprendre des expéditions qui avaient nécessité quelquefois 16.000 hommes; mais elle eût pu recommencer, si elle avait cru y trouver un profit, cette série de bombardements qui avait marqué la guerre de la ligue d'Augsbourg. Car il est à remarquer que jamais nos escadres, de 1778 à 1783, ne cherchèrent à protéger directement nos côtes; elles passèrent, à plusieurs reprises, des mois entiers sur les côtes d'Espagne et en Méditerranée, abandonnant ainsi tout le littoral de l'Océan et de la Manche aux entreprises de l'ennemi; mais l'existence seule de ces flottes constituait pour l'Angleterre une menace suffisante pour qu'elle fût plus préoccupée de les surveiller que d'attaquer les côtes.

Attaques contre les côtes sous la Révolution et l'Empire.

— Avec les guerres de la Révolution et de l'Empire, nous entrons dans la période la plus noire de notre histoire maritime. Le mauvais état du matériel, l'incapacité des commandants, l'indiscipline des équipages ont placé nos forces dans une infériorité si marquée, qu'il semble qu'on ne fasse sortir les escadres que pour les jeter en pâture à l'ennemi. Cependant, en vingt années de guerre, nous ne relevons que cinq expéditions contre les côtes (1). C'est d'abord la prise de Toulon; mais on ne peut faire état d'un événement de ce genre, puisque la ville fut livrée par ses propres habitants dont la trahison constitue un fait unique dans l'histoire. La place, d'ailleurs, fut bientôt re-

---

(1) Nous ne parlons pas des coups de main sans importance.

prise; mais l'occupation anglaise eut une influence directe sur les opérations maritimes en nous faisant perdre une escadre entière.

En 1794, la Corse fut occupée par les Anglais, grâce à l'appui de Paoli, et évacuée en 1796.

En 1795 et 1800, eurent lieu deux descentes infructueuses dans la baie de Quiberon.

La première se présente sous un jour particulier : elle avait pour but de déposer sur les côtes de Bretagne un corps d'émigrés, et il est douteux que l'Angleterre eût tenté cette aventure avec ses propres troupes, car elle ne se justifiait que par l'espoir de soulever toute la Bretagne.

Il y avait alors dans les parages de Belle-Isle une escadre française de douze vaisseaux commandée par Villaret-Joyeuse.

L'escadre anglaise de Lord Bridport la rencontra le 22 juin à hauteur de Groix et la força à se réfugier à Lorient, après lui avoir enlevé trois vaisseaux. Le convoi, composé de cinquante transports et escorté par les trois vaisseaux du commodore Warren, vint alors mouiller dans la baie de Quiberon, et le débarquement s'effectua sans difficultés sur la plage de Carnac (25 juin).

La défense terrestre était confiée à un chef énergique; aussi les événements suivent leur cours naturel.

Les émigrés, renforcés par quelques milliers de chouans, s'avancent de quelques lieues dans l'intérieur; Hoche rassemble ses troupes.

Le 16 juillet, bataille : les émigrés, battus, se réfugient dans la presqu'île de Quiberon.

Le 21 juillet, Hoche s'empare du fort Penthièvre et pénètre dans la presqu'île : les émigrés s'enfuient vers la plage et sont obligés de se rendre. Le mauvais temps vint encore compliquer la situation : les canots ne purent accoster la plage et ne recueillirent que peu de monde.

Le 11 septembre, un convoi de quatre-vingts voiles entrait dans la baie de Quiberon et mouillait entre Houat et Hoëdic : il amenait le comte d'Artois.

La situation paraissant désespérée en Bretagne, le prince est conduit à l'île d'Yeu où il reste jusqu'au 7 novembre sans oser poser le pied en France; à cette date, la flotte anglaise s'éloigne et regagne ses ports.

La tentative de 1800 fut à peine esquissée.

Sir Edward Pellew mouille, le 2 juin, dans la baie de Quiberon, avec 7 vaisseaux, 5 frégates, 1 corvette et 5 grands transports; 5.000 hommes de troupes, commandés par le général Maitland, se trouvaient à bord.

Les Anglais occupent les îles de Houat et de Hoëdic dont ils font leur base d'opérations. De juin en septembre, ils font des pointes sur Quiberon et Port-Navallo; mais ils n'osent s'avancer dans l'intérieur. En septembre, le convoi appareille pour la Méditerranée; le corps expéditionnaire doit prendre part à l'expédition d'Égypte.

Pendant neuf ans, l'Angleterre renonce à s'attaquer à nos côtes; mais en 1809, elle espère pouvoir s'emparer d'Anvers pendant que toute l'armée française se trouve encore en Autriche. Ce port prenait, entre les mains de la France, un développement considérable; les chantiers maritimes y étaient en pleine activité, et les Anglais craignaient que cet arsenal ne devînt une base d'opérations dangereuse contre la Grande-Bretagne.

L'expédition d'Anvers fut peut-être la plus importante de celles qui aient jamais été tentées pour débarquer de vive force en pays ennemi. « La flotte expéditionnaire comprenait 39 vaisseaux, 25 frégates, 31 corvettes, 5 bombardes, 23 canonnières, 59 navires de rang inférieur et 82 chaloupes-canonnières. Le nombre des bâtiments de transport était de quatre à cinq cents, portant 50.000 hommes, plusieurs milliers de chevaux, l'artillerie, les munitions, le matériel et les vivres. La flotte était placée sous les ordres de Sir John Stracham ; Lord Chatham, le frère aîné du célèbre ministre, commandait en chef les forces de terre et de mer. »

La flotte parut devant les bouches de l'Escaut le 29 juillet 1809 ; le 31, 15.000 hommes étaient mis à terre dans l'île de Walcheren : il importait de s'assurer la possession de Flessingue avant de marcher sur Anvers. Middlebourg, capitale de l'île, fut occupée facilement ; puis Flessingue fut investi par terre et par mer. Après trois jours de bombardement, la place capitula (16 août).

Quinze jours s'étaient déjà écoulés.

Il ne restait plus qu'à faire passer les 40.000 hommes sur le continent et à marcher sur Anvers, mais Lord Chatham ne put s'y décider : il semble que l'aléa de toutes ces entreprises n'apparaisse que lorsqu'on se trouve sur les lieux.

Les troupes se rembarquèrent ; l'expédition retourna en Angleterre en laissant dans Flessingue une garnison de 12.000 hommes.

Au mois de décembre, l'île de Walcheren elle-même fut abandonnée.

Cette aventure avait coûté à l'Angleterre la modique somme de 625 millions ; elle y avait perdu 4.000 hommes, et 10.000 autres étaient revenus malades.

La côte de France était décidément trop bien gardée ; par la suite, pour faire participer son armée aux opérations contre la France, l'Angleterre les débarquera en pays ami.

En résumé, pendant les guerres de la Révolution et de l'Empire, les attaques contre les côtes ne furent jamais systématiques ; l'ennemi profita seulement des occasions qui lui parurent favorables, telles que la trahison des Toulonnais, l'insurrection de Paoli en Corse, les troubles royalistes de Bretagne ou enfin la campagne d'Autriche ; il préféra se consacrer plus particulièrement, lorsqu'il eut conquis la liberté de la mer, à la conquête de nos colonies qui n'offraient pas les mêmes éléments de résistance.

*
* *

Tous ces détails ne sont pas inutiles : les faits seuls peuvent faire connaître les aspirations de l'ennemi, nous fournir une idée exacte des dangers qu'a courus la France, et nous révéler les meilleures méthodes d'attaque et de défense.

Pendant deux siècles, l'Angleterre a essayé contre nos côtes tout ce que les passions de la guerre peuvent suggérer à un peuple sans scrupules. On est donc en droit de supposer que la nation qui voudrait recommencer le même système de guerre serait naturellement amenée à employer les mêmes procédés.

D'un autre côté, on est frappé de voir toujours reparaître les mêmes noms; on constate que l'ennemi, après avoir échoué contre le continent, est irrésistiblement attiré vers les îles, ou plutôt vers une seule : Belle-Isle (1); et de cet ensemble de faits nous pouvons tirer des conclusions très nettes.

Il eût été possible de trouver d'autres exemples ailleurs que dans notre histoire; mais ils n'auraient pas offert le même intérêt, parce que la situation se présente sous un jour différent dans chaque pays, suivant son organisation militaire, le développement de ses moyens de communication et les conditions géographiques.

Nous allons maintenant examiner la question de l'attaque et de la défense des côtes sous trois aspects successifs.

Nous rechercherons d'abord le degré de résistance qu'offrent les côtes livrées à elles-mêmes; puis, laissant de côté

---

(1) Il faut espérer que cette indication ne sera pas perdue.

leurs moyens de défense, nous étudierons l'effet que les
forces navales exercent sur leur protection ; et nous en déduirons enfin la façon dont on doit combiner l'action des
défenses terrestres avec celle des défenses mobiles pour
obtenir le meilleur système de protection.

On a pu constater que les entreprises dirigées contre nos
côtes consistèrent d'abord presque exclusivement en débarquements (1627-1694) ; puis vint l'ère des bombardements
(1694-1696) qui dura à peine trois ans et fut suivie d'une
reprise des débarquements. C'est cette dernière forme
qu'elles conservèrent.

Les débarquements (1). — En deux siècles, nos côtes
eurent à supporter plus de vingt débarquements. Chacune
de ces expéditions exigea un déploiement de forces militaires considérable ; l'effectif des troupes varia de 5.000 à
11.000 hommes (il fut même plus élevé en quelques circonstances), nécessitant une nuée de bâtiments de transport.

Quel fut le résultat de ces immenses armements ? Chaque
fois que l'ennemi trouve en face de soi un homme résolu, il
essuie un échec retentissant ou même un véritable désastre.
La plupart du temps, il se rembarque sans même essayer
de se mesurer avec nos troupes ; il faut une impéritie incon-
cevable de la part du commandement pour qu'il puisse
exercer quelques déprédations sans être inquiété.

Il ne semble pas que les Anglais (à part l'expédition d'Anvers) aient jamais songé à prendre pied sur le continent ;
en tous cas, sauf une exception (Cherbourg, 1758), ils ne
parviennent pas à remplir le but de l'expédition et se con-
tentent de piller des villages, de fouler des moissons et

---

(1) Nous ne traitons dans ce chapitre que des débarquements le long
des côtes, ce qui implique que l'ennemi ne dispose que d'effectifs
limités. Nous parlerons dans un autre chapitre des expéditions qui ont
pour but la conquête des territoires.

d'emporter un maigre butin. Qu'est-ce que ce bénéfice en regard des risques courus et des dépenses occasionnées par chaque expédition? Cependant la France, engagée dans des guerres continentales, ne pouvait opposer aux troupes de métier des Anglais que des soldats improvisés !

La stérilité de toutes ces tentatives tient moins à un défaut d'organisation ou à une infériorité de commandement qu'à la nature même de l'opération.

L'ennemi qui débarque sur un territoire offrant d'aussi vastes ressources que la France, se trouve dès le principe dans une situation difficile. Le but de l'expédition est généralement un des centres d'activité de notre marine : Brest, Saint-Malo, Lorient, Rochefort. Ces villes sont plus ou moins fortifiées, et un débarquement sous les canons de la place est une opération presque impossible : elle n'a jamais été tentée. Pour déposer à terre et rassembler en sécurité de petits corps d'armée comprenant de l'infanterie, de l'artillerie et quelquefois même de la cavalerie, il faut un lieu de débarquement dénué de tout moyen de défense. On le trouvera d'autant plus facilement qu'on débarquera plus loin du point qui constitue l'objectif.

Lorsque les troupes sont à terre, on s'occupe d'établir un camp retranché pour protéger le rembarquement en cas d'échec.

Tout cela prend un temps précieux que la défense met à profit pour jeter du monde dans la place et organiser la résistance. Dès lors, le but de l'expédition est manqué : du moment où il n'y a plus surprise, l'assaillant doit renoncer à pénétrer dans la ville sans coup férir; il ne peut en entreprendre le siège, car il sera obligé de le lever au bout de quelques jours pour faire tête aux troupes arrivant de l'intérieur.

Dès que la petite armée s'enfonce dans les terres, elle est exposée à rencontrer pendant sa marche des forces enne-

mies dont elle ignore le nombre : elle marche vers l'inconnu.
Chaque journée qui s'écoule, chaque étape qui l'éloigne de
son point de débarquement rendent sa situation plus critique ; elle ne sait pas si sa ligne de retraite ne se trouvera
pas subitement menacée.

Ces réflexions s'imposent à l'esprit du commandement et
influent sur ses décisions ; on trouve trace des préoccupations qu'elles font naître dans toutes ces entreprises, et quelques-unes n'ont pas eu d'autre cause d'avortement.

Préoccupé d'être coupé de la mer, s'affaiblissant à mesure qu'il s'avance par suite de la nécessité de garder ses
lignes de communications, l'ennemi ne marche qu'avec une
extrême circonspection. Dès qu'on lui signale des rassemblements de troupes, il regagne au plus vite ses embarcations, heureux s'il n'est pas obligé de sacrifier son arrière-
garde. De retour au pays, on transforme en grandes villes
de maigres villages qui ont été pillés, et l'honneur est sauf.
Mais si on met en parallèle l'effet obtenu avec les dépenses
d'armement, la balance reste inégale.

Lorsque l'ennemi, grâce à l'affolement de chefs incapables, pénètre dans une ville, comme à Cherbourg, il ne
songe même pas à s'y maintenir. Il sait qu'au bout de peu
de temps il y sera attaqué, et il ne dispose pas des moyens
nécessaires pour se mettre en état de défense.

En jugeant les événements avec du recul, avec la connaissance exacte des ressources locales, en tenant compte d'un
commandement improvisé, nous sommes tentés de juger
avec sévérité les résolutions hâtives prises par certains généraux anglais ; mais n'oublions pas que, si ceux-ci ont
quelquefois battu en retraite devant des périls imaginaires,
ces périls seraient devenus réels au bout de peu de jours ;
et, en s'obstinant, ils auraient eu le même sort que Talmash et Bligh. Même alors, la France offrait trop de résistance pour qu'une poignée d'hommes pût la mettre en péril.

Aujourd'hui une tentative de débarquement offrirait encore bien moins de chances de succès que sous l'ancien régime : les villes maritimes sont mieux défendues ; notre organisation militaire n'a rien de comparable à ce qu'elle était autrefois ; les chemins de fer permettent de faire affluer en quelques heures de grandes masses de troupes sur un même point ; les commandants de secteurs ne sont plus des gentilshommes, généralement très braves, mais peu versés dans l'art de la guerre ; enfin nos soldats ne sauraient être comparés, comme nombre et comme valeur, aux paysans armés de faux, aux milices et aux gardes-côtes.

L'ennemi qui tenterait un débarquement, même avec des effectifs élevés, courrait au-devant d'un échec certain (1), surtout si la France n'était pas engagée dans une guerre continentale et avait la libre disposition de son armée.

Dans ce dernier cas, loin de redouter des opérations de ce genre, nous devrions les appeler de tous nos vœux : on ne s'explique pas la terreur irréfléchie qu'inspire à beaucoup de gens la perspective de voir 40.000 Anglais débarquer dans le Cotentin. En définitive, la principale, presque la seule préoccupation, en temps de guerre, est de trouver un champ de bataille favorable où l'on puisse écraser l'ennemi sous le nombre. Les Anglais, en débarquant sur notre territoire, nous offriraient sur terre ce champ clos que nous cherchons vainement sur mer, et cette pensée nous fait trembler ! Et certains parlent de conquérir tout le Royaume-Uni avec 150.000 hommes ! Si nous espérons pouvoir être vainqueurs sur le sol anglais avec des effectifs limités, nous le serons à plus forte raison sur notre propre sol avec des effectifs illimités.

---

(1) Nous supposons naturellement qu'on lui tiendra tête et qu'on ne se contentera pas de se sauver. Nous étudions ici des opérations de guerre ; il est évident qu'on ne peut empêcher l'ennemi d'atteindre son but, si on le laisse faire.

Il n'y a donc pas lieu de s'effrayer d'un débarquement sur le continent; mais nous ferons quelques restrictions au sujet des îles qui bordent notre littoral.

La situation alors n'est plus la même : la résistance est limitée aux ressources locales, et l'ennemi pourra en avoir une connaissance assez exacte; l'assaillant n'est plus poursuivi par le cauchemar d'une attaque à revers; enfin la flotte est toujours là à proximité et fournit aux troupes qui opèrent près du rivage une protection plus efficace (1).

Cependant, sauf une exception, aucune de nos îles n'est restée au pouvoir de l'ennemi.

Voici pourquoi.

Il est toujours difficile d'opérer un débarquement de vive force. Les bâtiments ne disposent pas d'embarcations en nombre suffisant pour jeter à terre d'un seul coup tout le corps expéditionnaire. La fraction qui part la première est atteinte par le feu de l'ennemi avant même d'avoir posé le pied à terre; lorsqu'elle débarque, il lui faut se concentrer et prendre une formation de combat : il y a là un moment critique, pendant lequel la défense a tous les avantages de son côté, malgré la faiblesse de ses effectifs. L'opération n'est pas impossible, mais elle est toujours dangereuse. Or, il est évident que dans une île qui a peu d'étendue, où les points de débarquement sont peu nombreux, une surveillance active peut souvent empêcher les débarquements par surprise. Cette circonstance a plusieurs fois préservé nos îles. On est arrivé cependant à y débarquer, et on y arrivera encore plus facilement avec des bâtiments rapi-

---

(1) Dans les opérations contre les côtes, la flotte ne s'éloigne jamais avant que tout ne soit fini. Il n'y a que dans la conquête des territoires par mer, qui se fait avec des forces suffisantes pour subjuguer tout le pays, que les vaisseaux peuvent abandonner les troupes à leur sort; et ils ne le font que lorsque l'armée s'enfonce à l'intérieur des terres.

des qui pourront faciliter les diversions; il ne faut pas oublier non plus que, avec du calme, l'infanterie peut débarquer n'importe où et prendre ainsi à revers les ouvrages que la défense aurait élevés dans le voisinage des plages pour placer son artillerie et abriter ses tirailleurs.

Si l'on parvient ainsi à débarquer, il ne reste plus à la garnison d'autre ressource que de s'enfermer dans un fort et de subir un siège.

L'île ne sera pas encore prise : si la résistance se prolonge, l'ennemi se lassera d'immobiliser des troupes et des vaisseaux dont le besoin se fera sentir ailleurs, et il se retirera.

Il arrive également que l'attaque n'a pas d'autre but que d'exercer des ravages en vue de produire un effet moral, sans arrière-pensée de conquête. Groix, Houat, Hoëdic, Noirmoutier, ont vu ainsi leur sol bouleversé par des hordes qui ne faisaient que passer sans s'arrêter.

Il ne suffit pas de prendre des îles : il faut les conserver.

Or, les nôtres sont si rapprochées du continent qu'on ne peut les laisser à la garde d'une simple garnison sans risquer de les perdre; c'est donc la marine qui devra veiller à leur sûreté. On se rend compte, alors, des conséquences de cette obligation, puisque c'est la terre qui s'appuiera sur la flotte alors que la possession des îles n'est réellement avantageuse que si les vaisseaux peuvent s'appuyer sur elles. Sans doute, les flottes pourront y mouiller au même titre qu'elles le feraient dans une infinité d'autres endroits de nos côtes qui ne sont pas défendus; mais elles n'y trouveront jamais que des rades foraines sans sécurité (1).

Ces considérations ne sauraient suffire pour laisser nos îles du littoral sans défense; tout au contraire, il faut leur

---

(1) On remarquera que la Corse fut évacuée au moment où la flotte anglaise était rappelée dans l'Océan; les Anglais séjournèrent constamment à Houat et à Hoëdic, et les évacuèrent chaque fois que leurs vaisseaux s'en allaient.

donner une force de résistance suffisante pour que l'ennemi se dise que l'effort à faire pour s'en emparer ne serait pas proportionné aux avantages qu'il en retirerait.

Tout cela n'empêche que, lorsqu'une de nos îles sera envahie et sa garnison assiégée, elle finira par succomber si la marine n'intervient pas à temps pour mettre le holà.

Les colonies peuvent être assimilées à nos îles du littoral en ce sens qu'elles n'ont aussi que des ressources limitées; mais leur éloignement de la métropole les place dans une situation encore plus défavorable. Si la mer est libre pour l'ennemi, elles tomberont en son pouvoir le jour où il pourra réunir des forces suffisantes pour vaincre toute résistance : ce n'est qu'une question de temps et de moyens. Une fois prises, on ne pourra plus les reprendre, puisque les communications seront coupées.

Évidemment, les sacrifices faits pour les mettre à l'abri d'une attaque leur serviront de sauvegarde, mais ces sacrifices ont une limite.

Là encore l'intervention de la marine est nécessaire; nous verrons plus loin de quelle nature elle doit être.

Les bombardements. — Il ne peut être question ici du bombardement des villes ouvertes. Il est évident que l'importance des dommages matériels ne dépendra que du nombre d'obus que l'ennemi dépensera pour se livrer à une inutile boucherie (1). On peut observer cependant qu'il n'est pas d'usage de faire supporter le poids de la guerre à des centres sans défense pour la raison que, ces centres n'ayant pas d'importance, leur destruction ne présente aucun intérêt au point de vue de la solution du conflit. On ne fait pas

----

(1) Cependant, tout le contenu des soutes d'une escadre de composition normale ne suffirait pas à détruire une ville. Voir à ce sujet un extrait du *Mémorial de l'Artillerie de marine* paru sous le titre : *Des Opérations maritimes contre les côtes et des débarquements,* par M. D. B. G.

la guerre, surtout la guerre navale, pour troubler le repos de paisibles bourgeois; on cherche un résultat plus lucratif, et ce résultat ne serait-il qu'un effet moral, il ne peut être obtenu qu'en attaquant un grand centre, lequel est toujours pourvu de défenses. Ce fut une négligence impardonnable que d'avoir laissé Dieppe où, au dix-septième siècle, se faisaient les armements en course, exposé à être bombardé sans lui fournir les moyens de se défendre.

Les bombardements ont généralement été occasionnés par des accès de rage d'une nation qui voulait se venger des pertes que les corsaires faisaient subir à son commerce. C'est ainsi que nous avons vu les Anglais s'acharner après Dunkerque, Dieppe et Saint-Malo; c'est ainsi que la France a vainement tenté, pendant deux siècles, de brûler à Alger le repaire des corsaires barbaresques.

Le résultat a été quelquefois insignifiant, le plus souvent nul.

En sera-t-il autrement aujourd'hui?

Certains écrivains semblent se faire un malin plaisir de terroriser les populations du littoral en exaltant la puissance destructive des explosifs nouveaux. Il faudrait cependant s'entendre. Quand des bâtiments se présentent devant un port, avant d'envoyer dans la ville ces obus à grande capacité qui doivent la réduire en cendres, ils devront d'abord engager une lutte méthodique avec les batteries; celles-ci détourneront sur elles tout le feu, car il n'y a pas d'exemple que des bâtiments qui reçoivent des coups de canon ne se tournent pas contre ceux qui les envoient. Ce n'est qu'après avoir réduit au silence les ouvrages qu'on pourra entreprendre l'œuvre de destruction — s'il reste des obus en soute.

Nous allons donc rechercher dans les guerres les plus récentes des indications sur l'efficacité d'une lutte entre bâtiments et batteries de côte.

Pendant la guerre sino-japonaise, les bâtiments japonais se sont mesurés mollement et à grande distance avec les ouvrages de Port-Arthur et de Weï-Haï-Weï. Les Japonais avaient cependant, dans les deux cas, un intérêt majeur à détruire le front de mer, puisqu'ils cherchaient à pénétrer à l'intérieur des rades pour seconder les opérations de leur armée.

Ils n'obtinrent aucun résultat.

Les Américains ne furent pas plus heureux : à Matanzas, à Cabanas, à San-Juan, à Santiago, les batteries de côte subirent, presque sans riposter, le feu des vaisseaux et ne s'en portèrent pas plus mal.

Il est probable que si les Japonais et les Américains avaient réellement voulu détruire les ouvrages, ils y seraient parvenus, parce que l'armement des batteries de terre n'était composé que de pièces démodées, et que leurs artilleurs tiraient aussi mal que l'ennemi pouvait le désirer; mais alors il eût fallu s'engager à fond et entamer une lutte à bout portant (1); or, qu'on nous passe l'expression, le jeu n'en valait pas la chandelle. Les Japonais, aussi bien que les Américains, avaient besoin de leurs bâtiments et de leurs munitions; ils ne tenaient nullement à exposer les uns et à consommer les autres pour un résultat problématique. Leur prudence eût été encore plus grande si les batteries avaient

---

(1) Les batteries de côtes n'offrent qu'une cible très petite; et pour les démonter, il faut atteindre successivement toutes les pièces. Afin d'éviter de recevoir de mauvais coups, les vaisseaux sont amenés à opposer à chaque batterie une supériorité de feux écrasante pour l'empêcher de tirer, et à se battre à bout portant. Mais quand ils ont affaire aux ouvrages d'une grande place dont les feux se croisent, la lutte devient dangereuse, et l'attaque préfère tourner la difficulté en prenant les batteries à revers à l'aide d'un débarquement. C'est ainsi qu'opérèrent le plus souvent les Fédéraux dans la guerre de Sécession, que firent les Japonais à Weï-Haï-Weï et à Port-Arthur, et les Américains à Santiago.

été armées de canons modernes et servies par de vrais artilleurs.

Certes, on ne saurait accuser les Américains d'avoir fait preuve, dans la dernière guerre, d'une sensibilité exagérée. Cependant on n'a pas assez remarqué que le secrétaire d'État Long avait recommandé à l'amiral Sampson, qui dirigeait le blocus de Cuba, de ne jamais se mesurer avec les batteries de côtes armées de grosses pièces, et de n'attaquer les autres que dans le but de parvenir à atteindre les bâtiments qu'elles protégeaient (1). Si l'on en juge par une lettre de l'amiral américain, celui-ci n'eût pas été fâché de faire parler la poudre pour rompre la monotonie du blocus; mais son gouvernement pensait, avec raison, qu'il n'y a que de mauvais coups à recevoir, et aucun bénéfice à retirer, d'une lutte avec des batteries même mal servies et mal armées; et qu'il est inutile de gaspiller de précieuses munitions tant qu'on conserve l'espoir de les utiliser contre l'ennemi flottant. Ce calcul était rigoureusement exact : après la destruction de l'escadre de Cervera, la paix s'imposa.

Par une singulière contradiction, tandis que les autorités américaines prenaient une mesure si sage, les populations côtières des États-Unis étaient affolées à la pensée que l'escadre espagnole pouvait paraître devant les côtes. Cependant, quel préjudice pouvait porter à la fortune des États-Unis tout le contenu des soutes de quatre croiseurs?

Enfin le rôle qu'ont joué les bombardements dans la guerre russo-japonaise est encore plus anodin que dans les guerres précédentes. L'amiral Togo avait mieux à faire qu'à

---

(1) Pourquoi alors avoir ordonné l'inutile bombardement de Porto-Rico? Ne voyons-nous pas encore là une satisfaction donnée à l'opinion publique?

dépenser ses munitions contre les batteries de Port-Arthur, et il s'est contenté d'échanger avec la place quelques boulets à grande distance.

Il semble que le point de vue auquel s'étaient placés les gouvernements américain et japonais s'imposera également à toute puissance maritime soucieuse d'obtenir de ses forces le meilleur rendement. On ne hasardera pas ses bâtiments contre des batteries avant d'avoir complètement anéanti la flotte ennemie; et lorsque ce résultat aura été atteint, on préférera prendre les forts à revers, en débarquant des troupes, plutôt que de les attaquer de front avec des bâtiments. Cette considération nous donne la juste mesure des dangers que courront les villes du côté de la mer; et nous sommes saisis de pitié en apprenant, par la correspondance de Cervera, que cet amiral, placé à la tête de la principale force navale de son pays, ne voyait pas de meilleur emploi à en faire que de la consacrer à la défense des Canaries, tandis que son ministre penchait plutôt pour Porto-Rico.

A l'époque actuelle, les bombardements ne sont bons qu'à intimider les peuples demi-civilisés. On peut alors escompter un grand effet moral avec un faible résultat matériel; mais on n'emploiera ce procédé que contre les nations qui n'ont pas de marine, parce que ce sera souvent la seule façon de les atteindre. De plus, nul n'ignore que les approvisionnements de l'artillerie moderne sont excessivement coûteux, et partant peu nombreux : on évitera donc de gaspiller ses munitions dans des opérations qui n'avancent en rien la solution du conflit.

Nous aurions certainement une moindre appréhension des bombardements si, au lieu de toujours supputer le mal que pourrait nous faire l'ennemi en attaquant nos côtes, nous retournions le problème. Nous nous demanderions alors ce que pourrait faire une de nos forces navales à laquelle on donnerait mission d' « insulter » le littoral ennemi. Celui qui serait chargé de cette mission ingrate ne manquerait pas de représenter le danger d'une telle opération et le peu de bénéfice qu'elle procurerait. Ces réserves ramèneraient à sa juste valeur l'importance des bombardements.

Garnissons donc nos grands centres maritimes de batteries de côte; interdisons l'accès des bassins aux bâtiments légers à l'aide d'estacades protégées par de l'artillerie à tir rapide; mouillons même, à l'entrée des ports, des lignes de torpilles; et si l'ennemi se présente, il saura ce qu'il en coûte.

Influence des forces navales sur la protection des côtes. — Dans tout ce qui précède, nous avons supposé que les côtes étaient abandonnées à elles-mêmes. Nous allons rechercher maintenant de quelle façon les forces navales peuvent contribuer à protéger le littoral en dehors des défenses terrestres.

L'influence des forces navales ressort très nettement de l'historique qui précède; elle peut se résumer en deux mots :

Tant que les escadres tiennent la mer, tant qu'elles se manifestent, les côtes jouissent d'une tranquillité absolue.

Dès que les escadres disparaissent, soit parce qu'elles ont été détruites, soit parce qu'elles opèrent dans une autre région très éloignée, les côtes sont attaquées.

Aux colonies, ce caractère a été moins tranché, parce que l'enchevêtrement des possessions anglaises et françaises permettait de débarquer des troupes dans les îles par surprise; mais il subsiste dans ses grandes lignes (1).

Le fait seul *de faire la guerre* suffit donc à créer une diversion assez puissante pour détourner l'attention de l'ennemi des côtes, parce qu'il est sollicité en mer par des in-

---

(1) Voir dans la deuxième partie, au paragraphe de « l'offensive et la défensive », le caractère de nos guerres navales.

térêts plus puissants; mais depuis l'apparition de la vapeur, cette garantie a semblé insuffisante, et on a demandé à la marine de se consacrer plus directement à assurer la tranquillité des côtes. De cette époque, datent la création d'un matériel spécial et l'éclosion de conceptions nouvelles dans l'utilisation des forces navales.

Si l'on en juge par la nature et la distribution d'une partie de nos navires, par la plupart des écrits maritimes, par les thèmes des grandes manœuvres, la protection des côtes peut être assurée actuellement :

1° Par des torpilleurs;

2° Par des garde-côtes, soit que ceux-ci soient répartis isolément dans des ports, soit qu'ils soient groupés en divisions;

3° Par des escadres, affectées à la protection d'une étendue de côtes déterminée.

Nous allons examiner successivement chacun de ces systèmes, qui peuvent être employés ensemble ou séparément, et nous déduirons de cette étude leur efficacité.

La protection des côtes par des torpilleurs. — Il

est facile de prouver qu'avec la vitesse des bâtiments actuels et la rapidité de tir de leur artillerie, une escadre peut se présenter de jour devant un port, vider ses soutes et reprendre le large sans avoir rien à craindre des torpilleurs de la défense locale (1).

La protection d'un port par des torpilleurs est plus difficile à réaliser qu'on ne pense. Pendant les grandes manœuvres, on établit des croisières aux abords du centre de stationnement des défenses mobiles; mais c'est là une solution qui ne peut être employée que pendant quelques jours : elle deviendra impraticable dès que les hostilités

---

(1) L'escadre japonaise a fourni cette preuve pendant dix mois consécutifs.

auront une durée de plusieurs mois ; à notre avis, elle constitue une mauvaise utilisation des torpilleurs. Peu à peu,
cet effort continu épuisera les bâtiments, et le jour où on
en aura besoin, ils seront indisponibles. Même en négligeant
l'inaptitude des torpilleurs garde-côtes à tenir constamment la mer, il n'est pas logique de placer en permanence
des forces mobiles en faction dans l'attente d'un événement
qui peut ne jamais arriver : d'une part, l'attention finit par
se lasser et on se laisse surprendre ; d'autre part, le rendement est trop faible. Lorsque la présence de l'ennemi est
signalée, on fait sortir *tous* ses torpilleurs et on les envoie à
la recherche de l'ennemi. En attendant, on doit tenir ses
bâtiments en haleine, les exercer sans les fatiguer, afin de
les garder tous en main.

Mais il est probable que l'ennemi laissera planer le doute
sur ses intentions, et que son apparition sera inopinée ; il
aura ainsi bien des chances de ne pas rencontrer de torpilleurs sur sa route.

Cependant, pour nous conformer aux règles établies,
nous supposerons qu'il y aura toujours des torpilleurs en
mer, et que même, par une circonstance heureuse, ils seront tous dehors dans la nuit qui précédera l'attaque.

Leur zone de surveillance sera forcément assez rapprochée du point à défendre ; car, à mesure qu'on s'éloigne,
l'espace à battre augmente rapidement et devient vite si
étendu que la surveillance devient illusoire. Vraisemblable-
ment, les torpilleurs ne se trouveront pas à plus de 10 milles
au large : mettons 20 milles pour compter largement.

Il suffit alors à l'ennemi de se présenter devant le port
moins de deux heures après le lever du soleil pour se préserver d'une attaque de nuit (1).

_____

(1) Ce sera même un excès de précaution, les torpilleurs ralliant toujours leur port au jour pour ne pas être surpris en mer.

Deux heures après, il aura vidé ses soutes et reprendra le large.

Sa vitesse sera peut-être alors réduite à cause des avaries de ses bâtiments; mais il aura soin de ne pas s'éloigner avant d'avoir placé ses destroyers en surveillance, de manière à empêcher les torpilleurs de sortir au moins jusqu'à la tombée de la nuit. Si ceux-ci parviennent alors à s'échapper, l'ennemi aura une telle avance qu'il sera depuis longtemps hors de portée.

Ce n'est pas tout.

Les opérations contre les côtes, du genre de celles que nous examinons, n'ont jamais rien d'urgent, puisqu'on est sûr que la terre ne se déplacera pas. On attendra donc des circonstances favorables : si l'on sait que les torpilleurs sortent régulièrement la nuit, on essaiera d'abord de les couper de leur refuge à l'aide de bâtiments légers; on ne parviendra pas sans doute à les détruire tous, mais ceux qui échapperont deviendront plus circonspects et n'oseront plus s'éloigner du voisinage immédiat des passes; cela fait, on choisira de préférence les nuits courtes, de pleine lune, et enfin un temps peu maniable pour de petits bâtiments.

Il suffira de réunir une partie seulement de ces conditions pour enlever toute appréhension aux cuirassés.

Le danger résulterait pour ceux-ci des torpilleurs qui, partant de ports très éloignés, c'est-à-dire non surveillés, viendraient les attendre au passage, sur leur route de retour; mais nos torpilleurs de défense mobile n'ont ni une endurance, ni un rayon d'action suffisants pour entreprendre des raids de ce genre.

En fait, dans les nombreux exercices d'attaque des côtes qui ont été faits depuis quelques années, les torpilleurs n'ont joué aucun rôle.

Je ne cherche nullement à déprécier ici la puissance des torpilleurs; je crois, au contraire, qu'employés d'une façon judicieuse, ils peuvent dans une certaine mesure compenser l'infériorité de nos escadres : je m'attaque seulement au rôle défensif auquel on prétend les condamner. Pour qu'ils fassent honneur à leur torpille, il ne faut pas que l'ennemi connaisse leur nombre, leurs habitudes, l'endroit où ils se trouvent; il faut, au contraire, qu'ils attaquent à l'improviste, ce qui revient à avoir des torpilleurs offensifs afin qu'ils puissent aller chercher l'ennemi là où il est (1).

Sous la pression de l'opinion publique, nous avons construit deux cents torpilleurs garde-côtes, et nous les avons éparpillés depuis Dunkerque jusqu'à Villefranche, depuis Oran jusqu'à Bizerte, cherchant ainsi à attribuer à chaque centre une part proportionnée à son importance, de façon à contenter tout le monde. Ce n'est pas encore suffisant; car une fois entré dans cette voie, il n'y a aucune raison de s'arrêter; aussi avons-nous lu des articles de journaux qui réclamaient des torpilleurs jusque dans la mer de Boû-Grara.

Les conséquences de cette singulière stratégie ne tarderont pas à se faire sentir.

La guerre n'aura pas partout la même intensité : elle se localisera dans certaines régions, parce que le nombre des escadres est limité et que l'ennemi n'a pas intérêt à attaquer les côtes partout à la fois — si même il les attaque.

En admettant que les torpilleurs aient sur la protection directe des côtes une efficacité que nous leur contestons, il n'y aura jamais que ceux qui se trouvent dans le voisinage immédiat du point attaqué qui pourront être utilisés. Tous les autres resteront inactifs et suivront en simples spectateurs les événements qui se dérouleront loin d'eux : la guerre finie, le plus grand nombre n'aura pas lancé une torpille.

---

(1) Les mouvements des torpilleurs de haute mer doivent être combinés avec ceux des escadres, parce que, dès qu'un torpilleur prend le large, il a besoin d'être soutenu le jour par une force qui l'empêche d'être enlevé par la cavalerie ennemie, c'est-à-dire par les croiseurs.

Et alors les mêmes hommes qui, pendant la paix, auront été les premiers à préconiser la dissémination de nos torpilleurs sous l'empire d'une crainte irréfléchie, nous jetteront la pierre et nous accuseront de n'avoir pas su nous servir de nos forces.

Et, cette fois, ils auront raison; car notre premier devoir est d'utiliser nos bâtiments.

Protection des villes maritimes par des garde-côtes et des canonnières cuirassées.

— La marine française a l'heureuse fortune de posséder un nombre important de garde-côtes et canonnières cuirassées. On a proposé de les utiliser en les faisant concourir à la défense des places. Cette proposition a même reçu un commencement d'exécution, puisque nous trouvons la *Fusée*, la *Mitraille* et le *Phlégéton* à Bizerte, le *Styx* et l'*Achéron* à Saïgon; hier encore, la *Flamme* était à Dunkerque, et l'on prétend qu'en temps de guerre, on ne s'en tiendra pas là.

Ces bâtiments n'ont qu'une ou deux grosses pièces; ils ne constituent donc que des affûts flottants d'un prix énorme, d'un entretien coûteux et d'une vulnérabilité bien supérieure à celle d'un canon de côte, puisqu'il suffit d'atteindre le bâtiment pour neutraliser la pièce qu'il porte.

Si l'on dénombre les canons qui forment l'ensemble des défenses d'une grande place maritime, on s'aperçoit de suite que l'armement d'un garde-côtes n'apportera à la défense qu'un appoint insignifiant et ne forcera pas l'ennemi à modifier sensiblement la composition de ses forces. C'est donc sur la mobilité de cet affût flottant que l'on compte pour justifier la présence d'une unité maritime au milieu de batteries de côtes.

Les avantages qu'offre la faculté de se déplacer ne sont pas évidents dans le cas actuel. Si le garde-côtes veut sortir des passes, il s'éloigne des défenses terrestres et concentre

sur lui seul le feu de tous les bâtiments ; il ne peut donc
s'aventurer en mer sans s'exposer à être désemparé, et son
hélice lui sert surtout à rentrer au port.

L'affectation de garde-côtes ou de canonnières cuirassées
à la protection des ports équivaut à un versement que la
marine fait au budget de la guerre. La défense terrestre ne
trouve pas dans cette prodigalité un bénéfice proportionné
aux millions que représentent ces bâtiments ; avec la même
somme elle eût obtenu un résultat autrement sérieux. En
revanche, la marine fait une perte sèche : sa puissance
offensive se trouve diminuée d'une quantité équivalente (1).

Puisque ces bâtiments n'apporteront à la défense des
places qu'un maigre secours, cherchons le meilleur parti
qu'on en peut tirer.

Concentrons-les en une seule masse. Plaçons cette masse
dans le voisinage d'un détroit fréquenté par l'ennemi,
puisque le manque de rayon d'action et de qualités nautiques ne permet pas de leur attribuer un champ d'action
étendu. Nous disposerons ainsi d'une masse assez imposante.
L'ennemi devra la tenir en échec en lui opposant une force
égale ou supérieure ; et nous aurons ainsi immobilisé un
certain nombre de bâtiments que nous ne trouverons pas
en face de nous sur un autre champ de bataille, ni devant
nos ports. La situation ne sera pas encore brillante, mais
elle sera déjà meilleure. Cette concentration contribuera
plus efficacement à la protection du littoral que la dissémination dans plusieurs ports.

Si, à la place de cette escadre à courtes jambes, nous
possédions des bâtiments offensifs capables d'être utilisés
dans toutes les circonstances, nous entrevoyons aussitôt

---

(1) Évidemment, le commandant de secteur ne raisonnera pas de la
même façon. Chacun, dans sa sphère, ne voit que les intérêts immé-
diats dont il a charge, et en matière de défensive on trouve toujours
qu'on n'est pas assez garanti ; mais là n'est pas la question.

une série de combinaisons nouvelles rendues possibles par l'appoint de cette force. Nous pourrions ainsi éloigner plus facilement l'ennemi de nos côtes. Nous aurions de plus augmenté notre puissance offensive sans que soit en rien diminué notre pouvoir défensif.

Il était réservé à l'Amérique, qui a inventé le garde-côtes, d'être la première a supporter l'épreuve de son impuissance.

Les nécessités de la guerre avec l'Espagne révélèrent aux États-Unis qu'il est dangereux de construire un matériel spécial en vue d'une forme de guerre particulière, parce qu'on n'est pas libre d'imprimer aux opérations un caractère déterminé. Effectivement, l'Amérique ne réussit à avoir la supériorité sur les Espagnols qu'en enlevant un certain nombre de monitors à leur affectation première, afin de renforcer son escadre. On s'aperçut alors qu'ils étaient gênants et pouvaient devenir compromettants. Leur inaptitude à satisfaire aux conditions de la guerre fut telle, que Mahan a écrit à ce sujet :

« Dans les dernières hostilités, nous avions 26.000 tonnes enfermées dans des monitors de construction relativement récente, dans l'Atlantique et le Pacifique. Du commencement à la fin, j'ose dire qu'il n'y eut pas une heure où nous ne les aurions pas échangés volontiers tous les six contre deux navires de combat d'un déplacement moindre (1). »

Nous n'avons plus à craindre aujourd'hui de voir notre flotte s'augmenter de nouveaux échantillons de ce genre; mais des doutes subsistent sur le meilleur emploi qu'on en puisse faire. Quel que soit le parti qu'on essaiera d'en tirer, nous pouvons dire hardiment que leur répartition entre plu-

---

(1) On sait que les garde-côtes durent être remorqués pour aller à Porto-Rico et que leur ravitaillement fut un perpétuel sujet de préoccupation.

sieurs ports est la solution qui leur donnera le plus faible rendement.

Nous avons aussi une leçon à retenir de la présence de ces engins bâtards dans la liste de nos bâtiments de guerre. Il est manifeste que nous n'avons entrepris la construction de nos garde-côtes qu'à l'imitation de l'Amérique et de l'Allemagne, et que ce n'est qu'après les avoir construits qu'on a cherché l'emploi qu'on pourrait en faire. La marine française est-elle si ignorante des nécessités de la guerre qu'elle en soit réduite à chercher une orientation chez ses sœurs cadettes? Si nos voisins commettent une faute, ce n'est pas une raison pour les imiter. Il faut savoir ce que l'on fait et pourquoi on le fait; sans quoi on s'expose à entreprendre une guerre sans avoir de moyens pour la faire.

La défense des côtes par des bâtiments groupés en divisions. — Ce système, que nous trouvons préconisé dans *Les Guerres navales de demain*, constitue l'application la plus parfaite de la funeste méthode des petits paquets. Nous le citons, bien qu'il remonte déjà loin, pour bien montrer à quelle aberration peut conduire l'absence d'une saine doctrine. Voici l'usage qu'en fait l'auteur :

Il place à Toulon, Marseille, Cette, Bizerte, Bône, Philippeville, Alger et Oran, des divisions composées de cuirassés et de croiseurs (1); et cela fait, l'auteur croit avoir assuré la prépondérance de la France en Méditerranée.

---

(1) A Toulon : *Trident, Océan, d'Estrées;*
   A Marseille : *Richelieu, Friedland, Colbert, Dupetit-Thouars, Papin, Linois;*
   A Cette : *Achéron, Mitraille, Fusée* (trois pièces en tout);
   A Bizerte : *Courbet, Redoutable, Dévastation, Sfax, Forbin, Davout;*
   A Bône : *Terrible, Dragonne;*
   A Alger : *Baudin, Formidable, Troude, Bombe, Dague;*
   A Oran : *Caïman, Milan.*

Si nous nous reportons à l'époque où fut conçu ce plan original, nous constatons avec peine que ses matériaux ont été fournis, pour les cuirassés, par toutes les forces maritimes de la France, à l'exception de trois cuirassés neufs et de trois bâtiments de station.

Voyons maintenant les conséquences de cette conception.

L'Angleterre ne peut rêver une distribution de forces qui lui soit plus favorable : cette dispersion de nos forces serait celle qui résulterait d'une bataille perdue, suivie d'une dislocation. Aucune de ces divisions ne porte ombrage à une escadre qui reste concentrée ; aucune n'a une puissance suffisante pour constituer à elle seule un danger sérieux. L'escadre anglaise est donc maîtresse de la Méditerranée. C'est quelque chose ; c'est même tout ce qu'elle demande. Cependant, elle ne peut pas quitter son terrain d'action, car, si elle s'éloignait, elle compromettrait les intérêts anglais.

Ne trouvant devant soi aucun adversaire immédiat, l'ennemi cherchera à utiliser cette force inactive, et, ainsi qu'il est advenu chaque fois qu'une circonstance de ce genre s'est présentée, il sera attiré vers les côtes. Nous admettrons alors (ce qui est très contestable) que la disposition de nos forces a une efficacité absolue et interdise toute attaque des villes où se trouvent nos divisions (1). L'ennemi a d'ailleurs mieux à faire qu'à vider ses soutes sur nos rivages.

Il se trouve en face d'une ligne de défense très étendue. Naturellement il ne divisera pas ses forces pour l'attaquer

---

(1) Il est très difficile, au point de vue tactique, de combiner l'action de bâtiments avec celle de batteries ; dans la pratique, les premiers seront amenés à former une ligne d'embossage à proximité du port ; et comme ils n'ont été placés là que pour compenser une défense terrestre insuffisante, ils supporteront le principal effort et recevront le feu d'une force double ou triple sans pouvoir profiter des avantages que donne la mobilité.

partout à la fois; il la prendra par ses points faibles. Justement, à l'une des extrémités se trouve la Tunisie. Elle constitue un gage bon à prendre et même à conserver; et elle ne dispose pas des mêmes éléments de résistance que la France, ni même que l'Algérie.

Pour prendre 12.000 hommes à Malte et les débarquer en toute sécurité sur une des nombreuses plages désertes qui s'offrent à l'envahisseur, ou bien dans un port comme Sousse, il suffira d'un jour. La seule précaution à prendre consistera à paralyser, à l'aide de détachements d'une force supérieure, les divisions de Bizerte et de Bône.

Lorsque l'ennemi aura mis le pied sur le sol de la Tunisie, peut-être alors se rendra-t-on compte que le meilleur moyen de sauver notre colonie est de lui couper la retraite en détruisant son escadre. On songera alors à réunir toutes nos forces éparses, c'est-à-dire qu'on finira par où on aurait dû commencer; mais la concentration offrira des difficultés insurmontables, l'ennemi disposant des lignes intérieures; et il suffira qu'une ou deux divisions soient écrasées en détail, pour que tout espoir de le battre avec avantage soit perdu.

Ainsi, cette dislocation initiale, qui a pour but de protéger les côtes, y attirera l'ennemi par le seul fait que, n'étant pas sollicité d'un autre côté, il n'aura rien de mieux à faire.

La protection des côtes par des escadres. —

Nous arrivons maintenant au thème favori des grandes manœuvres : l'affectation des escadres à la garde d'une étendue de côtes déterminée. On a fait suffisamment d'expériences de ce genre pour que nous puissions en tirer des conclusions précises.

Voici ce qui se passe.

Dès que les hostilités sont déclarées — je veux dire : dès le commencement des manœuvres — l'escadre de défense

appareille et se promène le long des côtes comme une senti-
nelle le long d'un mur.

L'ennemi, qui vient du large, la fait repérer par ses éclaireurs, et lorsqu'elle arrive à l'une des extrémités de sa zone
de surveillance, il attaque l'autre. Sa présence est aussitôt
signalée à la défense qui vire de bord... et arrive trop tard.

Elle arrive trop tard parce qu'elle a une grande étendue
de côtes à garder, et qu'elle ne peut être partout à la fois.

Le lendemain, l'ennemi apparaît sur un autre point; et
ce jeu de cache-cache dure ce que durent les manœuvres.

Quelquefois la défense, énervée de jouer ce rôle de dupe,
scinde ses forces; elle commet alors une lourde faute qu'excuse seule la fiction des manœuvres; car, si l'ennemi est
resté concentré, chaque fraction est compromise.

Dans un exercice de ce genre, l'escadre garde-côtes ne
réussira jamais, et elle ne peut réussir. Il ne faut pas demander à la marine de faire l'impossible.

Le résultat serait peut-être complètement différent si les
données du problème étaient plus larges.

Au lieu de se donner pour objectif d'interdire à l'ennemi
l'approche des côtes, il faut borner ses prétentions à le détruire s'il se présente.

L'escadre garde-côtes manœuvrerait alors d'une autre
façon.

Aussitôt qu'elle aurait connaissance de l'approche de l'ennemi, elle prendrait le large et viendrait se placer du côté
de sa ligne de retraite, attendant que l'attaque se dessinât.

Avertie aussitôt par des éclaireurs laissés dans les ports,
elle essaierait de couper la route à l'ennemi et de l'acculer
entre elle et la côte.

Si l'ennemi s'attarde à bombarder un port, il contribue à
sa perte; le temps qu'il perd donne à la défense le temps
d'accourir et de le forcer à une rencontre que l'épuisement
de ses soutes et ses avaries rendraient désastreuse. Mais,

pour réussir, la défense a besoin, au même titre que l'attaque, de vitesse et de rayon d'action; or, on admet toujours — j'ignore pourquoi — qu'en matière de défensive, ces deux éléments peuvent être sacrifiés.

Il ne faut pas se dissimuler que cette discussion n'a qu'un intérêt platonique. On suppose toujours, dans les grandes manœuvres, que la défense est plus forte que l'attaque : c'est une supposition toute conventionnelle. D'un côté, l'ennemi, s'il sait rencontrer des forces supérieures, n'aura garde de venir se jeter dans la gueule du loup; d'un autre côté, quand on aura pour soi le nombre, l'idée ne viendra pas d'immobiliser ses bâtiments à attendre un ennemi qui a tout intérêt à ne pas venir. Dans chaque parti, on sera donc d'accord pour adopter une autre solution.

La réalité — la triste réalité — est qu'une escadre affectée à la protection d'une étendue de côtes déterminée et constituée, comme il est admis généralement, de bâtiments peu nombreux, peu armés, ne possédant qu'une faible vitesse et un faible rayon d'action, est condamnée d'avance à l'infériorité et, par suite à la destruction. Elle ne défend donc rien. L'attaque, en effet, pourra adopter deux procédés : ou bien elle fera deux parts de ses forces, dont l'une agira contre la terre tandis que l'autre combattra les garde-côtes; ou mieux elle restera concentrée et se débarrassera d'abord des vaisseaux; après quoi, elle se retournera contre la terre. Dans le premier cas, l'attaque des côtes accompagne la destruction de la défense flottante; dans le second, elle le suit; dans aucun cas, elle ne l'empêche.

Comment la malheureuse escadre garde-côtes échapperait-elle au sort qui la menace? On attendra, pour l'écraser, qu'elle soit éloignée de sa base d'opérations; et comme les cuirassés, fussent-ils garde-côtes, ne peuvent pénétrer dans la plupart des ports de commerce, leur manque de vitesse les forcera à recevoir passivement l'attaque.

Il reste la ressource de s'enfermer dans un port. Ce n'est pas une solution : la marine n'a pas dépensé des centaines de millions à construire des vaisseaux pour les enfermer dans le coffre-fort d'un arsenal maritime; il lui faut des dividendes. Du reste, l'opinion publique aura tôt fait de jeter nos escadres à la mer dès que l'ennemi, par une feinte, aura fait une apparition qui masquera sa force réelle. Nos escadres seront sacrifiées inutilement.

Inaptitude des bâtiments à faire de la protection directe.

— On trouvera sans doute que les bâtiments font preuve d'une singulière impuissance. Heureusement il n'en est rien.

Ce ne sont pas les bâtiments qui sont impuissants : c'est la manière dont on veut les employer qui est défectueuse.

On prétend les condamner à faire de la protection directe, en les interposant entre la côte et l'ennemi. Nous nous trouvons donc en face d'une nouvelle application de la défensive qui ne vaut pas mieux que les autres. Un seul genre de bâtiment serait apte à la rendre effective : c'est le sous-marin. Et cela, pour deux raisons : la première, parce qu'il est invulnérable; la seconde, parce qu'on ne peut le combattre avec des éléments de même nature. Mais des considérations que nous examinerons tout à l'heure nous montrerons qu'il ne faut faire qu'un usage modéré des sous-marins pour la protection des côtes.

La défensive sur mer est juste l'opposé de la défensive sur terre.

L'armée se concentre à l'intérieur des frontières pour attendre l'ennemi; la marine est obligée d'égrener ses forces à l'*extérieur* des frontières de mer. La défensive terrestre occupe, pour ainsi dire, le centre d'un cercle dont la défensive maritime occuperait la circonférence. L'une agit par les lignes intérieures; l'autre, par les lignes extérieures.

Cette comparaison nous révèle les dangers et les inconvénients de la protection directe.

Le dispositif en longueur permet à l'ennemi de connaître, avec une exactitude presque rigoureuse, le nombre et la composition des forces qu'il trouvera dans chaque centre de défense; il n'y a donc plus pour lui d'imprévu. Libre de s'abstenir, il n'attaquera que le jour où il aura réuni des destroyers et des vaisseaux en nombre suffisant pour avoir une supériorité écrasante (1).

En un mot, il faudrait, pour avoir la supériorité, opposer partout des forces au moins égales à celles que peut réunir l'ennemi sur un seul point : ce qui est impossible. Une escadre, en se faisant accompagner par vingt destroyers, aura des éléments suffisants pour se prémunir contre nos deux cents torpilleurs garde-côtes, puisqu'elle n'aura affaire qu'à une seule défense mobile à la fois.

Dans la pratique, on ne dispose dans chaque région que de moyens limités. Si on les disperse, la protection est très faible et devient inefficace; si on les concentre, on découvre la plus grande partie de son territoire, et la protection est illusoire. On tourne donc dans un cercle vicieux.

L'organisation complète de la protection directe des côtes de la France et des colonies exigerait pour être efficace des dépenses qui sont en contradiction avec l'idée de défensive. Le budget de la marine anglaise n'y suffirait pas. Voilà pourquoi il ne faut faire qu'un usage modéré des sous-marins pour protéger le littoral; tant que nous aurons l'espoir

---

(1) On a conclu de cette situation que l'Angleterrre, malgré sa marine formidable, n'arrivera jamais à protéger effectivement ses côtes. Rien ne permet de supposer qu'elle emploiera un procédé aussi manifestement impuissant que celui du fractionnement de ses escadres : ce serait contraire à toutes ses traditions. Il serait imprudent de fonder des espérances sur une faute que, dans un duel franco-anglais, nous sommes seuls à vouloir commettre.

de les jeter dans les jambes de l'ennemi, nous devons les employer sans arrière-pensée de défensive.

La protection directe ne peut être exercée que par des éléments qui ne subissent pas, au même degré que les bâtiments, la loi du nombre, et dont le prix modéré ne grève pas trop lourdement notre budget; ces éléments sont constitués par les *défenses fixes*.

La protection des côtes par l'offensive. — Quant

aux forces navales, elles ne peuvent fournir aux côtes qu'une protection indirecte en détournant l'attention de l'ennemi, c'est-à-dire en faisant de l'offensive (1). Ce moyen a réussi dans le passé; il n'y a aucune raison pour qu'il n'en soit pas de même dans l'avenir.

Et en y réfléchissant, on verra que ce système de protection doit être efficace. Pour qu'il en fût autrement, il faudrait que l'ennemi cherchât à tromper la vigilance des forces qui le surveillent, pour se précipiter le long des côtes. Quelle sera alors sa situation?

S'il s'agit d'un débarquement, les vaisseaux et les troupes qu'ils portent sont liés ensemble; tant que le corps expéditionnaire opère à terre, les bâtiments sont obligés de rester dans son voisinage pour l'appuyer, lui fournir des renforts, veiller à la sécurité des bâtiments de transport, protéger au besoin le rembarquement. Quelle est donc l'escadre qui s'exposera à une attaque dans des conditions aussi défavo-

---

(1) Ce qui constitue la force de résistance d'une place forte, c'est que la garnison s'abrite derrière des remparts ou dans des forts. Si on prétendait défendre une ville en faisant camper la garnison à l'extérieur des murs, pour l'interposer entre l'ennemi et le point à défendre, on ne défendrait rien du tout, parce qu'il suffirait de réunir une troupe plus nombreuse que la garnison pour balayer celle-ci. Prétendre défendre les côtes en interposant des bâtiments entre les côtes et l'ennemi équivaut à défendre une place en faisant sortir sa garnison en plein champ.

rables? C'est cependant ce dont elle est menacée. Elle est engagée dans une opération d'une durée incertaine; elle risque donc de donner à l'ennemi le temps d'accourir, même de très loin, et de surprendre ses vaisseaux dans un mouillage non défendu, dégarnis d'une partie de leurs effectifs; ou bien d'être jointe pendant la traversée de retour, encombrée de troupes et gênée par un convoi. Pendant des grandes manœuvres, on pourra tenter cette chance, parce qu'alors on pourra abréger à volonté la durée de l'opération, *et surtout parce qu'on sera sûr de ne pas être détruit;* mais en temps de guerre, on y réfléchira à dix fois.

S'il s'agit d'un bombardement, l'agresseur ne se trouve pas dans une situation meilleure.

L'opération en elle-même peut être rapidement menée, et on peut espérer la terminer sans encombre. Mais après? Il faudra revenir en arrière avec des soutes vides, avec des bâtiments avariés; là encore, on ne peut, sans aberration, s'arrêter à l'idée d'un combat. Dans les deux cas, il faudrait un intérêt bien puissant pour compromettre ses escadres dans pareille aventure; or, cet intérêt n'existe pas : l'attaque des côtes ne mène pas directement aux fins de la guerre.

Les armées de mer, comme celles de terre, sont les seuls instruments qui, jusqu'à ce jour, aient pu trancher les différends qui divisent les peuples. Du jour où les bâtiments cessèrent de jouer le rôle d'un pont sur lequel on traversait des bras de mer pour devenir des armes meurtrières, ils concentrèrent sur eux tout l'intérêt de la guerre; ils constituèrent une menace dont on ne peut s'affranchir qu'en les détruisant. C'est pourquoi ils attirent à eux les forces ennemies. La lutte entre éléments flottants s'impose donc tout d'abord. Tant que cette querelle ne sera pas réglée, les côtes resteront tranquilles, et *nous n'avons pas le droit* d'en compromettre l'issue en détachant une partie de notre flotte pour faire la faction devant notre littoral : tous les bâtiments doivent participer aux opérations. Il sera toujours temps de les rabattre ensuite sur les côtes si la fortune nous trahit; mais il est à craindre qu'ils ne puissent relever alors notre prestige et que notre perte ne soit irrémédiable.

C'est une grave erreur de croire que l'offensive n'a pas une action directe et immédiate sur la défensive, de s'imaginer qu'on peut impunément se désintéresser de ce qui se passe sur mer pour reporter tout son effort sur la terre. La conséquence de cette erreur a été de ne voir dans la guerre navale qu'une succession d'opérations sans liens entre elles, de faire une part à l'offensive, une autre à la défensive, sans s'apercevoir qu'on compromettait ainsi l'une sans assurer l'autre. Comme si la meilleure façon de se défendre n'avait pas toujours été d'attaquer.

Cette politique nous a valu ce que l'on peut appeler la flotte de « l'affolement public » : dix-huit garde-côtes et deux cents torpilleurs de défense mobile qui sont cloués au rivage par le manque de rayon d'action et de qualités nautiques. Il faut avouer qu'on a fait une part si large à la défensive que toute offensive devient impossible.

Il n'y a donc pas — ou plutôt il ne devrait pas y avoir — deux flottes distinctes : une flotte d'attaque et une flotte de défense. Il n'y en a qu'une, dont l'objectif est l'ennemi flottant, et qui met en œuvre toutes les ressources de la stratégie pour le battre, sans regarder en arrière ce que deviennent les côtes.

Pour continuer la comparaison entre les opérations de terre et celles de mer, nous dirons que l'offensive sur mer contribue à protéger les côtes au même titre que l'offensive sur terre contribue à protéger la frontière. Dès que l'armée pénètre sur le territoire ennemi, elle assure efficacement la protection de son propre territoire, et rend inutiles toutes les défenses des places fortes; celles-ci n'ont plus à se garder que contre les coups de main.

Voilà ce que nous écrivions dans la première édition de cette étude, avant la guerre russo-japonaise. Aujourd'hui, après une expérience récente, nous n'avons rien à y changer. L'offensive a joué pendant cette guerre le même rôle préventif que dans le passé; et il ne pouvait en être autrement, car l'influence des forces navales découle de la nature même de la guerre.

La protection indirecte. — La protection indirecte est donc la seule qui convienne aux forces de mer; c'est aussi la seule logique, parce qu'elle laisse à la marine sa liberté d'action pour faire la guerre. Elle ne constitue ni une barrière, ni un obstacle, et c'est pour cette raison que son efficacité n'apparaît pas nettement quand on néglige de la dégager d'enseignements historiques. Elle ne s'oppose pas aux entreprises de l'ennemi : elle menace de les interrompre ou de les lui faire payer cher. Elle inspire une crainte analogue à celle du gendarme qui n'empêche pas les vols, mais arrête les voleurs. De même que la société civile n'a pas trouvé de meilleur moyen, pour garantir la propriété, que d'inspirer une crainte salutaire à ceux qui veulent y porter atteinte, de même la société militaire ne peut se garantir de certaines éventualités qu'en faisant courir à l'ennemi des risques supérieurs aux dommages qu'il peut causer.

Cette solution n'est pas absolue — qui peut se flatter d'en donner à aucun problème de guerre ? — mais toute autre serait moins bonne.

Évidemment, la préoccupation de trouver un champ de bataille favorable peut nous forcer à abandonner complètement certaines régions. Un *Augusta* quelconque pourra en profiter pour paraître devant les côtes; mais il ne compromettra pas plus l'issue de la guerre qu'un hurrah de cavalerie ne compromet l'issue d'une campagne. Une force plus importante aura même le loisir de venir nous menacer; c'est

déjà plus improbable, car, lorsque l'ennemi est tenu en haleine, il n'a ni le désir ni le loisir de s'attaquer aux côtes.
Mais, contre de pareilles incursions, celles-ci ne seront pas
dégarnies; elles auront pour les défendre des batteries, des
estacades, des lignes de torpilles et, si la guerre est exclusivement maritime, toute l'armée française. C'est avec des
moyens analogues que la France a, pendant deux siècles,
repoussé — non sans succès — des attaques plus dangereuses que celles dont peut nous menacer une nation maritime; car, à cette époque, la défense de la plupart de nos
villes du littoral n'était qu'ébauchée, et notre armée était
toujours occupée ailleurs.

Et si ces moyens ne suffisaient pas, si quelques maisons
étaient détruites, des villages brûlés, des moissons foulées,
il ne faudrait pas crier à l'abomination de la désolation : on
ne fait pas la guerre sans recevoir des coups, le tout est d'en
donner plus qu'on n'en reçoit et surtout de frapper juste. Or,
si nous dégarnissons une partie de nos côtes pour transporter le théâtre de la guerre sur un terrain éloigné, c'est que
généralement — pour ne pas dire toujours — nous escomp-
tons ailleurs une supériorité qui nous assurera la victoire.
L'ennemi, en profitant de la liberté momentanée de la mer
pour attaquer les côtes, fait alors notre jeu; en échange de
dégâts matériels, il renonce à un résultat décisif ou se fait
battre. Qu'importent alors les bombardements et les débarquements? Les morts se remplacent, les pertes se réparent;
une seule chose est irréparable : la ruine de la patrie.

Et nous conclurons : la meilleure façon de protéger les
côtes est encore de combiner l'action directe des défenses
fixes avec l'action indirecte des escadres.

La protection à distance. — Lorsque la posses-
sion d'un territoire a une importance capitale, soit sur le
moment, soit en vue de l'avenir, et que ce territoire n'est pas

en état de se défendre lui-même, force est bien de le protéger avec des bâtiments. A la vérité, les cas de ce genre sont
excessivement rares : il vaut généralement mieux se borner
à amener l'adversaire à composition, plutôt que d'user ses
forces dans des attaques de détail. Au moment du règlement
des comptes, les exigences n'ont de limite que le degré d'impuissance auquel l'ennemi est réduit. Mais enfin le fait peut
se présenter, et le plus caractéristique est certainement la
défense de Gibraltar par les Anglais. Nous allons voir comment ils ont opéré pour conserver leur nouvelle conquête,
sans souffrir des dangers de la protection directe.

Les Espagnols, ayant commis la faute de ne laisser dans
Gibraltar qu'une garnison de 150 hommes, l'amiral Rooke
s'en était emparé par surprise. Le gouvernement anglais se
rendit compte de l'importance de cette position et résolut
de la conserver à tout prix. Mais la mise en état de défense
de la place exigeait des travaux considérables et, en attendant qu'ils fussent exécutés, si l'on pouvait mettre le rocher
à l'abri d'un coup de main, la flotte seule pouvait le préserver d'une action prolongée.

L'escadre anglaise, commandée par Leake, prit Lisbonne
comme base d'opérations. Il est probable que ce port ne fut
choisi qu'à défaut d'un autre plus rapproché; mais les événements ont prouvé que, malgré la distance, ou plutôt à
cause d'elle, la protection était efficace (1).

En effet, tant que les forces de Leake n'étaient pas mises
hors de cause, la prise de Gibraltar par mer était impossible.
La garnison, sachant qu'elle serait secourue au bout d'un
temps plus ou moins long, tiendrait jusqu'à l'arrivée de la
flotte; et celle-ci, trouvant les assiégeants engagés dans des
opérations combinées, pouvait, même inférieure en nombre,
leur infliger un échec. Il eût fallu établir en face de Lisbonne

---

(1) COLOMB, *Naval Warfare.*

une escadre de couverture de force au moins égale à celle
de Leake, ce qui exigeait un déploiement de forces que la
France était incapable de faire; ou bien détruire d'abord
l'escadre anglaise et attaquer Gibraltar ensuite. Mais comment atteindre des bâtiments enfermés à l'intérieur d'une
rade inaccessible?

La flotte anglaise, établie à Lisbonne, protégeait donc
réellement Gibraltar; elle ne faisait pas de la protection indirecte, mais de la protection à distance (1).

Le gouvernement français n'eut pas le sentiment de cette
situation. Se fiant à l'éloignement, il négligea la flotte de
Leake et envoya le chef d'escadre de Pointis à Gibraltar
pour seconder avec ses vaisseaux les opérations que dirigeait par terre le maréchal de Tessé.

Pointis se rendit-il compte du danger qu'il allait courir?
Il est permis d'en douter, puisqu'il accepta la mission. Souvent, on ne voit les choses sous leur véritable jour qu'après
être arrivé sur les lieux. Toujours est-il qu'à son arrivée à
Gibraltar, il eut le sentiment des difficultés de sa tâche, et
en écrivit à Paris. En même temps, il se retirait à Cadix,
laissant son escadre légère devant la place pour la bloquer.
Cette escadre légère fut enlevée par Leake, qui était accouru
de Lisbonne à l'annonce de son apparition; puis la flotte anglaise retourna à son poste d'observation après avoir ravitaillé le rocher.

L'aveuglement du gouvernement français ayant forcé
Pointis à prêter aux troupes une coopération plus effective,
celui-ci investit Gibraltar par mer et fut surpris par Leake,

_____

(1) Une force navale que les circonstances obligent à stationner en
face d'un port sur lequel elle ne peut s'appuyer est, *a priori,* dans une
position délicate; elle n'est jamais au complet, par suite de la nécessité
de ravitailler ses vaisseaux et de s'éclairer au loin. La position prise
par l'escadre anglaise eut ce résultat curieux que c'était l'attaque qui
se défendait et la défense qui attaquait.

qui arrivait à Lisbonne pour la troisième fois. Huit de ses vaisseaux se trouvaient alors sous-ventés; les cinq qui lui restaient furent pris.

Ce résultat était à prévoir. On se demande par suite de quel aveuglement le cabinet de Versailles prétendait entreprendre une opération de longue durée, en présence d'une force navale spécialement destinée à la contrarier. Si l'escadre anglaise avait pu être détruite, les assiégés se seraient peut-être rendus, parce que, n'entrevoyant plus la possibilité d'être secourus, ils auraient jugé inutile de prolonger une lutte sans issue; mais l'assurance que la flotte apparaîtrait leur donnait la force de résister jusqu'à ce que tous les moyens de résistance fussent épuisés.

Et, puisque nous parlons de Gibraltar, remarquons que les Anglais n'ont jamais cru, ni en cette circonstance ni en d'autres, qu'un bombardement pût réduire la place, parce qu'ils savaient que les batteries se défendraient et finiraient par avoir le dernier mot. Ces prévisions se sont réalisées.

II

LA CONQUÊTE DES TERRITOIRES PAR MER

Une nation qui possède une marine puissante, mais dont l'armée est peu nombreuse, cette nation, lorsqu'elle voudra transporter la guerre sur terre, devra borner ses aspirations à effleurer le littoral de son adversaire ; ne disposant pas de moyens suffisants pour envahir le territoire ennemi, ce n'est qu'accidentellement qu'elle pourra prendre possession d'une île ou d'une position côtière dont l'occupation restera toujours précaire.

Au contraire, une nation qui a une forte organisation militaire, mais dont la marine a été sacrifiée à l'armée, sera toujours tentée de rechercher sur terre un champ de bataille qu'elle ne trouve pas sur mer ; elle dédaignera ces opérations décousues qui ne s'attaquent qu'aux intérêts matériels des populations du littoral ; elle sera obsédée par la pensée de jeter sur le territoire ennemi de grandes masses d'hommes, afin d'utiliser son armée.

Voilà pourquoi ce sont les Anglais qui nous ont fourni des exemples d'opérations contre les côtes, tandis que c'est la France qui entre en jeu dès qu'il s'agit de tentatives d'invasion.

L'histoire du duel franco-anglais renferme l'exemple le plus remarquable des efforts faits par un pays pour compenser son infériorité maritime par une lutte terrestre ; nous allons passer en revue les diverses phases de ce long drame.

Débarquement en Irlande (1689). — L'avènement
de Guillaume III au trône d'Angleterre marque le commencement de cette série de guerres maritimes qui ne devait se
terminer qu'en 1815, cent vingt-six ans plus tard.

Jacques II, détrôné par son gendre, s'était réfugié à la
cour de Louis XIV dont il sollicitait l'appui. Le nouveau
roi d'Angleterre, en entrant dans la ligue d'Augsbourg,
nous fournit lui-même le prétexte d'une intervention.

L'attention se tourna tout d'abord vers l'Irlande. Tyr-
connel était parvenu à maintenir cette île sous l'autorité
des Stuarts, à l'exception de l'Ulster; il fut donc décidé que
Jacques II se rendrait en Irlande et qu'on le ferait suivre le
plus tôt possible par une petite armée destinée à encadrer
les troupes irlandaises peu disciplinées.

Le roi quitta Saint-Germain le 28 février 1689. « Je sou-
haite, lui dit Louis XIV en le quittant, de ne jamais vous
revoir. » Une division composée d'une dizaine de bâtiments,
sous les ordres du chef d'escadre Gabaret, avait été armée
à Brest, dans le plus grand secret. Jacques II s'embarqua
avec 400 officiers français et 1.200 réfugiés anglo-irlan-
dais; il emportait une grande quantité d'armes et de munitions. Gabaret arriva à Kinsale le 22 mars; après avoir
débarqué les troupes et le matériel, il laissa sur les lieux le
capitaine Duquesne-Monnier avec trois frégates, et revint à
Brest sans avoir rencontré un seul bâtiment ennemi. Cette
heureuse chance n'a rien qui puisse nous surprendre. La
guerre venait à peine d'être déclarée; rien n'avait transpiré
des projets de Louis XIV; enfin, la coutume était alors de
n'armer les bâtiments qu'au printemps. En prenant la mer
au commencement de mars, on était donc à peu près sûr de
trouver la mer complètement libre : c'est ce qui s'était produit.

Cependant, la flotte armait à Brest, sous le commandement de Château-Renault; elle se composait de vingt-quatre

vaisseaux, deux frégates et six brûlots. Le 6 mai, elle prenait la mer, escortant un convoi qui portait 7.000 hommes.

Le débarquement de Jacques II en Irlande, l'armement des vaisseaux de Brest avaient attiré l'attention du gouvernement anglais. Il arma à la hâte une escadre, commandée par l'amiral Herbert, le même qui avait transporté de Hollande en Angleterre Guillaume de Nassau. Herbert vint s'établir en croisière devant Ouessant ; là, il apprit le départ des Français et se dirigea vers les côtes d'Irlande.

Château-Renault avait ordre de débarquer ses troupes à Kinsale ou à Galway ; mais, le 9 mars, se trouvant près du cap Clear, il eut connaissance de l'escadre anglaise. La proximité de l'ennemi et la direction du vent le forcèrent à renoncer au plan primitif ; il prit aussitôt la résolution de conduire son convoi dans la baie de Bantry, où il mouilla le 10 mars à 11 heures du matin.

Les bâtiments légers commencèrent à embarquer les troupes pour les transporter dans le fond de la baie, à proximité de terre. Vers 4 heures du soir, les éclaireurs signalèrent vingt-sept voiles qui louvoyaient pour se rapprocher de terre.

Château-Renault, estimant que l'ennemi n'arriverait pas à l'entrée de la baie avant vingt-quatre heures, continua les opérations de débarquement pendant toute la nuit. Le lendemain, il appareilla au jour et sortit de la baie, sans s'éloigner de la côte, afin de couvrir ses transports. L'action s'engagea vers 11 heures ; le combat fut assez confus, mais finalement la supériorité resta aux Français. Château-Renault renonça à poursuivre l'ennemi pour ne pas s'éloigner de son convoi et ramena son escadre à Bantry. Après avoir rallié ses frégates et ses brûlots, il chercha à rattraper les Anglais ; mais ceux-ci s'étant réfugiés à Spithead pour réparer leurs avaries, il fit route sur Brest, où il était de retour le 18 mars, après une absence de onze jours.

Sans tirer des conclusions prématurées de cette seule expédition, nous ferons remarquer qu'elle était favorisée par des circonstances spéciales.

L'Irlande était un pays allié; le débarquement pouvait donc s'effectuer à l'intérieur d'une rade fermée et sur un point quelconque de la côte; la population, au lieu de s'opposer par la force à la descente des troupes, la favorisait de tout son pouvoir. Si Château-Renault avait dû opérer le débarquement dans un pays hostile, il eût été forcé de l'exécuter sur une plage déserte, ce qui aurait demandé un temps beaucoup plus long; il n'aurait pas pu modifier ses projets au dernier moment et remplacer Kinsale par Bantry, parce que, lorsqu'on prend pied sur un territoire occupé par l'ennemi, il n'est pas indifférent de se présenter sur un point plutôt que sur un autre. Malgré cet ensemble de circonstances favorables, malgré la grande étendue des côtes dont pouvait disposer l'expédition, il s'en fallut de peu que notre escadre ne fût rencontrée en mer par les Anglais; et il est facile de se représenter ce qui serait advenu.

Que devint la petite armée débarquée en mars?

A l'arrivée de Jacques II, l'Irlande s'était soulevée; et bientôt les principales villes de l'Ulster tombaient au pouvoir des Jacobites. Les protestants s'enfermèrent dans Londonderry et Enniskillen, en attendant que la situation de l'Angleterre permît à Guillaume de les secourir. Jacques II vint mettre le siège devant Londonderry; mais la place fut bien défendue et, au bout de trois mois, le siège dut être levé (28 juillet). Un mois après, Schomberg débarquait avec quelques milliers d'hommes, dégageait Enniskillen et refoulait Jacques II jusqu'aux confins de l'Ulster et du Leinster.

La guerre traîna ainsi sans que l'ex-roi osât livrer bataille, sans que Schomberg osât s'aventurer dans la région insurgée.

Nouveau débarquement en Irlande (1690). —

Au mois de novembre, le parlement anglais vota des crédits en vue de pousser la guerre avec vigueur, et Guillaume manifesta l'intention de passer en Irlande au commencement de la campagne. Sur les instances de Jacques II, Louis XIV s'était décidé à envoyer un nouveau secours, à condition qu'il recevrait, en échange de ses troupes régulières, un nombre égal d'Irlandais. En mars 1690, le lieutenant général d'Amfreville sortit de Brest avec vingt-sept vaisseaux escortant un convoi qui portait 6.000 à 7.000 hommes de troupes sous les ordres du duc de Lauzun, ainsi qu'une grande quantité d'armes et de munitions.

Par suite de circonstances qu'il serait trop long de rappeler, non seulement la flotte hollandaise n'était pas encore arrivée en Angleterre, mais les vaisseaux anglais eux-mêmes étaient désarmés. D'Amfreville ne rencontra donc aucune opposition : le 23 mars, il déposait ses troupes à Cork, embarquait en échange les Irlandais et revenait à Brest.

Après l'arrivée de Château-Renault qui amenait de Toulon l'escadre du Levant, Tourville appareilla de Brest avec soixante-dix vaisseaux, pour disputer aux Anglo-Hollandais l'empire de la Manche. Il rencontra à Béveziers la flotte ennemie commandée par Herbert et la battit; mais, le lendemain même, Jacques II était écrasé à la Boyne.

Guillaume III avait passé en Irlande le jour où Tourville sortit de Brest. Il se mit aussitôt à la tête de ses troupes et attaqua, avec 40.000 hommes, Jacques II qui en avait moins de 30.000. Abandonnant son armée, Jacques s'enfuit d'une seule traite jusqu'à Kinsale où il trouva dix frégates françaises (1). Il s'embarqua aussitôt et se fit conduire

---

(1) Il avait été décidé que, si Tourville était vainqueur, il enverrait vingt-cinq frégates pour balayer le canal Saint-Georges et intercepter les secours qui passaient en Irlande; les frégates qui se trouvaient à Kinsale faisaient partie de ce détachement.

à Brest; de là il gagna Versailles pour demander une nouvelle armée; mais Louis XIV, indigné de sa conduite, lui refusa tout secours et donna l'ordre à Tourville d'envoyer des bâtiments en Irlande pour rapatrier ses troupes.

Après la défaite de la Boyne, le duc de Lauzun avait battu en retraite jusqu'à Galway, tandis qu'un simple capitaine français, Boisselot, s'enfermait dans Limerick avec une poignée d'hommes résolus et arrêtait la marche victorieuse de Guillaume. Lauzun put ainsi attendre, sans être inquiété, les vaisseaux français qui arrivèrent fin août et ramenèrent ses troupes à Brest. A peine les Français étaient-ils partis que Kinsale était pris.

A ce moment, l'armée navale des alliés était réfugiée dans la Tamise. Herbert faisait enlever les balises qui marquaient l'entrée de la rivière pour arrêter la poursuite de l'escadre française. La victoire de Béveziers eut donc une influence directe sur la sûreté des communications par mer; et il n'est pas douteux que, si Tourville avait été vaincu, la petite armée française aurait été forcée de capituler.

Tentative d'invasion en Angleterre (1692). —

Pendant la campagne de 1691, la flotte resta sur la défensive. Tourville fit dans la Manche cette sortie de trois mois qui est restée célèbre sous le nom de *croisière du large* et pendant laquelle il tint en échec un ennemi supérieur, sans se laisser entamer. Mais, en 1692, on revint aux idées d'invasion. Cette fois, c'est en Angleterre même qu'on voulait débarquer, pour finir la guerre d'un seul coup. 30.000 hommes, 500 bâtiments de transport furent rassemblés au Havre et à la Hougue, où se rendit Jacques II. L'armée était commandée par le maréchal de Bellefonds, et Tourville, avec la flotte, devait couvrir le passage.

Les inconvénients de la situation géographique de la France, que nous avons signalés dans un précédent chapitre, se firent alors sentir. Le contingent de Toulon, contrarié par le temps, ne put arriver à l'époque fixée. Tourville, dont le départ avait été déjà retardé de près d'un mois par suite de la détresse des finances, appareilla le 27 mai avec quarante-quatre vaisseaux seulement. Les contretemps ont toujours des conséquences funestes. Les troupes sont réunies, les transports sont prêts à mettre à la voile, on n'attend plus pour partir que l'arrivée de l'escorte; mais chaque jour qui s'écoule représente un surcroît de dépense et augmente l'énervement de l'attente. On finit alors par perdre patience et, pour ne pas avoir fait en vain tous ces préparatifs, on se lance dans une aventure. C'est ce qui arriva.

Le retard apporté à l'armement de la flotte avait laissé aux Hollandais le temps d'opérer leur jonction avec les Anglais; et lorsque la flotte française eut doublé le cap de la Hague, elle se trouva en présence de quatre-vingt-dix-neuf vaisseaux ennemis. Tourville fut battu, malgré une magnifique résistance : l'expédition fut abandonnée.

Nous ne rappellerons pas ici les tristes épisodes qui suivirent la bataille de la Hougue, et amenèrent la perte de quinze vaisseaux. Nous dirons seulement que les suites de ce combat montrent bien qu'une flotte vaincue, mais non détruite, est complètement annihilée pendant longtemps, et que la démoralisation qui suit les batailles perdues permet au vainqueur de se livrer impunément aux entreprises les plus hardies, sans courir aucun risque.

La guerre avec l'Angleterre se prolongea jusqu'en 1712, avec un court intervalle de paix de 1698 à 1702; mais l'avortement de cette tentative d'invasion enleva à Louis XIV toute idée de recommencer une opération de ce genre. Il fallut trente années de paix pour affaiblir la mauvaise impression qu'elle avait laissée et ramener les esprits vers un débarquement.

Deuxième tentative d'invasion de l'Angleterre (1744). — Depuis 1739, l'Angleterre était en guerre avec l'Espagne. Les vexations de tous genres que les Anglais faisaient subir à notre commerce maritime indiquaient que la France, malgré ses efforts, ne pourrait s'abstenir longtemps de prendre part à la lutte. Un dernier affront fit sortir le gouvernement de l'attitude réservée qui, en se prolongeant, eût porté atteinte au prestige du pays. La flotte espagnole, poursuivie par les Anglais, s'était réfugiée à Toulon ; et les vaisseaux anglais, sous prétexte de surveiller l'escadre espagnole, traitaient nos côtes en pays ennemi.

Aussitôt, on commença à armer à Brest et à Toulon, et on résolut de jeter un corps d'armée en Angleterre en profitant de ce que la guerre avec l'Espagne avait éloigné de leurs côtes une grande partie des vaisseaux anglais.

15.000 vieux soldats furent concentrés à Lille et à Valenciennes, tandis qu'on acheminait sans bruit des transports sur Dunkerque, Calais et Boulogne. Le prétendant Charles-Édouard devait accompagner les troupes, qui étaient placées sous les ordres du maréchal de Saxe.

C'était peu que 15.000 hommes pour conquérir l'Angleterre ; mais à cette époque, Georges II guerroyait en Allemagne où il avait fait passer ses meilleures troupes, et il ne restait guère en Angleterre plus de 10.000 hommes. On escomptait aussi le mécontentement des esprits qu'on prenait volontiers pour un désir de restauration, et on croyait qu'il suffirait de débarquer le prétendant pour soulever le pays. Ce fut l'erreur constante du cabinet de Versailles de spéculer sur une révolution en Angleterre. Les princes exilés, vivant dans la retraite, étaient entourés d'une cour de réfugiés qui passaient leur temps à commenter les événements en les exagérant ; et dans leur hâte de revenir à un état de choses qui devait les rétablir dans leurs places et dignités, ils prenaient leurs désirs pour des réalités. D'un autre côté, les émissaires que la cour entretenait en Angleterre pour la tenir au courant de l'état des esprits, grossissaient les moindres incidents pour justifier les subsides qu'ils recevaient; et ces différentes causes faisaient voir en France la situation sous un faux jour. Il en résultait qu'on croyait toujours qu'il suffirait de débarquer quelques régiments sur le sol britannique pour replacer les Stuarts sur le trône de leurs pères.

L'escadre qui avait été armée à Brest comprenait alors vingt-cinq vaisseaux sous les ordres du chef d'escadre de Roquefeuil; c'est elle qui devait couvrir le passage.

Le comte de Roquefeuil appareilla le 7 février 1744. Il devait opérer une reconnaissance des côtes d'Angleterre; et, après s'être assuré qu'il n'y avait pas de flotte anglaise dans la Manche, rallier le Pas de Calais et escorter le convoi.

Le mauvais temps retint au large l'escadre française et ce ne fut qu'à la fin du mois qu'elle parut devant l'île de Wight. Le comte de Roquefeuil constata qu'il ne se trouvait aucune force navale sur rade de Sainte-Hélène; il en conclut, un peu prématurément, que les Anglais n'avaient pas encore armé leurs navires, et détacha le chef d'escadre de Baraith avec quelques vaisseaux pour prévenir Charles-Édouard et le maréchal de Saxe que le passage était libre et qu'ils pouvaient franchir le détroit sous la protection de l'escorte qu'il leur envoyait. Lui-même mouilla le 22 au soir à Dungeness pour couvrir le passage. Le lendemain, son étonnement fut extrême en apercevant trente-quatre vaisseaux ennemis qui louvoyaient pour l'atteindre. Voici ce qui s'était passé. A sa sortie de Brest, Roquefeuil avait été aperçu d'abord par le *Phénix,* qui croisait du côté d'Ouessant; puis, le 3 février, par l'escorte d'un convoi venant de la Jamaïque. L'Amirauté, ainsi prévenue, avait hâté l'armement de la flotte; et l'amiral Norris se trouva bientôt aux Dunes à la tête de quarante-neuf voiles, dont vingt et une

de plus de soixante canons et onze de plus de quarante-
quatre.

Contrariée par la marée, l'escadre anglaise dut mouiller
à 6 milles de nos vaisseaux. Roquefeuil en profita pour
lever l'ancre et, favorisé par la brume, il était déjà parvenu
à se soustraire à la poursuite de l'ennemi lorsqu'un coup de
vent dispersa son escadre et la ramena en désordre à Brest.
Le même coup de vent empêcha le convoi de mettre à la
voile; le prétendant, Maurice de Saxe et onze bataillons
étaient déjà embarqués.

Lorsque le mauvais temps fut passé, les forces anglaises
gardaient le passage : l'expédition fut abandonnée.

Le gouvernement français avait évidemment compté sur
la guerre d'Espagne pour surprendre les Anglais; mais la
situation était trop tendue pour que la vigilance de nos
ennemis ne fût pas en éveil.

Débarquement du prince Charles-Édouard en Écosse (1745), suivi d'une troisième tentative de débarquement en Angleterre.

— Cependant Charles-
Édouard ne renonçait pas à reconquérir la couronne de ses
pères et il déploya à cette époque une énergie qui, soixante
ans auparavant, eût sans doute assuré le succès à son grand-
père. Abandonné à ses seules ressources, il se rend à Nantes
et en part avec un vaisseau et une frégate mis à sa disposition par un armateur irlandais (1). Il débarque en Écosse le
4 juin 1745 avec quelques partisans, des armes et 4.000
louis, entre à Édimbourg, bat les Anglais à Prestonpans et
s'avance jusqu'à 30 lieues de Londres. La situation devenait
critique pour l'Angleterre. Le Roi était toujours en Alle-

---

(1) Ces deux bâtiments, la *Dentelle* et l'*Élisabeth,* appartenaient au
Roi et avaient été prêtés à l'Irlandais Walsh pour faire la course.

magne et le conseil de régence se trouvait à bout de moyens. Le gouvernement français crut le moment favorable pour intervenir : 10.000 hommes furent rassemblés dans le voisinage du Pas de Calais, le duc de Richelieu devant en prendre le commandement; mais on avait agi avec trop de lenteur : lorsque, à la fin de décembre, les troupes furent prêtes à embarquer, deux escadres anglaises surveillaient le détroit. On attendit vainement pendant quelque temps que le mauvais temps balayât la croisière anglaise; puis les troupes regagnèrent leurs garnisons respectives : l'expédition fut abandonnée.

Pour la seconde fois (et ce ne sera pas la dernière), nous constatons l'impossibilité de faire attendre une expédition qui exige de longs préparatifs. Lorsque tout est prêt, il faut partir ou renoncer à l'opération. Or, comme la côte est généralement surveillée et qu'un coup de vent peut seul la dégager, le départ repose sur une concordance de circonstances qui se présente rarement.

Première conquête de Minorque (1756). — Ainsi qu'il arrive toujours après une tentative infructueuse, la guerre s'acheva sans qu'on songeât de nouveau à pénétrer sur le territoire anglais; mais l'idée devait être reprise sur un plus grand pied pendant la guerre de Sept ans.

La guerre fut déclarée le 15 mai 1756; elle existait en fait depuis plusieurs années. Au Canada, on se battait depuis la mort d'un officier français, Jumonville, assassiné par les Anglais au mépris du droit des gens. Pitt avait fait saisir dans les ports trois cents bâtiments de commerce français et, bien que le Parlement eût déclaré les prises irrégulières, le gouvernement anglais ne refusa pas moins de les rendre. A toutes ces vexations, on voulut faire une réponse énergique, et tandis que le lieutenant général de Macnemara partait de Brest pour le Canada avec une escadre, on préparait à Toulon une expédition dans le but de s'emparer de l'île Minorque, que le traité d'Utrecht avait laissée à l'Angleterre. Cette puissance n'entretenait alors en Méditerranée que deux vaisseaux et trois frégates qui stationnaient généralement à Mahon.

Le lieutenant général de La Galissonnière appareilla de Toulon le 9 avril 1756 avec douze vaisseaux, quatre frégates et six canonnières; il se rendit d'abord dans la rade des Salins-d'Hyères, où il rallia le convoi qui portait 14.000 hommes sous les ordres du duc de Richelieu. Le 18, la flotte jetait l'ancre devant la petite place de Ciudadella, où le débarquement s'effectua sans que l'ennemi cherchât à s'y opposer; le 24, l'artillerie et tout le matériel étaient à terre. Les bâtiments de guerre prirent alors la mer pour établir le blocus de l'île; mais déjà les Français étaient maîtres de tout le territoire à l'exception du fort Saint-Philippe, qui domine la ville de Mahon et où les 3.000 Anglais de la garnison s'étaient réfugiés.

Cependant, l'Angleterre s'était émue des préparatifs qui se faisaient à Toulon, et bien que leur but fût caché, il semblait probable que l'expédition était dirigée contre Minorque. L'Amirauté prépara aussitôt une escadre pour la Méditerranée.

L'amiral Bing quitta Spithead le 6 avril (trois jours avant le départ de Toulon de la flotte française) avec onze vaisseaux et 4.000 hommes de troupes. En arrivant à Gibraltar, le 2 mai, il apprit le débarquement des Français par les bâtiments anglais qui s'étaient enfuis de Mahon à notre approche; il repartit le 8 mai, ayant alors treize vaisseaux, et le 19, il arrivait en vue de Minorque et de l'escadre française. Battu le lendemain par La Galissonnière, l'amiral Bing renonça à secourir Minorque et reprit la route de Gibraltar. Cependant il n'avait pas perdu un seul navire; là, comme à Bantry, la préoccupation de ne pas abandonner le corps expéditionnaire empêcha les Français de s'engager à fond. Cette timidité eût pu nous coûter cher s'il ne s'était élevé dans l'escadre anglaise des discussions qui paralysèrent ses mouvements. En effet, Bing trouva à Gibraltar, le 19 juin, cinq vaisseaux qui venaient d'arriver d'Angleterre pour le renforcer et lui eussent permis de reprendre l'offensive.

Le fort Saint-Philippe capitula le 30 juin. Les troupes commencèrent alors à se rembarquer; et, le 8 juillet, la flotte fit route pour Toulon où elle fut de retour le 16. Il ne restait à Minorque qu'une garnison.

On sait que Bing, démonté de son commandement, fut traduit devant une cour martiale et fusillé sur la dunette de son vaisseau.

La guerre avait été déclarée trois jours avant la bataille de Mahon.

Il est curieux que pendant toute la durée de la guerre, les Anglais, qui furent constamment maîtres de la mer, ne firent aucune tentative pour reprendre Minorque. A notre avis, le gouvernement anglais eut, en cette circonstance, le sentiment exact de la situation. Les moyens, certes, ne manquaient pas à notre ennemie pour débarquer en sûreté aux Baléares un corps de troupe capable d'enlever l'île à la garnison qui l'occupait; mais, pendant toute la durée de l'opération qui pouvait se prolonger plusieurs mois si les Français soutenaient le siège dans le fort Saint-Philippe, les Baléares seraient devenues un centre d'attraction pour les forces navales des deux pays. Or, les vaisseaux anglais n'auraient pas trouvé dans ces parages un champ de bataille favorable : à cette époque, nous l'avons déjà dit, Gibraltar ne constituait pas encore un point d'appui solide, et l'Angleterre était alors plus préoccupée de conserver le rocher que de l'utiliser; il en résultait qu'une expédition contre Minorque ne pouvait avoir d'autres bases que les ports de la métropole qui étaient très éloignés, tandis que la France possédait dans le voisinage un de ses principaux arsenaux. Une position aussi avantageuse offrait aux débris de notre marine réfugiés à Toulon de telles chances de contrarier toute tentative contre Mahon, que l'Angleterre préféra ne pas les affronter. Son gouvernement pensa sans doute qu'il lui suffirait d'être vainqueur pour contraindre le vaincu à rendre ce qu'il avait pris, et c'est ce qui eut lieu : à la paix, Minorque fut échangée contre Belle-Isle.

Quatrième tentative de débarquement en Angleterre (1759). — La bataille de Mahon marqua la fin de nos succès pendant cette funeste guerre. La marine était tombée entre des mains indignes qui s'acharnaient à la réduire avec autant d'ardeur et plus de haine que l'ennemi. Les vaisseaux qui nous restaient furent désarmés, les équipages licenciés. Les escadres anglaises, ne trouvant plus d'adversaires à combattre, ravagèrent nos côtes, s'emparèrent de nos colonies; et il semblait que la marine de Colbert allait mourir étouffée par la honte, lorsque le duc de Choiseul arriva aux affaires. Son patriotisme ne put s'accommoder de tant d'humiliations; mais, en voulant relever la France par un coup d'audace, il ne fit que la précipiter dans l'abîme, parce qu'il ne disposait plus de moyens suffisants. Comme toujours, notre impuissance à lutter sur mer nous conduisit à transporter la guerre sur terre. C'est donc encore à un projet d'invasion qu'on s'arrêta. Choiseul, à l'instigation du maréchal de Belle-Isle, s'était d'abord proposé de jeter 50.000 hommes sur le sol anglais en les faisant partir de Boulogne et d'Ambleteuse sur des bateaux plats. Ce plan reçut même un commencement d'exécution : on mit en chantier toute une flottille et la côte fut armée d'une centaine de gros canons destinés à protéger les points de rassemblement. Mais on renonça bientôt à ce projet et on adopta une combinaison nouvelle qui était due, dit-on, au capitaine de vaisseau Bigot de Morogues (1).

La descente devait se faire en deux endroits différents; à cet effet, deux armées, de 20.000 hommes chacune, furent rassemblées; la première en Bretagne sous le duc d'Aiguillon, la seconde en Flandre avec Chevert. En même temps, une concentration générale de toutes les escadres devait réunir à Brest trente-cinq à quarante vaisseaux. Cette flotte devait d'abord rallier le convoi du Morbihan, passer ensuite par l'ouest de l'Irlande, détacher quelques frégates avec les transports en face du golfe de la Clyde, puis contourner le nord de l'Écosse et prendre à Ostende l'armée de Chevert pour l'accompagner jusqu'à la côte d'Angleterre, où elle débarquerait à Breathwater, à quelques lieues de Londres. Ce plan, très compliqué, présentait cette particularité qu'il ne tenait pas plus compte de l'ennemi que s'il se fût agi d'une simple promenade en mer. On admit cependant la participation de l'escadre anglaise à cette série d'opérations en prévoyant que, dans le cas où elle ferait mine d'intervenir, la flotte de guerre resterait dans la Manche pour paralyser ses mouvements, tandis que les deux convois traverseraient la mer sous l'escorte de quelques frégates. Pour compléter ces dispositions, on devait faire partir du Havre une petite division qui déposerait en Irlande un corps de débarquement destiné à opérer une diversion.

Si le fractionnement de l'expédition en trois tronçons, formés des deux corps de débarquement aux ailes et de l'escorte au centre, n'avait d'autre but que de forcer l'ennemi à fractionner ses forces de manière que l'escadre de Brest ne trouvât en face d'elle qu'un nombre de vaisseaux assez faible pour qu'elle pût les combattre avec succès, si tel était le but de cette singulière distribution de rôles, elle pouvait

---

(1) Auteur d'un traité de tactique navale.

se justifier comme opération préliminaire; mais, si l'on prétendait passer sans combattre, on se demande l'intérêt qu'il y avait à concentrer les troupes dans un port éloigné de celui où se concentraient les vaisseaux. C'était ajouter une difficulté de plus à toutes celles que présentait déjà une opération aussi dangereuse.

Le premier acte de toute cette machination consistait à faire passer l'escadre de Toulon de la Méditerranée dans l'Océan. Le chef d'escadre de La Clue était surveillé à Toulon par Boscawen. Celui-ci, ayant besoin de réparer trois de ses vaisseaux qui avaient été fortement avariés dans une échauffourée en grande rade de Toulon, retourna à Gibraltar en laissant des frégates devant la place. L'amiral français en profita pour appareiller, le 5 août 1759, avec douze vaisseaux et trois frégates. Il était à l'entrée du détroit le 17 août au soir. Le jour même, l'escadre anglaise, forte de seize vaisseaux et neuf frégates, mettait à la voile à 10 heures du soir: le 18, dans la matinée, Boscawen aperçut l'ennemi qui avait passé le détroit et se lança aussitôt à sa poursuite. De La Clue, se voyant découvert, avait pris le parti de brûler Cadix où il devait relâcher; mais, naviguant sans feux pour ne pas révéler sa présence, il fut séparé de cinq vaisseaux et de trois frégates qui, ignorant ses nouvelles dispositions, firent route sur Cadix et y mouillèrent. Le reste de l'escadre fut rejoint le lendemain par l'escadre anglaise et dut abandonner le *Centaure*. La nuit suivante, deux vaisseaux firent une fausse route et atteignirent Rochefort; les autres bâtiments furent détruits dans la rade de Lagos.

On est tenté, en repassant ces douloureux événements, d'en rejeter toute la responsabilité sur les acteurs du drame. Pourquoi l'amiral n'a-t-il pas signalé à son escadre un nouveau rendez-vous lorsqu'il prit la décision de ne pas relâcher à Cadix? Pourquoi l'arrière-garde a-t-elle perdu le sillage des bâtiments de tête? En réfléchissant, on est bien obligé de reconnaître que la cause de tout le mal provient des conditions mêmes où se trouvait cette malheureuse escadre. Il n'y a pas, pour une force navale, de situation plus ingrate que celle qui la place dans la nécessité d'éviter à tout prix le contact de l'ennemi. Le moindre incident détruit toutes les prévisions, exige des modifications subites et imprévues dans les ordres, place les bâtiments dans des conditions de navigation anormales. Quoi d'étonnant alors à ce qu'il en résulte des malentendus qui ne se produiraient pas en temps ordinaire? Le désastre qui suivit cette séparation n'est pas imputable au chef d'escadre de La Clue, mais à la fausse position dans laquelle les circonstances l'avaient placé. En revanche, il est difficile de s'expliquer ce qu'il allait faire à Cadix, dans le voisinage immédiat d'une force supérieure. Si les Français avaient eu l'heureuse fortune de franchir le détroit sans être aperçus, ce qui n'était pas impossible puisqu'ils passaient de nuit, la relâche de Cadix eût révélé leur passage et leur eût fait perdre le bénéfice de leur avance.

Le désastre de Lagos réduisait à vingt et un le nombre des vaisseaux dont nous disposions dans les mers d'Europe. Le plan de campagne fut modifié : cinq vaisseaux, détachés de l'escadre de Brest, devaient escorter le convoi de Bretagne, pendant que les seize autres détourneraient l'attention des forces anglaises. Mais, au dernier moment, le maréchal de Conflans, qui commandait l'escadre, insista pour ne pas diviser ses forces, et il fut décidé qu'il irait lui-même chercher le convoi dans le Morbihan.

Les Anglais qui suivaient avec attention tous les préparatifs de l'expédition, avaient vingt-cinq vaisseaux devant Ouessant avec l'amiral Hawke, tandis que le commodore Duff croisait à hauteur de Belle-Isle avec quatre vaisseaux et trois frégates, pour surveiller les mouvements des transports. La saison était déjà avancée, et l'escadre était toujours à Brest. Enfin, à la fin d'octobre, un coup de vent rejeta l'escadre anglaise sur Torbay et dégagea les abords de Brest. Le maréchal de Conflans appareilla le 14 novembre à 11 heures du matin et fit route sur Belle-Isle. Pourquoi avait-il attendu si longtemps? Il est peu probable que le coup de vent ait duré quinze jours. Toujours est-il que l'amiral Hawke quitta Torbay le même jour, et, apprenant par ses éclaireurs la sortie des Français, il n'hésita pas à aller les chercher dans le Morbihan. Le 20, il faisait sa jonction avec le commodore Duff et atteignait l'escadre française au moment où elle pénétrait dans les passes de la baie de Quiberon. On connaît cette malheureuse bataille. L'expédition fut abandonnée.

Expédition de Thurot en Irlande (1760). —

Cependant, le capitaine Thurot, qui était chargé de la diversion en Irlande, était sorti de Dunkerque le 6 octobre avec une flottille de six corsaires, portant 1.400 hommes de troupes (1). Échappant avec bonheur à la croisière anglaise qui surveillait le corps expéditionnaire du Nord, il parut devant Aberdeen et jeta l'alarme en Écosse. Assailli par la tempête, il perdit deux bâtiments et s'attarda plusieurs mois en Norvège et dans les îles Féroë. Finalement, ce ne fut que le 21 février 1760 qu'il débarqua à Carrick-Fergus. Il s'empara sans peine du château, qui n'avait que 200 hommes de garnison; mais, ayant appris l'abandon de l'expédition à la suite du combat de Quiberon, il estima qu'il ne pourrait rien faire avec ses seules ressources et, trois jours après son arrivée, il reprit la mer pour rentrer en France. La discorde régnait d'ailleurs dans l'escadrille, entre les officiers de terre et de mer, et entre Thurot et ses capitaines. Peu après le départ, deux bâtiments se séparèrent; les trois autres, pour-

---

(1) Il avait quitté Le Havre au moment où cette ville fut bombardée.

suivis et attaqués par des frégates anglaises, furent capturés près de l'île de Man.

Après l'échec de cette tentative d'invasion, la France dut s'avouer vaincue.

Cinquième tentative de débarquement en Angleterre (1779).

— Lorsque la France prit parti pour les colonies anglaises d'Amérique insurgées contre la métropole, les circonstances étaient particulièrement favorables pour tenter une descente en Angleterre. La guerre qui se poursuivait sur terre, en Amérique, depuis plusieurs années, absorbait toutes les troupes régulières du Royaume-Uni, tandis que, sur mer, l'alliance avec l'Espagne nous donnait une supériorité considérable. On prépara donc une invasion sur les bases suivantes (1).

Les deux marines alliées, après avoir opéré leur jonction, devaient écraser les forces anglaises de la Manche, puis faire passer un convoi portant 40.000 hommes.

Nous allons voir comment une opération qui paraît présenter les plus grandes chances de succès peut échouer par le seul fait d'une préparation défectueuse.

Le lieutenant général d'Orvilliers sortit de Brest le 3 juin 1779, avec trente vaisseaux et dix frégates, et se dirigea vers les côtes d'Espagne. Mais les bâtiments espagnols n'étaient pas prêts; pendant un mois, d'Orvilliers croisa dans les parages de Cizarga pour les attendre. Le 2 juillet, huit vaisseaux et deux frégates sortirent de La Corogne, avec le lieutenant général don Antonio Darce et rallièrent la flotte française. Ce n'est que vingt jours après que le lieutenant général don Luis de Cordova arriva de Cadix avec le reste de la flotte espagnole : 28 vaisseaux, 2 frégates, 2 corvettes et 8 brûlots.

---

(1) Nous passons sous silence une tentative avortée contre les îles Normandes, entreprise avec des moyens rudimentaires.

Quelques jours s'écoulèrent, pendant lesquels les deux amiraux procédèrent à l'organisation de l'armée. Une question importante, celle des signaux, avait été complètement négligée dans les négociations relatives à la réunion des deux escadres : « J'ai été bien surpris, monseigneur, écrivait le lieutenant général d'Orvilliers au ministre, lorsque j'ai appris que les signaux de l'armée n'avaient pas été imprimés en Espagne, et que M. Mazzaredo (major de la flotte espagnole) avait été obligé de les copier à la main, depuis son départ de Cadix. Je puis vous assurer qu'il n'est jamais arrivé que deux escadres, en se réunissant en mer, aient été réduites à improviser un corps entier de signaux... » Le 28 et le 29, les bâtiments détachés au Ferrol et à La Corogne rallièrent le pavillon du commandant en chef. Le 30 juillet, l'armée combinée, forte de soixante-six vaisseaux de ligne, dont trente-six espagnols, et de quatorze frégates des deux nations, se dirigea vers le nord (1).

Plus de deux mois s'étaient écoulés, les bâtiments avaient déjà consommé une grande partie de leurs approvisionnements; mais d'Orvilliers comptait que le ministre, qui connaissait la situation de l'armée, lui enverrait des transports chargés de vivres. L'armée était encombrée de malades; plusieurs vaisseaux étaient partis sans médecins; les médicaments manquaient.

Le 7 août, la flotte combinée prit connaissance d'Ouessant. D'Orvilliers n'y trouva ni les vivres, ni les pilotes qu'il avait demandés; malgré cela, il entra dans la Manche. Le 16 août, il reçut des ordres qui modifiaient les projets du gouvernement : le débarquement, au lieu de se faire dans les environs de Portsmouth, devait s'effectuer à Falmouth. Le moment était bien mal choisi pour changer toutes les

---

(1) CHEVALIER, *Histoire de la marine française pendant la guerre de l'Indépendance américaine.*

dispositions. Le ministre ne se rendait aucun compte des objections que soulevaient ses instructions : Falmouth n'avait qu'une rade insuffisante pour contenir l'armée navale, et elle n'offrait pas un abri sûr. C'est ce que d'Orvilliers s'efforçait de démontrer ; mais il était trop tard pour discuter. Un coup de vent d'est, qui rejeta l'armée hors de la Manche, vint trancher la question. Dès que le temps redevint maniable, les vivres furent également répartis entre les vaisseaux ; la subsistance de l'armée navale fut ainsi assurée jusqu'au 20 septembre.

Le 25 août, l'armée anglaise fut signalée. Elle se composait de trente-cinq vaisseaux, et se trouvait dans le voisinage des Sorlingues, dépalée, elle aussi, par les brises d'est. Un véritable homme de guerre se serait aussitôt lancé à sa poursuite sans perdre de temps. D'Orvilliers préféra réunir un conseil de guerre ; et l'on se figure aisément ce que devait durer de temps la réunion des officiers généraux à bord du vaisseau amiral, dans une flotte de quatre-vingts voiles. Le conseil décida que l'armée abandonnerait sa croisière au plus tard le 8 septembre, eu égard à l'état sanitaire et au manque de vivres, et que, en attendant, elle irait à la rencontre de l'ennemi. Mais celui-ci n'avait pas attendu la fin des délibérations pour s'échapper ; le 2 septembre, il entrait à Portsmouth. La flotte combinée continua à croiser quelques jours, puis elle se dirigea sur Ouessant et mouilla à Brest le 14 septembre.

L'expédition fut abandonnée.

Cette malheureuse croisière ne faisait pas honneur aux gouvernements alliés : manque de concordance dans l'armement des escadres, défaut d'entente pour la navigation de conserve, manque d'eau et de vivres, absence de chirurgiens et de médecins, hygiène défectueuse, insouciance à ravitailler les vaisseaux au large. Ce n'est pas en montrant une pareille impéritie qu'on peut porter un coup fatal à un ennemi qui est décidé à se défendre. Cette expédition était donc vouée d'avance à l'insuccès. D'Orvilliers fut disgrâcié; mais le ministre de la marine, M. de Sartines, eût mérité de le suivre dans la retraite : c'était lui le vrai coupable.

La guerre devait durer encore plusieurs années, pendant lesquelles notre supériorité dans la Manche ne fit que s'accentuer, et cependant on renonça complètement à l'idée de conquérir l'Angleterre.

Il est curieux de remarquer que, jusqu'à l'Empire, ce fut aux époques où notre marine était la plus forte que les projets de descente furent préparés avec le plus de mollesse. On peut en conclure que le passage d'une armée offrait de tels aléas qu'on préférait s'en tenir à une action exclusivement maritime tant qu'on conservait l'espoir d'être vainqueur sur mer, et qu'on ne se résignait à faire intervenir l'armée que lorsqu'on n'avait plus d'autre moyen à employer. Il faut avouer que, si on hésitait à confier les destinées des troupes aux hasards d'une traversée lorsqu'on pouvait conquérir préalablement l'empire de la mer, on eût dû admettre qu'on courait fatalement à un désastre lorsqu'on prétendait entreprendre la même opération à travers une mer occupée par l'ennemi.

Deuxième conquête de Minorque (1781-1782).

— Les nécessités multiples auxquelles la marine anglaise avait à faire face avaient forcé l'Amirauté à dégarnir presque complètement la Méditerranée. Les alliés trouvèrent l'occasion propice pour reprendre Minorque. Le 23 juin 1781, Guichen emmena de Brest à Cadix dix-huit vaisseaux qui se rangèrent sous les ordres de don Luis de Cordova; ils y furent rejoints par un vaisseau et une frégate venant de Toulon; et l'armée combinée, forte de cinquante vaisseaux, portant 14.000 hommes de débarquement, appareilla de Cadix le 22 juillet. L'armée navale déposa ses troupes à

Minorque et quitta ensuite la Méditerranée pour remonter dans le Nord. Le duc de Crillon, qui commandait le corps expéditionnaire, s'empara facilement de l'île, mais la citadelle ne capitula que le 4 février 1782.

Expédition de Hoche en Irlande (1796-1797). —

Nous arrivons maintenant aux guerres de la Révolution, pendant lesquelles l'esprit d'entreprise qui caractérise cette époque devait fatalement conduire à des idées d'invasion. On ne se préoccupait guère alors des moyens; on croyait volontiers que la hardiesse dans la conception et l'enthousiasme dans l'exécution suppléaient à tout.

La fermentation était toujours vive en Irlande. Une vaste association s'était formée dans le pays pour secouer le joug des Anglais, et, dès le début de la guerre, une délégation des principaux meneurs était venue à Paris réclamer le secours de la France. Les difficultés de toutes sortes au milieu desquelles notre pays se débattait alors avaient empêché la Convention de faire droit à cette requête; mais, en 1796, de nouveaux émissaires étant venus affirmer que l'apparition des Français déterminerait un soulèvement général de l'Irlande, le Directoire crut le moment favorable pour agir.

Hoche fut désigné pour commander l'expédition; Villaret-Joyeuse, qui était à la tête de l'escadre de Brest, devait commander les forces de mer et rester sous les ordres du général.

On dirigea sur Brest les troupes qui avaient pacifié la Vendée, et on donna ordre au port d'armer tous les bâtiments en état de prendre la mer. Notre matériel naval était alors dans un état déplorable. Les magasins étaient vides; les vaisseaux, depuis plusieurs années, n'étaient plus entretenus. Le personnel laissait autant à désirer : on ne parvenait pas à réunir le nombre de marins nécessaire pour former les équipages des vaisseaux, et ceux qui étaient présents n'avaient aucune instruction professionnelle.

Le danger d'entreprendre une expédition dans des conditions aussi défectueuses n'échappait pas aux officiers. Villaret-Joyeuse, en particulier, ne cessait de représenter au ministre Truguet tout ce qu'avait de téméraire une pareille entreprise. En même temps, le manque d'argent entravait l'armement des vaisseaux. Hoche était venu de Paris hâter les préparatifs; il trouvait que rien ne marchait au gré de son impatience et accusait ouvertement l'amiral de mauvaise volonté. Le Directoire finit par remplacer Villaret, et le commandant d'armes de la marine, Morard de Galle, fut nommé à sa place.

Certes, on ne saurait reprocher à Villaret d'avoir fait entendre le langage de la raison et d'avoir déconseillé une entreprise où son honneur était engagé ainsi que celui de la France; mais, étant donné que le gouvernement était décidé à passer outre, il était d'une bonne politique de ne pas laisser Villaret participer à une opération qu'il désapprouvait. Malheureusement, Morard de Galle n'était pas plus confiant. Il n'accepta pas sans protester le commandement qu'on lui donnait; mais, après avoir fait des réserves, il prêta à Hoche son concours le plus dévoué.

Grâce aux efforts de Hoche et à l'activité de Bruix, qui était chef d'état-major de l'escadre, l'expédition était prête à partir dans les premiers jours de décembre.

Le plan primitif de Truguet consistait à opérer à Brest une concentration de toutes les forces navales françaises et espagnoles; mais, comme il avait besoin d'envoyer des secours dans l'Inde, il songea à faire partir l'escadre de Brest avec une partie seulement du corps expéditionnaire et à détacher huit vaisseaux dans l'Inde après le débarquement des troupes. Comme il était difficile de prévoir l'époque à laquelle on pourrait envoyer les renforts, cette avant-garde

se serait trouvée exposée à succomber avant d'être secourue.
On revint donc à une conception plus simple; et, la saison
s'avançant, on se contenta d'envoyer à Brest la division du
contre-amiral Richery, qui avait mouillé à l'île d'Aix le
5 novembre, venant de Terre-Neuve (1).

Le 15 décembre, l'escadre, composée de 17 vaisseaux,
14 frégates, 6 corvettes, 6 gabares et 20 transports, appareilla de Brest. Elle portait 17.210 hommes d'infanterie,
1.100 cavaliers et 1.200 artilleurs. Hoche et Morard de Galle
étaient sur la frégate *Fraternité.* La brise qui soufflait de
l'est avec violence avait éloigné l'escadre de l'amiral Colpoys.

Le 15 au soir, l'armée mouilla dans la baie de Bertheaume
pour attendre deux vaisseaux retardataires; elle partit définitivement le 16 dans la soirée, se dirigeant vers le raz de
Sein. A 5 heures, la brise forçant, l'amiral fit le signal de passer par l'Iroise; mais, comme il fallait s'y attendre avec des
bâtiments qui n'étaient pas habitués à naviguer en escadre
et dont les équipages étaient improvisés, le signal fut mal
compris. Pour ajouter à la confusion, un bâtiment anglais
qui croisait dans l'Iroise, l'*Indefatigable,* s'approcha des vaisseaux français en lançant des fusées, tirant du canon et
allumant des feux. Bref, la plus grande partie de la flotte
passa par le raz de Sein, tandis que les autres navires continuaient avec l'amiral par l'Iroise et que le *Séduisant* se perdait sur le Grand-Trévennec.

Le 17 au matin, huit vaisseaux, sept frégates et un transport étaient réunis; ils se rangèrent sous les ordres du contre-
amiral Bouvet, qui montait l'*Immortalité.* L'amiral ouvrit
alors ses instructions qui lui prescrivaient, en cas de séparation, de se rendre au cap Mizen-Head et d'y croiser cinq
jours. Le 19, la division fut ralliée par les contre-amiraux

_____

(1) Deux vaisseaux seulement de cette division purent prendre part
à l'expédition.

Richery et Nielly, avec sept vaisseaux, deux frégates et des transports. Il ne manquait plus qu'un vaisseau, trois frégates, deux corvettes et un transport ; malheureusement, sur l'une des frégates, se trouvaient les deux chefs de l'expédition.

Le 21, l'armée se trouvait à l'entrée de la baie de Bantry, avec gros temps ; la neige tombait. Le contre-amiral Bouvet, redoutant l'inexpérience de ses équipages, appréhendait de rester à la mer ; il mouilla à côté de l'île Bear, laissant chaque bâtiment libre de sa manœuvre. Sept vaisseaux, six frégates et un transport mouillèrent à côté de lui ; les autres tinrent la cape, et l'armée se trouva de nouveau divisée.

Le 24, la brise tomba. Un conseil de guerre fut réuni à bord de l'*Immortalité,* sous la présidence du général Grouchy ; il fut décidé qu'on débarquerait les 6.000 hommes de troupes dont on pouvait disposer. Les bâtiments appareillèrent pour se rapprocher de terre ; mais, le 25, le temps fut si mauvais, que plusieurs bâtiments durent prendre le large pour ne pas être jetés à la côte. Parmi eux, se trouvait l'*Immortalité.*

Dans l'après-midi du 26, la brise commença à mollir. Le 27, dans la matinée, le chef de division Bedout, qui se trouvait avoir le commandement par suite du départ de l'amiral Bouvet, réunit un conseil de guerre à bord de l'*Indomptable.* On y agita la question du débarquement ; mais il fut décidé qu'il ne pouvait se faire, les 4.000 hommes qui restaient n'ayant ni artillerie, ni vivres, ni munitions, ni argent. La division appareilla pour retourner en France et mouilla à Brest le 12 janvier, sans avoir vu l'ennemi. Plusieurs des bâtiments qui s'étaient séparés des autres, le 21 et le 25, s'y trouvaient déjà. C'était le *Pluton,* le *Pégase,* la *Résolue* et l'*Immortalité,* cette dernière portant la pavillon de l'amiral Bouvet.

Le *Tourville* et le *Fougueux,* qui n'avaient pu mouiller

sous l'île Great-Bear, étaient restés à capeyer au large. Le premier de ces bâtiments arriva à la baie de Bantry le 30 décembre, et le second le 31. Le *Redoutable*, qui avait déradé dans la nuit du 22 décembre, était également revenu le 30. Enfin, plusieurs frégates se trouvaient sur rade. Le 1ᵉʳ janvier, arriva le *Nestor*, qui avait navigué avec la *Fraternité* jusqu'au 20 décembre, et l'avait perdue pendant un grain dans la nuit du 20 au 21. De nouveau, la question du débarquement s'agita. On pouvait mettre à terre environ 4.000 hommes; mais le bruit courait que, depuis l'apparition des Français, les Anglais avaient formé un camp de 13.000 hommes; on savait de plus qu'une partie du corps expéditionnaire avait déjà fait route pour Brest; enfin, les vaisseaux commençaient à manquer de vivres et ils ne pouvaient différer plus longtemps leur retour. Il sembla imprudent d'abandonner ainsi une poignée d'hommes à ses seules ressources, et l'idée du débarquement fut abandonnée. Le 5 janvier, les bâtiments appareillèrent pour Brest, où ils arrivèrent le 13, à l'exception de la *Surveillante*, qui se trouvait en si mauvais état, qu'on avait dû la couler dans la baie de Bantry.

Le *Trajan* et la *Charente*, après s'être présentés à l'entrée de la rivière Shannon (qui était l'un des rendez-vous assignés), mouillèrent le 28 décembre dans la baie de Kilkadia, où le *Trajan* versa des vivres à la *Charente*, qui en manquait; puis, se voyant seuls, ces bâtiments retournèrent à Brest.

Qu'était donc devenue la *Fraternité*, qui portait les deux chefs de l'expédition? Dès le 21 décembre, cette frégate se trouva seule, après avoir été accompagnée pendant quelque temps par la *Cocarde*, la *Romaine* et le *Nestor*. Le 24, elle fut chassée par un vaisseau ennemi, et ne lui échappa qu'en jetant à la mer une partie de son artillerie. Revenant alors vers la côte d'Irlande, elle rencontra en mer la *Révolution* et le *Scévola*. Ce dernier était en train de couler bas, et la *Révolution* recueillait son équipage et ses passagers. Par ce bâtiment, l'amiral eut des nouvelles du corps expéditionnaire jusqu'au 22 décembre. D'accord avec le général, il prit alors le parti de revenir en France avec la *Révolution,* dont la position pouvait devenir critique d'un moment à l'autre. Les deux bâtiments mouillèrent à l'île d'Aix le 13 janvier; depuis plusieurs jours déjà, la ration des hommes avait été diminuée.

Telle fut la fin de cette malheureuse expédition. Sur quarante-cinq bâtiments dont elle se composait, douze furent perdus. Le *Séduisant* s'était jeté sur le Grand-Trévennec à la sortie de Brest; le *Scévola* avait coulé en mer; la *Surveillante* avait coulé en baie de Bantry; l'*Impatiente* s'était brisée sur les roches près du cap Clear; la *Tortue,* l'*Atalante* et quatre transports avaient été pris par l'ennemi; enfin, le *Les Droits-de-l'Homme,* chassé par deux bâtiments ennemis, était venu se perdre dans la baie d'Audierne, entraînant dans sa perte la frégate anglaise *Amazone.*

Au premier abord, il semble que l'ennemi n'eut qu'une part secondaire dans l'échec de cette tentative. Ce qui nous frappe surtout, c'est l'état déplorable des bâtiments, qui ne peuvent supporter le moindre coup de vent; c'est l'insuffisance des approvisionnements, qui pèse sur toutes les décisions. Mais, si une préparation hâtive et insuffisante devait fatalement engendrer l'insuccès, il n'en est pas moins vrai que la nécessité où se trouvaient nos bâtiments de ne pouvoir affronter la présence de l'ennemi eut des conséquences encore plus graves. C'est elle qui fait modifier les ordres et provoque la séparation initiale du corps expéditionnaire; c'est elle qui empêche les bâtiments qui arrivent successivement à Bantry d'attendre les retardataires; c'est elle qui force à multiplier les rendez-vous et égare des vaisseaux dans une fausse direction.

L'escadre anglaise n'en avait pas moins été au-dessous de sa tâche. Comment des bâtiments français purent-ils se présenter successivement devant les côtes d'Irlande sans y attirer les escadres anglaises? Voilà qui paraît invraisemblable et qui l'est en effet. L'expédition avait à redouter l'escadre de Colpoys, qui croisait devant Ouessant, et celle de Bridport, dite escadre du Canal, qui était mouillée à Spithead. Colpoys, dès qu'il eut connaissance de la sortie des Français, se lança à leur recherche et tomba sur la division du contre-amiral Villeneuve, qui se rendait de Toulon à Brest. Cette diversion l'entraîna jusqu'à l'île de Groix, où il leva la chasse; il rentre ensuite à Plymouth. Quant à l'escadre du Canal, avertie dès le 20 décembre, elle n'appareilla que le 8 janvier, sans qu'on puisse se rendre compte des raisons qui la condamnèrent à l'inactivité. Il ne fallut rien de moins que ces deux circonstances inespérées pour préserver l'expédition d'une destruction totale.

Préparatifs d'une descente en Angleterre (1797). — Hoche était revenu furieux, mais il conservait la foi intacte. Attribuant aux éléments et à la mauvaise volonté ce qui n'était que la conséquence d'une erreur de principe et de la désorganisation de la marine, il pressait le Directoire de préparer une nouvelle expédition. Après la signature des préliminaires de Leoben, le gouvernement sembla entrer dans ses vues; mais, cette fois, on voulut réunir des forces suffisantes pour se mesurer avec les Anglais. Dans ce but, on donna ordre d'armer tous les vaisseaux disponibles à Lorient et à Rochefort, et de les envoyer rejoindre l'escadre de Brest, qui était prête. En même temps, on avait obtenu le concours des Espagnols et des Hollandais. Les premiers devaient envoyer à Brest leur escadre de Cadix, dès qu'elle trouverait une occasion de sortir, tandis que les seconds tenteraient une diversion en jetant en

Angleterre un corps de 13.000 hommes. Ce projet n'eut pas
de suite en France : c'était l'époque à laquelle se tenaient
les conférences de Lille, qui n'aboutirent pas. La Hollande
seule lui donna un commencement d'exécution. Dès le
début de juillet 1797, elle fit embarquer 13.500 hommes sur
sa flotte, qui se composait de 15 vaisseaux, 10 frégates et
27 bâtiments de transport. Le corps expéditionnaire attendit plus de deux mois une occasion favorable pour mettre
à la voile. Au bout de ce temps, les bâtiments ayant épuisé
leurs vivres, on dut débarquer les troupes.

Le traité de Campo-Formio, en pacifiant le continent,
rendit à la France la libre disposition de son armée. Elle
voulut en profiter pour la tourner contre l'Angleterre, qui
seule refusait de faire la paix. Le général Bonaparte rem-
plaça Hoche (qui était mort en septembre) à la tête de
l'armée d'Angleterre, et, sous son impulsion, les premiers
préparatifs marchèrent rapidement.

« Le vice-amiral Pléville-Le Peley rappela au service les
marins congédiés, quelques mois auparavant, avec si peu
de réflexion. Le gouvernement reprit, en payant de fortes
indemnités, les frégates, corvettes et autres bâtiments qu'il
avait cédés au commerce. Il fallut reformer les équipages.
Ce fut alors qu'on comprit l'étendue de la faute qu'on avait
commise en les licenciant. Les marins de l'inscription maritime se cachèrent et on ne parvint à en retrouver qu'un
petit nombre. Le gouvernement n'avait pas d'argent et
l'expédition d'Angleterre en exigeait beaucoup. Les Conseils, sur la proposition du Directoire, votèrent un emprunt
pour faire face à cette dépense. On écrivit de Paris à la
cour de Madrid pour la prier de réunir à Cadix autant de
vaisseaux, de frégates et de bâtiments légers qu'il lui serait
possible de le faire. Cette escadre, pourvue de trois mois
de vivres et portant un corps de débarquement de 15.000
hommes, devait être prête à prendre la mer à la fin du

mois d'avril (1). Si elle n'était pas bloquée par des forces supérieures, elle appareillerait à cette époque, pour se rendre à une destination qui serait arrêtée de concert par les deux gouvernements. Le Directoire demandait aussi que les bâtiments stationnés au Ferrol, vaisseaux, frégates et corvettes, fussent envoyés à Brest, avec des vivres et des rechanges pour trois mois et des équipages complets. La République batave s'était engagée à prendre part à l'expédition d'Angleterre. Elle donnait sa flotte du Texel, des troupes et les navires de transport nécessaires pour leur embarquement. Le général Andréossi et l'ingénieur Forfait furent chargés de demander au gouvernement hollandais deux cents bâtiments plats bons voiliers ainsi que deux cents bateaux pêcheurs ou autres pouvant porter chacun de 80 à 100 hommes. Ils devaient, en outre, obtenir que les canonnières, chaloupes canonnières, bateaux canonniers fussent armés et envoyés à Dunkerque. On voulait, à Paris, que Boulogne pût recevoir 50 chaloupes canonnières, 400 à 500 bateaux pêcheurs, 100 bateaux-écuries et 25 bâtiments de 100 tonneaux. Calais devait contenir 400 bâtiments, et chacun des petits ports d'Étaples et d'Ambleteuse 50 bateaux pêcheurs. Le général Caffarelli reçut l'ordre de mettre les batteries de côte en bon état et d'en augmenter le nombre, si cela était reconnu nécessaire, pour assurer la sécurité des ports destinés à recevoir les bâtiments de l'expédition. Des officiers du génie, embarqués sur des corsaires, inspectèrent les côtes d'Angleterre depuis Folkestone jusqu'à Rye.

« Au commencement du mois de février 1798, le général Bonaparte visita les côtes de l'Océan, de la Manche et de la mer du Nord (2)..... »

Ce fut à la suite de cette inspection que le commandant de

---

(1) 1798.
(2) CHEVALIER, *Histoire de la marine française sous la Révolution.*

l'armée d'Angleterre se rendit compte que l'expédition ne pourrait avoir lieu dans le courant de l'année, et qu'il soumit au Directoire le plan de l'expédition d'Égypte, qui fut agréé.

Expédition d'Égypte (1798). — Aussitôt, les préparatifs furent poussés avec une activité fébrile. On arma à Toulon quinze vaisseaux et treize frégates ; on réunit des transports à Marseille, Ajaccio, Gênes et Civita-Vecchia. Brueys, qui avait connu le général Bonaparte en Italie, fut nommé vice-amiral et placé à la tête de la flotte.

Le commandant en chef arriva à Toulon le 9 mai 1798 ; le 19, la flotte, retenue depuis plusieurs jours par les vents contraires, mit à la voile. Ralliée par les transports de Marseille, elle fit route vent arrière sur Ajaccio, puis sur Gênes, pour prendre les convois réunis dans ces ports. Le vent contraire empêcha de passer à Civita-Vecchia, dont le convoi ne rallia que plus tard (1) ; le 10 juin, Bonaparte s'emparait de Malte. Le 1er juillet, la flotte paraissait devant Alexandrie. Brueys mouilla ses bâtiments dans l'ouest de la ville, en face de la tour du marabout ; le soir même, le débarquement commençait. Le lendemain, la ville était prise. Le convoi et les bâtiments légers en profitèrent aussitôt pour entrer dans le port, tandis que l'escadre se rendait à Aboukir.

Donc Bonaparte, guidé par son étoile, avait réussi à transporter 33.000 hommes et 800 chevaux à travers une mer occupée par l'ennemi. Tout était-il fini ? C'est ce que la suite nous apprendra. Mais, auparavant, il est intéressant de connaître par suite de quelles circonstances cette flotte de quatre cents voiles avait pu passer inaperçue.

« Lorsque les premières nouvelles des préparatifs que nous faisions à Toulon étaient parvenues en Angleterre, le

---

(1) Devant Malte.

gouvernement n'avait vu, dans ces armements, qu'un stratagème pour attirer Lord Jervis dans la Méditerranée. Si ce dernier s'éloignait, l'amiral Mazzaredo (1) prenait la mer. En conséquence, à Londres, on ne voulut pas s'écarter de la ligne de conduite suivie en ce moment. La marine britannique bloquait étroitement les Espagnols dans Cadix et les Hollandais dans le Texel. Des forces considérables surveillaient Brest et le littoral de la Manche. Le danger d'une invasion, celui que la nation anglaise envisageait avec le plus de crainte, semblait ainsi conjuré. Cependant, les rapports des agents anglais en Italie présentaient les préparatifs des Français sous un aspect tellement formidable que le gouvernement britannique crut nécessaire d'avoir des renseignements sur ce qui se passait à Toulon. Lord Jervis, conformément aux instructions de l'Amirauté, détacha dans la Méditerranée trois vaisseaux et quatre frégates. Cette division, commandée par l'amiral Nelson, était, le 19 mai 1798, à 25 lieues environ dans le sud des îles d'Hyères, lorsqu'elle fut assaillie par un violent coup de vent de nord-ouest. Le *Vanguard,* de soixante-quatorze, que montait l'amiral, démâta de tous ses mâts. Les vaisseaux ennemis, fuyant vent arrière, firent route sur la côte de Sardaigne. En arrivant près de terre, le *Vanguard* fut sur le point de se perdre. Enfin, le 22 mai, l'amiral Nelson atteignit le mouillage de l'île Saint-Pierre. Le 27, le *Vanguard* avait établi une mâture de fortune et réparé ses principales avaries. L'amiral Nelson reprit la mer. Arrivé, le 31 mai, devant Toulon, il fut informé du départ de l'escadre française, mais il ne put obtenir aucun renseignement sur la route qu'elle avait suivie. Le 5 juin, le brick la *Mutine,* portant des dépêches pressées, le rejoignit. Le gouvernement anglais qui, jusque-là, n'avait pas accordé une très grande atten-

---

(1) Qui était bloqué à Cadix.

tion à nos préparatifs, commençait à s'alarmer. On se demandait, à Londres, si ces concentrations de troupes et de bâtiments, faites sur différents points de la Méditerranée, n'avaient pas l'Angleterre pour objectif. L'Amirauté, faisant un effort considérable, arma de nouveaux bâtiments. Elle les expédia à Lord Jervis, qui reçut en même temps l'ordre de porter à quatorze vaisseaux l'escadre détachée dans la Méditerranée... Lord Jervis, dans les instructions qu'il adressait à Nelson par la *Mutine,* semblait croire que nous voulions attaquer Naples ou la Sicile. Peut-être, ajoutait-il, nous proposions-nous de conduire, sur quelque point de la côte d'Espagne, une armée avec laquelle nous marcherions contre le Portugal. Enfin, examinant une dernière hypothèse qui intéressait particulièrement l'Angleterre, le comte de Saint-Vincent se demandait si notre véritable projet n'était pas de franchir le détroit de Gibraltar et de jeter des troupes en Irlande.....

« Le 7 juin, l'amiral Nelson opéra sa jonction avec les onze vaisseaux, dix de soixante-quatorze et un de cinquante que lui envoyait l'amiral Jervis (1)... »

Ce fut alors que commença cette poursuite exaspérée qui aboutit à Aboukir. Le 12 juin, l'escadre anglaise double le cap Corse; le 19, elle est à Naples. Là, Nelson apprend que la flotte française avait été vue sur les côtes de Sardaigne; le bruit courait qu'elle s'était dirigée sur Malte. Le 20, l'escadre anglaise passe le détroit de Messine; le 22, Nelson apprend par un bâtiment marchand, qui avait passé au milieu de notre flotte, que cette dernière était à ce moment à l'est de Malte, courant au sud-est.

Convaincu que l'Égypte était notre objectif, Nelson se lance dans cette direction. Le 28 juin, il est devant Alexandrie, communique avec la terre et apprend que les Français

---

(1) CHEVALIER, *Histoire de la marine française sous la Révolution.*

n'ont pas paru. Ne sachant plus que penser, il prend le parti de retourner en Sicile, ne se doutant pas que le lendemain, en louvoyant, il passerait à petite distance de notre flotte. Le 19 juillet, l'escadre anglaise mouille à Syracuse pour faire de l'eau et des vivres. Nelson ne peut plus douter de la destination de l'expédition française et il reprend la route de l'Égypte. Le 1er août, le *Zealous,* qui éclairait l'armée, signala des bâtiments à l'ancre dans l'est d'Alexandrie. Le soir, notre escadre était anéantie.

Deux questions se posent maintenant :

Pourquoi l'expédition d'Égypte, seule entre toutes celles qui furent faites avec des effectifs importants, put-elle traverser sans encombre une mer occupée par l'ennemi?

Devons-nous considérer que le but de l'expédition était atteint par le fait que les troupes prirent possession de l'Égypte?

Lorsque Brueys quitta Toulon, la Méditerranée était, depuis décembre 1796, abandonnée par les vaisseaux anglais, que les préparatifs de descente en Angleterre attiraient dans l'Océan; ni l'amiral ni le général ne soupçonnaient que Nelson arrivait dans le voisinage de Toulon au moment précis où ils en sortaient. Les divers mouvements que la flotte avait à faire pour rallier ses convois furent donc exécutés avec une parfaite tranquillité d'esprit, sans cette hâte qui engendre le désordre. Le convoi marchait à petites journées et, grâce à cette lenteur, put rester concentré. Certes, ce n'est pas cette raison qui fut la cause déterminante du succès de la traversée; mais si paradoxal que cela puisse paraître, c'en fut un des éléments, parce que la conviction de naviguer sur une mer libre écarta ces résolutions fâcheuses qui sont un puissant dissolvant (1).

_____

(1) Brueys ne fut averti de la présence des Anglais en Méditerranée que pendant la seconde partie de la traversée, par un exprès expédié de Toulon.

Ce qui favorisa les Français, ce fut, bien plus que les avaries du *Vanguard,* le lieu choisi pour le débarquement. Celui-ci était si invraisemblable, que ni l'Amirauté anglaise, ni Jervis, ni Nelson ne le soupçonnèrent tout d'abord. Nous n'étions pas en guerre avec la Turquie et il ne semblait pas que l'occupation de l'Égypte dût peser d'un grand poids sur l'issue de la guerre. L'attention n'était pas appelée de ce côté. Dès lors, la flotte ayant eu la bonne fortune de partir sans être suivie, les recherches faites pour la trouver devaient s'égarer; et elle n'avait contre elle que les chances d'une rencontre fortuite en mer (1).

Aucune des expéditions dont nous avons parlé jusqu'ici ne se trouvait dans un cas semblable. Quelques-unes purent, à la faveur d'un coup de vent, sortir du port sans être surveillées; mais l'ennemi savait toujours dans quels parages les retrouver.

Il faut également remarquer que la même raison qui contribua au succès de la traversée enlevait à l'entreprise son efficacité, puisque la possession de l'Égypte ne mettait pas en péril les destinées de l'Angleterre.

En ce qui concerne la seconde question que nous nous sommes posée, on peut dire que, si la paix avait pu être signée au Caire avec l'Angleterre, le succès eût été complet, et la destruction de l'escadre de Brueys n'aurait eu qu'une importance secondaire. Mais, puisque l'expédition d'Égypte n'était qu'une diversion, dont la portée d'ailleurs n'est pas évidente; puisque la guerre sur mer continuait, il faut porter au bilan de cette entreprise l'influence qu'eurent sur les opérations maritimes la perte de notre escadre, la capture des bâtiments qui tentèrent par la suite d'établir des com-

_____

(1) Cette rencontre faillit se produire, le 22 juin, près du cap Passaro; l'escadre anglaise aperçut à toute vue deux voiles qu'on sut plus tard appartenir à la flotte française.

munications avec l'Égypte (1), les tentatives infructueuses, comme celle de Ganteaume, qui furent faites pour ravitailler le corps expéditionnaire. Ce n'est pas tout : nos troupes avaient conquis l'Égypte, mais il fallait s'y maintenir. Or, l'armée, coupée de la mer, abandonnée à ses seules ressources, s'affaiblissait petit à petit et, finalement, elle dut capituler. Le génie de Napoléon put retarder l'échéance fatale; mais elle devait arriver un jour ou l'autre, et elle arriva. A tous les points de vue, l'expédition d'Égypte eut des conséquences funestes; et si elle ne nous apparaît pas sous cet aspect au premier abord, c'est que notre attention est détournée par l'éclat des victoires de Bonaparte, qui ont laissé derrière elles un sillon lumineux. Quant à la traversée elle-même, son succès ne peut nous faire oublier les dangers auxquels fut exposée l'armée commandée par notre plus grand capitaine, ni nous réconcilier avec une opération aussi aléatoire.

Expédition du général Humbert en Irlande (1798).

— La grande descente en Angleterre avait été ajournée; les événements du continent devaient bientôt la faire abandonner par le Directoire. Celui-ci revint alors à l'idée de soulever l'Irlande en groupant les habitants autour de quelques milliers de soldats français.

---

(1) Voici la liste des bâtiments de guerre dont l'expédition d'Égypte causa la perte.

Escadre de Brueys : *Orient, Franklin, Tonnant, Aquilon, Spartiate, Conquérant, Peuple-Souverain, Guerrier, Heureux, Mercure, Timoléon, Artémise, Sérieuse.*

Après Aboukir : *Généreux, Guillaume-Tell, Sensible, Anémone, Alceste, Junon, Courageux, Alerte, Ville-de-Marseille, Entreprenant, Redoutable, Capricieuse, Indépendant, Jeune-Alexandrine, Justice, Égyptienne, Régénérée, Causse, Dunois, Montenotte.*

A cette liste déjà longue, il faut ajouter tous les navires qui ne furent pas pris et qui, exclusivement consacrés à faire la navette entre Toulon et Alexandrie, ne purent participer aux opérations.

L'avant-garde de cette petite expédition partit de l'île d'Aix (1) le 6 août 1798; elle comprenait 1.200 hommes, sous les ordres du général Humbert. La division, formée des trois frégates *Concorde*, *Franchise* et *Médée*, était commandée par le chef de division Savary. Celui-ci arriva sur les côtes d'Irlande sans avoir rencontré de bâtiments ennemis et, le 21, il débarquait ses troupes à Killala; il reprit aussitôt la route de France. Le 5 septembre, il entrait dans la Gironde avec le même bonheur.

Le général Humbert remporta d'abord quelques succès; puis, lorsque les Anglais eurent rassemblé des troupes, il fut accablé sous le nombre et dut se rendre le 8 septembre.

Le 7, le brick *Anacréon* était parti de Dunkerque, emportant 2 officiers irlandais et 45 hommes. Le bâtiment, contrarié par les vents, mouilla près de l'île Great-Aran, où il eut connaissance de la capitulation du général Humbert; les Irlandais crurent inutile de débarquer et le brick ramena en France le détachement.

Tandis que le général Humbert faisait route sur l'Irlande, la division de Brest, qui portait le gros du contingent (3.000 hommes), tentait vainement de sortir. Elle se composait d'un vaisseau, le *Hoche*, et de huit frégates, sous les ordres du chef de division Bompard. Dès le 21 juillet, elle se présenta dans l'Iroise; l'apparition de l'ennemi la força à rentrer. Une seconde tentative, faite le 19 août, fut encore moins heureuse : les bâtiments rentrèrent dans le goulet, poursuivis par les boulets des vaisseaux anglais. Enfin, elle put prendre la mer le 16 septembre, mais, dès sa sortie, elle fut suivie par des frégates ennemies, qui ne la quittèrent que

---

(1) Plusieurs historiens font partir la division Savary de Brest; j'ai trouvé dans les papiers inédits de l'amiral Martin, déposés à la bibliothèque de Rochefort, le journal de bord du commandant Papin, capitaine de pavillon du chef de division Savary; il en résulte que la division fut armée à Rochefort et alla embarquer les troupes à La Rochelle.

le 4 octobre. Le 10, elle entrait en contact avec les éclaireurs de la division du commodore Warren, qui comprenait trois vaisseaux de quatre-vingts et cinq frégates; le 11, elle dut accepter le combat. Le *Héros* et trois frégates furent pris. L'*Immortalité* et la *Résolue* parvinrent à s'échapper et mouillèrent le 18 dans la baie de Donegal; là, elles apprirent le sort de la colonne Humbert. Le général Ménage renonça à débarquer, et le soir même les frégates appareillèrent. Pendant la route de retour, la *Résolue* fut prise par la *Melampus,* et l'*Immortalité* par le *Fishgard.*

La *Loire* et la *Sémillante* se dirigèrent vers Galway; le 15, elles furent chassées et se séparèrent. La *Loire,* après plusieurs combats brillants, se rendit aux vaisseaux l'*Anson* et le *Kangoroo;* la *Sémillante,* plus heureuse, parvint à s'échapper et arriva à Lorient le 26 octobre.

La *Romaine* mouilla le 13 sur la côte d'Irlande, à quelques milles de l'*Immortalité* et de la *Résolue;* ne parvenant à recueillir aucun renseignement, elle rentra à Brest le 21.

Le gouvernement français, inquiet sur le sort de la division Bompard, se décida à renvoyer en Irlande, avec de nouvelles troupes, le chef de division Savary (1). Celui-ci appareilla de l'île d'Aix le 12 octobre avec quatre frégates et parvint heureusement à Killala, où il apprit le désastre de la division Bompard. Il appareilla aussitôt pour revenir en France, sans débarquer ses troupes. Chassés le 28 par deux vaisseaux anglais, ses bâtiments se dispersèrent. La *Vénus* entra dans La Charente le 6 novembre, et la *Concorde* le 9; la *Franchise* mouilla le 6 devant Saint-Martin-de-Ré, après avoir jeté à la mer ses canons; enfin, la *Médée* atteignit le 7 la rade des Basques, dans les mêmes conditions.

Il est difficile de trouver une opération plus mal combi-

---

(1) Cette seconde expédition souriait peu au commandant Savary; il écrivit plusieurs lettres pour demander à être relevé du périlleux honneur de passer une seconde fois à travers la croisière anglaise.

née. En admettant, ce qui est douteux, que 4.000 ou 5.000 hommes fussent suffisants pour se maintenir en Irlande, la meilleure façon de les acculer à une capitulation était certainement de les expédier par petits paquets. Il était réellement par trop présomptueux de supposer que le général Humbert pourrait se maintenir dans le pays avec un millier d'hommes et, comme le lieu de débarquement des renforts ne pouvait être indiqué à l'avance, à cause de la présence des forces ennemies le long des côtes, ces renforts risquaient d'être séparés de l'avant-garde. Le plus difficile était encore de les faire débarquer; et des circonstances aussi favorables que celles que rencontra la division Savary ne se rencontrent qu'une fois.

Préparatifs de descente en Angleterre : Camp de Boulogne.

— Il ne nous reste plus, pour terminer cet historique, qu'à mentionner les préparatifs de Napoléon pour envahir l'Angleterre.

Dès la rupture de la paix d'Amiens, le premier Consul s'était arrêté à cette idée, et il donna à son projet des proportions aussi vastes que son génie. Il forma à Boulogne un camp de 150.000 hommes, 10.000 chevaux et 400 bouches à feu. Nous voilà loin des tentatives timides de la monarchie : cette fois, c'est bien un duel à mort; et, si cette immense armée parvient à poser le pied sur le sol anglais, l'Angleterre a vécu. Mais, pour transporter une pareille masse d'hommes, il fallait des moyens de transport : le premier Consul s'occupa sans retard à les créer.

On construisit trois sortes de bâtiments :

1° Des chaloupes canonnières, armées de quatre pièces de gros calibre. Elles étaient gréées en brick, avaient un équipage de 24 hommes et pouvaient porter une compagnie d'infanterie de 100 hommes avec ses munitions;

2° Des bateaux canonniers spécialement destinés à transporter l'artillerie. Ils avaient à l'avant un canon de 24, et à l'arrière une pièce de campagne; au centre, se trouvait une écurie pour deux chevaux. Ces bateaux n'avaient que 6 hommes d'équipage et pouvaient porter une compagnie d'infanterie et quelques artilleurs;

3º Des péniches de 20 mètres environ, armées de soixante avirons qui étaient maniés par des soldats; elles ne portaient qu'un petit obusier et une pièce de 4.

Ainsi outillée, l'armée pouvait débarquer de vive force grâce à l'artillerie des chaloupes, et livrer aussitôt après une bataille; mais elle avait besoin, pour continuer la campagne, de sa cavalerie et de son matériel. A cet effet, une commission acheta dans tous les ports de la côte, depuis Saint-Malo jusqu'au Texel, les bateaux faisant la pêche et le cabotage.

Lorsque, après trois ans d'efforts, l'Empereur fut parvenu à ce résultat prodigieux de réunir deux mille trois cents bâtiments, il ne resta plus qu'à assurer à cette immense flottille la liberté de la mer. Nous verrons, dans un chapitre ultérieur, les diverses combinaisons qu'avait imaginées l'Empereur pour balayer le détroit, et les causes qui les firent échouer.

Cette tentative d'invasion, la plus vaste qui ait été conçue, fut aussi la dernière.

*_**

Si nous voulons tirer des conclusions de cet ensemble de faits dont les résultats sont souvent contradictoires, il nous faut tout d'abord établir une distinction entre les expéditions importantes qui exigent le concours d'un grand nombre de bâtiments et celles qui ne consistent qu'à transporter quelques milliers d'hommes.

Conditions nécessaires pour transporter par mer un corps d'armée. — Dans le premier cas, on est obligé d'avoir recours à un convoi composé de paquebots et de bâtiments de commerce, et dès lors une rencontre avec l'ennemi, si faible soit-il, devient fatale à l'expédition. Tous ces navires auxiliaires ne disposent pas des moyens nécessaires à la navigation d'escadre. Ils sont montés par des officiers qui sont étrangers aux manœuvres et aux signaux. Aussi, anciennement, le convoi ne formait qu'une cohue qui suivait pêle-mêle son escorte. Aujourd'hui, on place les transports sur une ou deux colonnes, en intercalant entre eux des bâtiments de guerre qui sont chargés de les guider. Naturellement, la marche est très lente, parce que, quand on doit transporter de grandes quantités de troupes, on est obligé d'utiliser le ban et l'arrière-ban des ports de commerce.

Si l'ennemi rencontre cette procession, qui couvre une grande étendue de mer, la situation devient aussitôt très critique. Aux premiers obus qui tombent autour d'eux, les transports, dénués de tout moyen de protection, n'ont d'autre ressource que de fuir. Les équipages et les passagers, menacés de couler sans être secourus, s'affolent; le désordre s'ensuit et bientôt le convoi se disperse dans toutes les directions. Que peut faire l'escorte? Elle tâche de se rassembler et de s'interposer entre l'ennemi et le convoi; mais elle ne peut empêcher les obus d'atteindre ce dernier, ni les bâtiments légers de se lancer à sa poursuite. Du reste, les bâtiments de guerre sont eux-mêmes encombrés de troupes, afin de ne pas augmenter le nombre des navires auxiliaires, et ils se trouvent dans les conditions les plus défavorables pour se battre. De toutes façons, l'expédition se trouve dissoute. Cela est si vrai que les instructions données à nos chefs d'escadre, dans des circonstances de ce genre, leur prescrivaient toujours d'éviter avec soin l'ennnemi, et, quand ils ont eu la mauvaise fortune d'être rencontrés en mer, il en est toujours résulté une dislocation. Les Espagnols sont peut-être les seuls qui aient prétendu, au seizième siècle, former une agglomération de navires assez formidable pour faire passer de vive force un convoi au travers des forces ennemies, et l'on sait ce qu'il advint de l'*Invincible Armada*.

Donc, pour faire traverser la mer à de grandes masses de troupes, on n'a à choisir qu'entre les trois solutions suivantes :

1° Profiter de ce que la mer est libre, soit momentanément, soit d'une façon absolue;

2° Détruire ou paralyser d'abord l'ennemi et passer ensuite;

3° Chercher à passer par surprise.

Premier cas. — *La mer est libre.* — Le succès de la traversée ne pourra être alors contrarié que par le mauvais temps. Quant au débarquement, il sera toujours possible de trouver une plage pour l'effectuer, si la région a une grande étendue de côtes. Pour le reste, tout dépendra du rapport entre les moyens mis en œuvre et les éléments de résistance de l'ennemi. C'est dans ces conditions que se sont effectuées les deux expéditions contre Minorque, qui, toutes deux, ont été couronnées de succès.

Toutefois, lorsque la liberté de la mer n'est que momentanée, il faut prévoir un retour offensif de l'ennemi et disposer de forces suffisantes pour conserver ce qui a été acquis. Il est évident, en effet, que, si La Galissonnière avait été battu devant Mahon, la garnison anglaise du fort Saint-Philippe aurait été renforcée et ravitaillée, tandis que les troupes du duc de Richelieu eussent été sérieusement compromises.

Il faudra aussi songer à l'avenir. A moins que l'armée de débarquement n'obtienne des résultats foudroyants, ce qui est à désirer mais est peu probable, elle aura besoin

d'être constamment alimentée par des troupes fraîches et
surtout d'être réapprovisionnée; car, à notre époque, on ne
peut plus fabriquer des munitions sur place, comme fit
Bonaparte en Égypte. Il faut donc, après le débarquement,
rester maître des communications, sans quoi la capitulation
s'imposera au bout d'un temps plus ou moins long. Si l'on
prévoit qu'on ne pourra pas assurer les communications, il
vaut mieux s'abstenir.

*Deuxième cas. — La mer n'est pas libre, mais les forces
navales dont on dispose permettent de tenter le sort des
armes.* — Dans ce cas, la descente doit toujours être subor-
donnée à une lutte qui décidera de l'empire de la mer.

On se trouve alors en face du dilemme suivant : ou l'on
sera vainqueur, et alors l'armée passera en sécurité, en profitant de la démoralisation qui suit toujours une bataille
perdue; ou l'on sera vaincu, et alors, au lieu de perdre une
flotte et une armée, on sauvera au moins l'armée.

Lorsqu'on possède une supériorité marquée sur l'ennemi
flottant, on peut être tenté d'adopter une solution mixte, en
faisant deux parts de ses forces : l'une, la plus nombreuse,
destinée à masquer l'escadre ennemie, afin de permettre à
l'autre de guider le convoi et le préserver des incursions
hardies de bâtiments isolés. C'est la solution à laquelle on
avait songé en 1755. Elle ne peut avoir qu'un résultat funeste. Tout d'abord, on n'aura jamais trop de toutes ses
forces pour balayer le passage, et il serait imprudent de compromettre la partie en se privant d'un détachement. Ensuite, quelque soin que l'on prenne de s'interposer entre le
convoi et l'ennemi, on ne sera jamais sûr d'y parvenir, si
celui-ci manœuvre avec rapidité et habileté, en profitant de
la nuit pour faire de fausses routes, ou s'il masque ses déplacements en se servant de son escadre légère comme d'un
rideau. Sur mer, les mouvements des armées ne sont pas

soumis aux mêmes règles que sur terre, où les troupes ne peuvent s'avancer que par des routes connues. Il est donc préférable, au lieu de fractionner ses forces, de diviser l'opération en deux parties : se battre d'abord, passer ensuite.

Mais encore faut-il pouvoir se battre. Or, il arrive le plus souvent que l'ennemi, lorsqu'il est inférieur en nombre, préfère ne pas affronter la lutte et s'enferme à l'intérieur d'un port. Dans ce cas, on ne peut interrompre les opérations jusqu'à ce qu'il daigne sortir; car tout retard dans le transport des troupes peut modifier la situation sur terre et être favorable à l'ennemi, qui souvent ne cherche pas autre chose que gagner du temps. On se contente donc de bloquer, ou tout au moins de surveiller étroitement les forces ennemies pour les empêcher de sortir, et, à l'abri de cette flotte de couverture, on fait passer le convoi sous l'escorte de quelques bâtiments de guerre. C'est ainsi qu'agirent les Américains à Santiago.

Si l'ennemi s'est retiré dans un port après une bataille perdue où il a éprouvé des pertes importantes, il ne constitue pas une menace sérieuse, parce qu'il est alors démoralisé et qu'il n'a d'autre préoccupation que d'assurer sa sécurité. C'était le cas des Chinois à Weï-Haï-Weï, et ce fut également celui des Russes dans la dernière guerre; c'est ce qui justifie les débarquements des Japonais dans le voisinage de Weï-Haï-Weï et de Port-Arthur.

Troisième cas. — *La mer n'est pas libre, et on ne possède pas de forces suffisantes pour balayer le passage.* — Il faut alors passer par surprise et ce fut toujours l'espoir du gouvernement français. Mais nous avons vu que cet espoir fut toujours déçu, excepté pour l'expédition d'Égypte où la rencontre, au lieu de se produire avant ou pendant la traversée du convoi, eut lieu après.

N'est-il pas logique d'en conclure que c'est toujours une

erreur que d'aventurer sur mer une armée entière, dans des conditions de ce genre? Une pareille persistance dans l'adversité ne peut être uniquement imputée à la malchance ou à un défaut d'exécution. Elle tient uniquement à une erreur de principe qu'il est facile de discerner. On n'accumule pas dans les ports une grande quantité de bâtiments de transport, on ne dirige pas vers ces mêmes ports des colonnes de troupes sans attirer l'attention; et, dès lors, il n'y a plus surprise et le secret de l'opération, qui seul peut en assurer la réussite, se trouve éventé. Voilà pourquoi Tourville, Roquefeuil et Conflans furent battus ou dispersés dans le voisinage immédiat de leur convoi, les Anglais sachant bien que c'était là, et nulle part ailleurs, qu'ils les trouveraient. Ce fut même une circonstance heureuse pour nous que le contact ne se soit pas produit après le départ des transports, car le désastre eût été encore plus grand.

A notre avis, on doit absolument s'interdire une opération qui se présente dans des conditions aussi défavorables.

Rien n'est plus facile que de bâtir sur le papier des plans d'invasion de l'Angleterre. On prend une carte; on remarque que la mer est vaste, que les bâtiments se perdent dans cette solitude, et l'on en conclut que les chances de passer sans être vu sont infiniment plus nombreuses que les chances d'une rencontre. Mais, lorsque l'heure de l'exécution arrive, les dangers qu'une échéance lointaine empêche de discerner se présentent en foule à l'esprit, avec les conséquences qu'ils entraînent. On hésite alors à jouer la fortune du pays sur un coup de dé; on ne renonce pas à l'expédition, mais on croit tout concilier en la faisant escorter par une force navale, pour la protéger, et l'on va au-devant d'une catastrophe, parce que, si l'escorte était suffisante, on tenterait auparavant le sort des armes.

Interdisons-nous formellement de bâtir des projets d'invasion sur le passage par surprise. Au moment de franchir la mer, on a toujours reculé et on reculera toujours : il y a des responsabilités qui sont au-dessus des forces humaines. Napoléon lui-même n'a pas osé les affronter. Si, réellement, la chose était possible, on ne s'expliquerait pas que les désastres de la Hougue et de Quiberon aient fait renoncer aux expéditions projetées; car l'armée et les transports étaient intacts.

Qu'on songe à l'état d'esprit de l'amiral qui sera chargé d'affronter toutes les inconnues d'une pareille opération. La situation qui en découle n'est pas de celles qu'on puisse imposer à un chef. Convoyer une masse inerte qu'on sait devoir succomber sous les moindres coups sans pouvoir se défendre; avoir charge de milliers de vies humaines sans moyen de les sauvegarder; ne pas même entrevoir la possibilité de fuir en cas de rencontre : une pareille responsabilité est au-dessus des forces humaines.

Demandez à nos amiraux de sacrifier leur escadre pour assurer la liberté du passage; aucun ne refusera. Exigez d'eux qu'ils se battent deux contre un : on l'a fait, on le fera encore. Mais ne demandez pas à un homme d'assister impuissant à l'anéantissement d'une armée dont dépendent les destinées de la patrie.

En faisant partir l'expédition de deux ou trois points différents, on a l'avantage de diviser l'attention de l'ennemi et, à moins de ne chercher dans cette solution qu'une occasion de tomber en force sur l'un des détachements de l'adversaire, les inconvénients qui en résultent ne compensent pas le bénéfice qu'on en attend; car, chaque corps n'étant jamais sûr de pouvoir partir au moment voulu ni d'atterrir à l'endroit fixé, le résultat se trouve compromis dès le principe. Le premier arrivé subira le sort du général Humbert.

Nous conclurons donc que, si la France veut, dans l'avenir, reprendre ses idées d'invasion, elle doit, dès maintenant, s'imposer les sacrifices nécessaires pour s'ouvrir le passage, au lieu de recommencer ces opérations bizarres qui ont fait de la Manche et de l'Océan le cimetière de notre marine.

La flotte en vie. — Retournons maintenant le problème. Quel est le rôle d'une force inférieure en présence de la menace d'une invasion? Doit-elle offrir le combat, au risque de se faire battre et de livrer le passage?

Ce rôle a été défini par l'amiral Colomb, dans la théorie de la flotte en vie (*a fleet in being*). On peut résumer ainsi les arguments de l'éminent historien anglais. Tant qu'une force navale existe et qu'elle manifeste son existence, l'ennemi, même supérieur, ne peut pas entreprendre un débarquement; et, s'il passe outre, il se met en mauvaise posture et se fait battre.

L'amiral Colomb a pris pour base de sa doctrine la défense de Torrington, lorsque celui-ci fut traduit devant une cour martiale pour avoir perdu la bataille de Béveziers. L'exemple ne nous paraît pas judicieusement choisi : il s'appuie sur ce que Torrington aurait pu faire et non sur ce qu'il a fait. Puis, l'auteur prête aux Français des projets d'invasion dont on ne retrouve aucune trace (1); enfin, la flotte anglaise, après sa défaite, laissa réellement la mer libre en s'enfermant dans la Tamise, elle ne peut donc être prise comme modèle de flotte en vie.

Cependant, les considérants que fit valoir Torrington, après avoir préparé sa défense à tête reposée, ont reçu la consécration des faits. Dès l'année suivante, Tourville donnait une éclatante démonstration de la puissance d'une flotte inférieure par sa fameuse campagne du large, pendant laquelle il empêcha la flotte anglaise d'attaquer nos côtes dégarnies. On pourrait citer d'autres exemples, tels que ceux

---

(1) Il n'en est pas question dans la correspondance entre Seignelay et Tourville, qui suivit la victoire de Béveziers.

qui ont été fournis par l'*Invincible Armada* (1), par la flotte de d'Orvilliers en 1779 (2), par les Italiens à Lissa (3) et, tout récemment encore, par l'escadre de Cervera, dont nous reparlerons tout à l'heure.

La flotte en vie doit donc paralyser les mouvements de l'ennemi, en constituant, pour ce dernier, une menace. Elle agit à la façon d'une troupe qui opère sur les derrières ou les flancs d'une armée. Toute sa force réside dans son activité et dans le doute qu'elle laisse planer sur sa position réelle. Si elle est chassée, il faut qu'elle s'échappe; dès qu'on la laisse en repos, elle doit reprendre le contact pour tenir l'ennemi en haleine. Or il n'est pas aussi facile qu'on le croit de jouer à colin-maillard sur mer, même avec la supériorité de vitesse. Tourville prétendait que, lorsque deux flottes sont en vue, une rencontre est inévitable; et les raisons qu'il en donnait ne sont pas infirmées par la vapeur (4). Pour se sauver, il faut être assez loin de l'ennemi, ce qui implique qu'on ne tient son contact que par des éclaireurs. La navigation à voiles permettait alors de se livrer à ce qu'on peut appeler le « jeu des secteurs morts », en utilisant la direction de la brise et ses variations. Aujourd'hui, on ne peut compter que sur les fausses routes; mais cette ressource est assez aléatoire, surtout dans une mer étroite; et, si la poursuite est active, la flotte en vie sera bientôt obligée de se réfugier dans un port. Dès lors, elle est réduite à l'impuissance : elle meurt.

---

(1) L'*Invincible Armada* prétendit faire passer son convoi sans tenir compte de la flotte anglaise, plus faible; elle fut battue.

(2) La flotte combinée, n'ayant pu joindre l'ennemi, dut renoncer à convoyer le corps expéditionnaire.

(3) L'escadre italienne voulut s'emparer de Lissa, sans tenir compte de l'escadre autrichienne; surprise avant d'avoir eu le temps de se concentrer, elle fut battue.

(4) Elles reposent sur le manque d'homogénéité des flottes nombreuses.

L'amiral Colomb prétend qu'il n'en est rien; que, même enfermée, il faut compter avec elle. Le capitaine Mahan soutient l'opinion contraire, et, sans prendre parti dans ce débat (1), nous pouvons dire que les faits donnent raison à ce dernier.

En effet, tant que les bâtiments de Cervera tinrent la mer, les Américains ajournèrent l'exécution de leur projet de débarquement (2), et l'influence que peut exercer à distance une force mobile est d'autant plus remarquable en cette circonstance que jamais nation ne professa au même degré que l'Amérique le dédain de son adversaire (3). Mais, dès que Cervera se fut enfermé à Santiago, son escadre ne pesa plus d'aucun poids sur les événements.

De même, lorsque l'escadre russe retourna à Port-Arthur après la malheureuse affaire du 10 mai, le débarquement des armées japonaises put se faire sans danger.

La force inférieure doit donc rester à la mer, aussi longtemps que l'ennemi, et être aussi rapide. Si elle parvient à le tenir en échec jusqu'à ce qu'il ait épuisé ses soutes, la situation est sauvée momentanément et peut-être définitivement, car tous les projets d'invasion ont été abandonnés après un premier avortement. Pourquoi donc prétend-on que, pour faire de la défensive, il n'est pas nécessaire d'avoir de la vitesse et du rayon d'action?

La théorie de la flotte en vie est séduisante, mais elle est plus facile à définir qu'à mettre en pratique. Il serait dangereux de fonder de grandes espérances sur son emploi; et,

---

(1) MAHAN, *La Guerre sur mer et ses leçons*, et COLOMB, préface de *Naval Warfare*.

(2) C'est MAHAN lui-même qui le dit.

(3) La traversée de l'Atlantique par l'escadre de Cervera eut des conséquences que le gouvernement espagnol n'avait pas prévues; s'il les avait soupçonnées, il eût pu en tirer parti pour gagner du temps et faire entrer en ligne le *Pelayo* et le *Carlos V*.

s'il est possible de détourner le danger d'une invasion à l'aide d'une diversion, ce moyen sera toujours préférable.

Conditions nécessaires pour transporter par mer une troupe peu nombreuse.

— Les conclusions que nous avons tirées des grandes tentatives d'invasoin s'appliquent-elles au transport de quelques milliers d'hommes?

Les conditions sont alors bien différentes. Les préparatifs, n'exigeant plus des déplacements de troupes et de bâtiments, peuvent rester secrets; il devient possible de se passer du concours de la marine de commerce, dont les éléments constituent une gêne, et de composer avec quelques navires de guerre une division homogène et rapide. Les difficultés de la navigation sont aussi très simplifiées et, au lieu de faire partir l'expédition du point le plus rapproché de la côte ennemie, afin d'atténuer les inconvénients d'une marche lente, on peut choisir comme point de départ une région éloignée qui sera moins surveillée. En cas de rencontre, l'expédition sera sans doute dispersée; mais elle ne sera pas fatalement anéantie, grâce à sa vitesse. Enfin — et surtout — les conséquences d'un échec seront moins graves; elles ne pèseront pas d'un poids aussi lourd sur l'issue de la guerre. On peut donc admettre qu'il est possible de traverser une mer dont on n'est pas maître, lorsqu'on aura entouré l'opération de toutes ces garanties; mais ce principe est soumis à une condition : c'est que le corps expéditionnaire, une fois débarqué, puisse s'emparer du pays et s'y maintenir avec ses seules ressources, les communications restant coupées.

Sans parler de l'Irlande, où nous sommes parvenus à jeter, à plusieurs reprises, des détachements, on trouvera la confirmation de cette règle dans les opérations qui se sont déroulées aux Antilles, à différentes époques, et que nous n'avons pas citées, pour ne pas allonger notre récit. Dans ces îles, l'enchevêtrement des possessions anglaises et françaises permettait toujours de choisir un moment propice pour débarquer chez le voisin; mais la conquête restait précaire ou n'avait même pas le temps de s'achever, si le corps de débarquement ne restait pas appuyé par les forces navales. En étudiant les faits, on trouve beaucoup de circonstances où l'on s'est laissé tenter par la facilité qu'offre le transport d'une poignée d'hommes pour les débarquer inconsidérément, sans souci du lendemain; on en trouve fort peu où cette opération ait procuré un bénéfice absolu. Nous ne voulons pas en conclure que nous devions nous interdire de recourir à de semblables opérations; mais il ne faut les entreprendre qu'avec des forces suffisantes, pour briser d'un seul coup la résistance de l'ennemi et ne pas nécessiter l'envoi immédiat de renforts.

*
* *

Après avoir étudié les principes qui doivent présider à la conquête des territoires par mer, nous allons voir comment se sont effectuées quelques grandes opérations de débarquement. A ce point de vue, les expéditions d'Alger et de Crimée ont été bien conduites; celle de Weï-Haï-Weï par les Japonais peut être considérée comme un modèle du genre; on ne saurait en dire autant de celles de Madagascar et de Cuba.

Expédition d'Alger. — La flotte qui portait le corps expéditionnaire d'Algérie quitta Toulon le 23 mai 1830. Elle se composait de 676 navires de guerre et de commerce, et portait 36.000 hommes et 4.000 chevaux. L'armée était commandée par le général de Bourmont et la flotte par l'amiral Duperré. Suivant la tradition, les rapports entre les deux chefs furent loin d'être cordiaux; ils n'appartenaient pas d'ailleurs au même parti politique.

La flotte se dirigea vers l'Afrique; mais, en approchant de la côte, le mauvais temps la força à rebrousser chemin et à se réfugier aux Baléares. Ce retard impatientait les officiers de terre et, en particulier, le commandant en chef. Il y eut des propos aigres-doux échangés entre les deux chefs et des altercations entre officiers de terre et de mer qui se terminèrent par des duels. En cette circonstance, les officiers de l'armée ne semblèrent pas comprendre qu'avec des brises battant en côte tout débarquement est impossible et que des bâtiments au mouillage sont même souvent forcés de dérader. Que serait-il advenu si des embarcations chargées de troupes avaient chaviré, ou si, une partie du corps expéditionnaire ayant été débarquée, le reste avait été entraîné au large avec les bâtiments? On n'eût pas admis pour excuse que l'amiral avait cédé aux sollicitations du général. Cependant, si l'amiral avait eu à craindre une attaque par mer, il aurait sans doute préféré tenter de débarquer plutôt que de s'attarder aux Baléares, et l'expédition aurait bien pu, de ce fait, être terminée avant d'être commencée.

La flotte resta en rade de Palma une semaine entière. Enfin, le 13 juin, elle mouilla devant la presqu'île de Sidi-Ferruch, et le lendemain le débarquement des troupes commença, sans que l'armée du dey fit rien pour s'y opposer. La première division fut mise à terre en une demi-heure, et, en cinq heures, les 36.000 hommes étaient sur le rivage. Le jour même, le camp du dey était enlevé.

Il fallut plusieurs jours pour débarquer le matériel. Dès que l'opération, qui avait dû être suspendue à cause du mauvais temps, fut complètement terminée, l'armée se mit en marche. A partir de ce moment, le rôle de la marine ne fut plus que secondaire.

Expédition de Crimée. — Dans l'expédition de Crimée, il s'agissait de mettre à terre 27.000 Français, 28.000 Anglais et 7.000 Turcs. La flotte, qui comptait plus de quatre cents bâtiments, appareilla le 7 septembre 1854 et jeta l'ancre le 13, à Eupatoria. Le débarquement commença pour les Français le 14 septembre à 7^h 40 du matin; à 9^h 20, 9.000 hommes étaient à terre; à midi, les trois divisions d'infanterie, dix-huit bouches à feu et leur matériel; avant la nuit, les trois divisions, avec leurs bagages et leurs chevaux, la compagnie du génie et tout son outillage, plus de cinquante pièces de canon avec tout leur matériel, les chevaux des spahis, les chevaux du maréchal et de son état-major.

La quatrième division était embarquée à bord des bâtiments à vapeur qui avaient été faire une diversion dans la baie de la Katcha. Elle ne fut débarquée que le lendemain.

Une opération aussi rapide indique une préparation minutieuse; elle faisait contraste avec la confusion qui avait présidé à l'embarquement du matériel, à Marseille. On comprit sans doute, après une première expérience, que l'ordre est la condition primordiale de toute opération combinée.

Expédition de Weï-Haï-Weï. — Les qualités d'organisation dont firent preuve les Japonais pendant la guerre sino-japonaise ne furent jamais mieux mises en relief que par l'expédition de Weï-Haï-Weï, effectuée en plein hiver (— 10°). Cette opération présente ceci de particulier que le transport fut effectué en quatre fois et que le premier convoi seul fut escorté par la flotte.

Une cinquantaine de transports, portant chacun un gros numéro d'ordre, avaient été réunis à Ta-Lien-Wan. Le corps expéditionnaire se composait de 26.000 hommes, dont 6.000 coolies, et de 3.000 chevaux.

L'escadre légère japonaise commença par faire une diversion à l'ouest de Weï-Haï-Weï, en bombardant la ville de Teng-Chow-Foo et en y débarquant 2.000 hommes, puis elle se tint au large de Weï-Haï-Weï pour couvrir le passage; pendant ce temps, le premier convoi, comprenant dix-neuf transports, partait de Ta-Lien-Wan, accompagné de l'escadre japonaise et de quinze torpilleurs.

En approchant de terre, les torpilleurs se détachèrent pour surveiller Weï-Haï-Weï, tandis que le croiseur *Yayeyama* allait reconnaître la baie de Yung-Ching, où devait se faire le débarquement. Ce bâtiment, arrivé le 20 janvier au point du jour, balaie la plage à coups de canon et disperse un détachement de 300 Chinois; puis il prépare le mouillage du convoi, qui arrive à 6 heures du matin. Aussitôt, des charpentiers construisent à terre des appontements et le débarquement commence. Le soir, toutes les troupes étaient à terre.

Le second convoi arriva le 21, le troisième le 23 et le quatrième le 25. Le 26, l'armée se mettait en marche.

Pendant tout ce temps, l'escadre japonaise tenait les bâtiments chinois étroitement bloqués dans la rade de Weï-Haï-Weï.

Il eût peut-être été prudent de la bloquer plus tôt, si elle n'avait pas subi déjà l'épreuve de la bataille du Yalou; mais, dans l'état de démoralisation où elle se trouvait, une prudence excessive n'eût pas été de circonstance.

Expédition de Madagascar. — Bien que nous ne nous occupions ici que des débarquements qui ont eu lieu dans des pays où l'envahisseur ne possédait aucune base (les expéditions comme celles du Mexique, de Chine ou du Transvaal ayant un autre caractère), il est bon de dire quelques mots de l'expédition de Madagascar, à cause des enseignements d'ordre général qu'elle comporte.

On se demande comment la France, qui n'en était pas

à son coup d'essai en matières d'opérations combinées, a pu commettre autant de fautes dans cette malheureuse affaire.

La Marine avait préparé l'expédition ; au dernier moment, on la donna au département de la guerre. La Marine, blessée dans sa dignité, se garda de proposer son concours qui, d'ailleurs, ne lui fut pas demandé, et s'apprêta à juger les coups : le spectacle ne fut pas banal.

On affréta des transports et on les chargea de matériel ; mais on ne prit pas soin d'embarquer en premier lieu les colis qui devaient être débarqués les derniers. On fit ensuite partir les transports successivement, à intervalles déterminés ; mais on négligea de leur imposer une date d'arrivée, en sorte que les bâtiments, ne marchant pas tous à la même vitesse, arrivèrent à intervalles irréguliers. Les installations n'étant pas prêtes à terre pour les recevoir, les troupes qui se présentaient avant l'époque prévue durent rester à bord en rade de Majunga, où il y eut bientôt un encombrement prodigieux...

Le déchargement du matériel présenta des difficultés insurmontables. Les chalands n'étaient pas arrivés et, comme on avait besoin de colis de première nécessité, tels que les fusils qui se trouvaient à fond de cale, il fallut vider le contenu des cales sur le pont pour les trouver. Il en résulta des pertes de temps énormes, qui entraînèrent des surestaries.

Les chalands faisaient défaut ; mais, en revanche, on avait envoyé six mille voitures Lefèvre et justement il se trouva qu'on ne pouvait les utiliser.

La Marine avait prévu un petit appontement pour faciliter les opérations de déchargement. La Guerre, qui prétendait faire grand, prolongea l'appontement, sur le papier, pour permettre aux navires d'accoster ; mais elle avait négligé d'étudier la nature du fond, qui ne se prêtait pas à des travaux de ce genre ; on n'eût pas d'ailleurs disposé du temps nécessaire pour entreprendre un travail aussi considérable, et les fers de l'appontement vinrent s'échouer à côté des voitures Lefèvre.

Nous éviterons de parler des erreurs commises dans la marche de l'expédition.

Chacun sait que le marin aime bien à jouer au soldat, tandis que le soldat adore jouer au marin. En la circonstance, c'était le deuxième cas qui s'était produit : la Guerre, au lieu de se décharger entièrement sur la Marine de toute la partie maritime, comme cela s'était fait dans les expéditions d'Alger et de Crimée, avait voulu agir toute seule. Le résultat fut ce qu'il devait être.

> Ne forçons point notre talent...

a dit le fabuliste.

Expédition de Santiago. — Si les fautes des autres pouvaient nous consoler des nôtres, nous trouverions une satisfaction dans la façon dont les Américains ont organisé le transport et le débarquement du corps expéditionnaire de Santiago.

Trente-cinq transports avaient été réunis à Tampa pour transporter 15.000 hommes; mais la confusion était telle, qu'on ne sut jamais exactement combien d'hommes étaient partis. Les bagages et le matériel étaient entassés pêle-mêle à bord des bâtiments, à mesure qu'ils se présentaient au quai. On pourra juger du manque absolu d'organisation par les deux faits suivants. Les divers éléments de trois batteries d'artillerie se trouvèrent disséminés entre cinq transports qui se partagèrent les canons, les affûts, les munitions, les mulets et les artilleurs. On se demande si jamais ces batteries purent être reconstituées. L'ordre ayant été donné de débarquer les chevaux de deux régiments de volontaires, dont le départ était contremandé, on s'aperçut qu'ils étaient perdus; on finit par les découvrir sur un transport qui était déjà en rade.

Une seule ligne de chemin de fer aboutissait à Port-Tampa, mais elle appartenait à un particulier qui s'en servit pour organiser des trains de plaisir; et les choses n'en marchèrent que plus mal.

Enfin, le 8 juin 1898, plusieurs transports appareillèrent isolément; on dut envoyer un bâtiment de guerre qui les ramena. Le corps expéditionnaire se mit définitivement en route le 14. Les transports étaient escortés par quelques bâtiments de guerre; mais bientôt, chacun navigua à la part, et la flotte couvrit une étendue de mer de plus de 10 milles.

Si un seul des avisos espagnols qui se trouvaient alors disséminés dans les ports de la côte de Cuba avait été commandé par un homme énergique, c'en était fait de l'expédition : il eût suffi de couler un ou deux transports attardés pour disperser tous les autres.

Le convoi marchait lentement : la vitesse moyenne fut inférieure à 7 nœuds, bien que le temps soit resté beau. Ce médiocre résultat n'a rien de surprenant, car on avait manqué du temps nécessaire pour opérer une sélection parmi les bâtiments de commerce. Du reste, tous les paquebots rapides avaient été transformés en croiseurs auxiliaires.

Enfin, le 20 juin, cette flotte extraordinaire arriva devant Santiago, après avoir longé les côtes afin que nul n'ignorât sa présence. Le 22, une diversion était faite dans l'ouest, tandis que le débarquement commençait dans l'est de la ville, à Baiquiri. Il se fit dans les mêmes conditions que l'embarquement. Aussi, le premier jour, 6.000 hommes seulement furent mis à terre; il est vrai que le ressac gêna beaucoup les opérations et brisa plusieurs embarcations. Ce ne fut que le 26 que le matériel fut débarqué; mais déjà des détachements s'étaient mis en marche, sans ordre, en prenant la première route qui se présentait devant eux; en sorte que l'armée, qui avait pour objectif de s'emparer des hauteurs qui commandent le goulet de Santiago, aboutit sous les murs de la ville. Pour compléter le désarroi, on vit se produire l'inévitable querelle entre l'amiral et le général.

Ce qu'il y a de plus curieux, c'est que cette expédition, si mal organisée et si mal conduite, fut couronnée d'un plein succès. Au moment où le général Shafter, craignant un désastre, hésitait à se rembarquer, Santiago, défendue par des généraux affolés, capitulait.

Au milieu de toutes ces défaillances, l'escadre américaine, faisait son devoir : bloquant étroitement l'amiral Cervera, elle avait assuré la liberté de la mer et garanti la sécurité du débarquement.

*
* *

Aucun de ces débarquements n'a eu l'importance de ceux qu'exécuta le Japon en Corée et en Mandchourie; mais le gouvernement nippon a été très sobre de renseignements sur ces opérations et nous ne pouvons donner aucune indication sur la façon dont elles furent exécutées.

Des exemples précédents, nous pouvons déduire les règles générales qui doivent présider au transport et au débarquement d'un corps expéditionnaire, lorsque la mer est libre.

La préparation nécessite la collaboration constante de l'armée et de la marine. Elle consiste à déterminer le fractionnement des divers corps et des diverses armes à bord des navires, pour pouvoir les débarquer d'une façon logique en même temps que rapide; à distribuer le matériel entre chaque transport et à l'arrimer dans un ordre déterminé, de manière à faire arriver d'abord à la plage les objets dont on a un besoin immédiat; enfin, à réunir le plus grand nombre possible de moyens de débarquement. Rien de tout cela ne s'improvise. C'est une œuvre qui exige un travail long et minutieux, et qui doit être préparée, dès le temps de paix, du moins dans les grandes lignes.

Alors, l'embarquement sera toujours facile, puisqu'on disposera d'un port fermé, muni de quais. Il suffira de procéder avec méthode et d'embarquer d'abord le matériel, pour éviter au personnel les longs stationnements si énervants.

Suivons maintenant le convoi à la mer. Il sera convoyé par tous les bâtiments de guerre qui auront pu être réunis. Bien que nous supposions la mer libre, il y a toujours intérêt à avoir une forte escorte. D'abord, la liberté de la mer n'implique pas que l'ennemi n'a plus un seul navire en état de naviguer; elle signifie simplement qu'il est incapable de mettre en ligne une force suffisante pour inspirer des craintes sérieuses; on ne saurait donc mettre un convoi à la merci d'un croiseur, ni prendre trop de précautions. Les bâtiments de guerre ont un outillage puissant qui facilite les opérations de débarquement et c'est une raison de plus pour augmenter la force de l'escorte.

Afin de diminuer le nombre des transports et d'accélérer la mise à terre, on embarquera des troupes sur les navires de guerre, à l'exception de ceux de l'escadre légère, qui peuvent être appelés à remplir des missions spéciales. De ces forces militaires, l'amiral fera trois parts : la première, composée des unités démodées, servira de guide au convoi, chaque navire servant de chef de file à un nombre de transports déterminé; la seconde formera l'escorte, fractionnée en plusieurs groupes si le convoi est nombreux; la troisième, composée des bâtiments légers, restera disponible pour toute mission.

Si l'ennemi s'attend à une invasion, il sera bon d'opérer une démonstration pour détourner son attention. Quand bien même la défense aurait assez de perspicacité pour se douter que ce n'est qu'une feinte, elle n'en sera pas moins obligée de se prémunir contre toutes les éventualités.

Le lieu de débarquement sera de préférence une plage d'une grande étendue et qui ne soit pas trop rapprochée d'un grand centre. Il serait avantageux de pouvoir utiliser une rade fermée, mais dans les pays civilisés les abris sûrs sont généralement pourvus de moyens de défense; or, il est évident qu'on doit à tout prix éviter un débarquement de vive force. On est donc obligé, presque toujours, de se contenter d'une rade foraine, et alors les conditions de temps deviennent un facteur important : l'état de la mer peut forcer à différer le débarquement de plusieurs jours.

Le débarquement est précédé d'une reconnaissance faite par un bâtiment qui vient s'assurer que la plage est abordable et n'a pas été mise en état de défense.

Une division composée uniquement de navires de guerre mouillera la première. Elle jettera aussitôt à terre le corps de couverture (ce sera l'affaire de quelques instants), et jalonnera le mouillage du convoi. Il n'y a pas intérêt à constituer le corps de couverture avec les compagnies de débarquement. Outre que les marins font de médiocres soldats, les bâtiments auront besoin de tous leurs effectifs pour le déchargement des navires, le service de la plage et des embarcations.

Dès que le convoi sera mouillé, la première division, débarrassée de ses troupes, appareillera pour faire, du côté de la mer, le même service de couverture que fait du côté de terre le corps qu'elle a mis à terre.

La plage sera commandée par un officier de marine, qui fera poser des pavillons pour indiquer le point d'atterrissement des embarcations de chaque transport et le point de rassemblement de chaque corps; le personnel mixte, mis à sa disposition, donnera des indications permanentes aux détachements pour les guider à mesure qu'ils se présenteront à la plage.

Aussitôt que ce travail préliminaire aura été fait, le débarquement des troupes commencera, concurremment avec le chargement du matériel dans les chalands.

La rapidité de l'opération ne dépendra que des moyens dont on disposera et aussi de l'ordre qui présidera à l'ensemble des mouvements.

D'après les indications fournies par les dernières expéditions, on peut calculer qu'il ne faudra pas moins de trois jours pour débarquer tout le matériel d'une armée supérieure à 30.000 hommes. Cependant, il est possible qu'on puisse gagner beaucoup de temps en construisant un matériel spécial et en faisant de nombreuses expériences dès le temps de paix. Quant aux troupes, elles peuvent être mises à terre en quelques heures.

Cette durée de trois jours donne une idée des chances qu'aurait de se produire une attaque du côté de la mer; il est rationnel d'admettre que, si l'ennemi craint une invasion et dispose de forces navales, c'est dans le voisinage de ses propres côtes qu'il tiendra sa réserve la plus importante; il lui faudra donc peu de temps pour atteindre le lieu du débarquement.

*
* *

Dans le transport d'un corps expéditionnaire, la marine n'intervient que pour mener les troupes d'un point à un autre : elle est un intermédiaire. Si délicat que soit son rôle, il n'en est pas moins secondaire, et l'objectif principal doit être atteint par les forces de terre. Il est donc tout naturel que le commandement supérieur appartienne au général. Mais l'amiral n'en conserve pas moins son indépendance, au point de vue de l'exécution du programme qui lui incombe, à savoir : prendre les troupes en un point déterminé et les déposer à terre sur un autre point.

Dès que les troupes sont à bord, l'amiral est responsable de leur sécurité; il peut être assailli d'un instant à l'autre par cet ennemi permanent du marin qu'est la tempête; c'est donc lui seul qui doit régler l'ordre de marche, donner la route à suivre et décider de l'opportunité du débarquement. Le général, au contraire, se trouve à bord sur un élément qui ne lui est pas familier et, s'il voulait imposer sa volonté, il pourrait en résulter de fâcheuses conséquences.

On a vu dans l'expédition d'Alger un exemple remarquable de la situation qui peut être créée à un amiral par les éléments, et nous croyons que, tout au moins dans cette circonstance, le général en chef a eu le mauvais rôle.

Du reste, on peut être assuré que l'amiral ne s'attardera pas inutilement en route. La corvée qui consiste à faire naviguer de grandes agglomérations de bâtiments de commerce est trop ingrate, elle exige trop de précautions et de soins, pour qu'on ne cherche pas à en réduire la durée au strict minimum; et on ne perdra pas de temps sans obéir à des nécessités impérieuses. Qu'on n'oublie pas que, entre tous ces transports étrangers à la navigation d'escadre, les risques d'abordage seront permanents; que, chaque matin, l'amiral comptera ses navires pour s'assurer qu'aucun d'eux n'a fait fausse route pendant la nuit.

Mais si l'amiral, responsable, est libre de mener sa flotte à sa guise, ce n'est pas une raison pour reléguer le général à bord d'un paquebot, ainsi qu'on l'a fait pendant les dernières manœuvres combinées. Il a beau n'être qu'un passager, il n'en est pas moins commandant en chef, et s'il s'abstient de peser sur les décisions du chef de la flotte, il a le droit de savoir ce que l'on fait et pourquoi on le fait. Il est même à désirer qu'il en use pour calmer son impatience ou ses inquiétudes. De plus, il peut se produire telle circonstance qui impose une modification du programme primitif; l'intervention du commandant en chef est alors nécessaire. Par exemple, si des brises persistantes rendent inabordable le point de débarquement fixé, il faudra en chercher un autre. L'amiral proposera alors une nouvelle solution, mais elle devra être agréée par le général, parce qu'il n'est pas indifférent, au point de vue militaire, de débarquer en pays hostile à un endroit plutôt qu'à un autre. Il peut se faire également que le convoi soit en partie dispersé par la tempête. L'amiral exposera au général le temps qu'il estime nécessaire pour rallier les égarés, et c'est au général qu'il appartiendra de décider si on doit débarquer avec des effectifs réduits, rechercher les dissidents ou enfin renoncer à l'entreprise.

En un mot, les relations entre les deux chefs doivent être permanentes et elles ne peuvent l'être que s'ils sont sur le même bâtiment. Est-il admissible qu'ils puissent être séparés par les hasards de la navigation?

Lorsque les opérations combinées n'auront qu'une importance secondaire, et ne comporteront que des effectifs réduits, l'action à terre n'aura plus une influence prépondérante sur l'issue de la guerre. Il semble alors rationnel d'intervertir les rôles et de donner à la marine la direction supérieure. Dans une guerre navale, on ne peut rien faire sans bateaux; pour éviter de compromettre ses forces navales dans un coup de main isolé, les décisions doivent être prises par le chef maritime, qui est renseigné sur ce qui se passe au large et commande la ligne de retraite.

On est étonné des conséquences funestes qu'ont eues souvent de simples dissentiments entre les chefs de terre et de mer; et, sous ce rapport, la France n'a rien à envier aux autres nations maritimes. Toutes ces querelles nous paraissent bien mesquines et il est regrettable qu'on n'ait pas introduit dans nos règlements un article rappelant que les susceptibilités de personnes doivent passer après le bien du service et le but à atteindre.

III

LA GUERRE DE COURSE

On a trop écrit, dans ces dernières années, sur la guerre de course, pour qu'il soit nécessaire d'expliquer ici ce qu'elle est et le but auquel elle prétend.

Ce sont les Anglais qui, les premiers, essayèrent ce système de guerre dont la France fit ensuite un usage si fréquent contre eux. Charles Ier, toujours à court d'argent, trouvait, ainsi que beaucoup de personnes de notre époque, que les escadres coûtent bien cher; et, puisque la Hollande était une nation exclusivement commerciale, puisqu'elle ne puisait ses ressources que dans son trafic maritime, il pensait qu'il n'était pas besoin d'entretenir ces flottes majestueuses dont l'armement était ruineux; il suffisait de lancer des frégates et des bâtiments légers à la poursuite des vaisseaux marchands bataves, et on avait ainsi le double avantage de tarir la source des richesses de l'ennemi, tout en s'enrichissant soi-même de ses dépouilles.

L'expérience fut faite, mais les résultats ne répondirent pas aux espérances qu'elle avait fait naître; et la marine anglaise renonça une fois pour toutes à faire de la course le principal objectif d'une guerre navale. Ce fut la France qui hérita du procédé.

Il commença à être mis en vigueur sous Louis XIV par le premier des Pontchartrain et pour une cause identique : le manque d'argent. On peut en effet remarquer que, tout au moins sous les règnes de Louis XIV et de Louis XV, le nombre des bâtiments armés dépendait bien moins de l'état réel de nos forces que des ressources financières dont pouvait disposer le budget de la marine. Ce n'est pas, comme le prétendent plusieurs historiens, le désastre de la Hougue qui marqua le déclin de la marine, puisque l'année suivante Tourville tenait encore la mer à la tête de soixante-dix vaisseaux; mais il est exact que le désarmement de nos escadres suivit de près cette funeste journée, et la seule cause en fut la détresse du Trésor. Pontchartrain commit alors la faute énorme — pour ne pas employer une expression plus forte et qui serait peut-être plus juste — d'aliéner le matériel de l'État et de prêter ses vaisseaux aux armateurs pour faire des armements en course. Sous l'impulsion donnée par le gouvernement, le nombre des corsaires augmenta dans des proportions fabuleuses. Renonçant à tout commerce pour capter celui de l'ennemi, disposant pour armer leurs bâtiments des équipages des vaisseaux du Roi, les corsaires s'abattirent sur la Manche et la mer du Nord comme une volée de moineaux.

La course se pratiquait alors, soit avec des navires isolés, généralement de très faible échantillon, soit avec de petites divisions composées d'anciens navires de l'État; et autour de ces divisions gravitaient encore des corsaires indépendants qui profitaient de leur protection et grappillaient le butin qu'elles laissaient échapper.

L'Angleterre, peu préparée contre un genre de guerre qui n'avait jamais été pratiqué jusqu'alors avec de pareilles proportions, ne paraît pas avoir organisé à cette époque un système de défense méthodique. Au lieu de chercher à protéger son commerce et de poursuivre la destruction de nos corsaires, elle profita de ce que nos escadres lui laissaient le champ libre pour tenter d'étouffer les foyers où s'alimen-

tait la course. Elle s'attaqua ainsi à Saint-Malo, Dieppe,
Dunkerque, Le Havre. Le procédé lui-même eût pu se justifier s'il avait réussi, mais on ne réduit pas avec des obus
et quelques milliers d'hommes des places aussi fortes que
nos grands ports maritimes.

Quoi qu'il en soit, le commerce britannique fit d'immenses pertes. On prétend qu'il eut 4.200 navires capturés
pendant la guerre de la ligue d'Augsbourg; les assurances
montèrent à 30 %. La France n'en fut pas moins vaincue.
Si donc la course a produit un certain effet, elle n'a pas suffi
à amener l'adversaire à composition.

Pendant la guerre de la Succession d'Espagne, la course
reprit avec intensité, après un essai de guerre d'escadres qui
ne fut pas sans éclat (bataille de Malaga). Nous trouvons
encore un Pontchartrain à la tête de la marine, mais ce
n'est plus le même, c'est son fils Jérôme; et il semble que
ce dernier fit par principe ce que son père pouvait arguer
n'avoir fait que par nécessité.

On rétablit la division du Nord, qui avait été illustrée
par Jean Bart dans la guerre précédente, et on arma d'abord
plusieurs autres petites divisions; mais bientôt on désarma
successivement les bâtiments dont elles se composaient et il
ne resta plus que les corsaires privés pour pratiquer la course.
Jérôme de Pontchartrain semblait avoir pris à tâche de supprimer complètement la marine royale (1). « Non seulement il ne renouvela plus, il ne répara plus les vaisseaux de
l'État, mais il en fit dépecer et vendre un certain nombre
pièce par pièce. Les officiers de marine en furent réduits
plus d'une fois à solliciter leurs appointements comme une
aumône, et on les vit condamnés à servir pour le compte

---

(1) Dans cet exposé historique, nous ferons de fréquents emprunts
à un remarquable travail de M. le capitaine de frégate Lesquivit, qui
malheureusement n'a pas été livré à la publicité.

des armateurs; les troupes et les équipages des vaisseaux du Roi en firent autant pour ne pas mourir de faim (1). » En revanche, la course était à son apogée : pratiquée par des hommes tels que Duguay-Trouin, Forbin, Du Casse, Cassard, le chevalier de Saint-Pol, elle n'avait jamais été et ne fut jamais, par la suite, menée avec autant de vigueur et d'audace. Et, cependant, les résultats sont déjà inférieurs à ceux de la dernière guerre. Les Anglais commencent à s'organiser pour la combattre; ils augmentent l'escorte des convois, lancent des frégates contre les corsaires. A partir de 1702, les attaques contre les côtes se font moins fréquentes; tout l'effort est reporté vers la protection des convois.

Voici, d'après Campbell, le résultat des cinq premières années de la guerre : « L'Angleterre a perdu 30 bâtiments de guerre et 1.146 navires de commerce, dont 300 furent repris; par contre, elle a capturé ou détruit 80 bâtiments de guerre, 1.346 bâtiments de commerce et 175 corsaires (2). » Pendant toute la durée de la guerre, le commerce anglais ne fit que progresser, ce qui indique qu'il était efficacement protégé.

Quel fut le résultat final de la guerre? Les clauses, humiliantes pour la France, du traité d'Utrecht nous le montrent.

Sous Louis XV, l'administration économe, mais peu glorieuse, du cardinal Fleury avait laissé complètement tomber la marine. Lorsque éclata la guerre de la Succession d'Autriche, il fallut, après un premier effort, recourir de toute nécessité à la guerre de course. On n'avait plus le choix des moyens.

« La guerre de course donna d'abord des résultats satisfaisants. Poursuivie avec ardeur par des croiseurs de l'État et par de nombreux navires particuliers, elle causa des

---

(1) LESQUIVIT, *Étude historique et stratégique de la guerre de course.*
(2) LESQUIVIT, *ibid.*

pertes très grandes au commerce britannique et donna lieu à des combats de détail, glorieux pour nos marins, où s'illustrèrent La Motte-Picquet et Kersaint. Même dans les mers lointaines, aux Antilles notamment, où les colons avaient placé tous leurs capitaux sur l'armement des corsaires, ceux-ci causèrent les plus grands dommages aux Anglais et ne leur enlevèrent pas moins de 950 navires.

« Mais, après les désastres de 1747, le pavillon français ne parut plus en mer. Vingt-deux vaisseaux de ligne composaient toute la marine française qui, soixante ans auparavant, en comptait cent vingt. Les corsaires faisaient peu de prises. Poursuivis partout, non protégés, ils étaient presque toujours la proie des Anglais. Les forces navales britanniques, sans rivales, parcouraient impunément les mers. En une année, elles avaient, dit-on, pris au commerce français près de 180 millions. La balance des prises en leur faveur fut estimée à 2 millions de livres. « Établies d'une « autre manière, dit Mahan, les pertes s'élevèrent à 3.434 na- « vires de commerce pour les Français et les Espagnols, à « 3.238 pour les Anglais; mais il ne faut pas oublier le rap- « port de ces chiffres au total des navires de chaque pays (1). »

Cette fois encore, la course donna-t-elle la victoire à la France? Le traité d'Aix-la-Chapelle effaça-t-il les clauses du traité d'Utrecht?

On commença alors à douter de l'efficacité d'un système qui aboutissait à un résultat diamétralement opposé à celui que l'on se proposait d'atteindre; et l'on en revint aux vieux errements. Pendant les huit années de paix qui suivirent la guerre de la Succession d'Autriche, on mit en chantier autant de navires que le permit la pénurie de nos finances. Au commencement de la guerre de Sept ans, la France pouvait mettre en ligne une soixantaine de vaisseaux; mais que

---

(1) Lesquivit, *op. cit.*

faire avec de pareilles forces? Après un heureux début, on
ne fit plus, pour constituer des escadres, que des tentatives
malheureuses qui n'étaient que les soubresauts de la marine
agonisante. Il fallut encore recourir à la guerre de course.

« De 1756 à 1760, les Anglais perdirent 2.500 bâtiments
de commerce. Ce chiffre paraît énorme et cependant il
ne représente que le dixième des bâtiments anglais. En
échange, nous perdions 240 corsaires pendant le même
temps; notre commerce maritime avait complètement disparu; et à la fin de la guerre, malgré les échanges, nous
avions 25.000 marins prisonniers en Angleterre, alors que
les Anglais n'en avaient que 1.200 en France (1). » Cette différence est caractéristique et se passe de commentaires.

Que faisaient donc les escadres ennemies pendant que
nos corsaires écumaient les mers? Ne trouvant plus devant
elles de forces capables de leur résister, elles ravageaient nos
côtes, elles nous enlevaient, une à une, nos colonies; finalement, elles s'emparaient même de Belle-Isle. La France
ne pouvait indéfiniment se laisser arracher des lambeaux
de sa chair; il fallut traiter pour arrêter ce dépeçage qui
risquait de laisser les Anglais s'établir à notre porte, dans
les iles qui bordent nos rivages et font partie de l'héritage
séculaire de nos pères. Les conditions furent dures : on dut
abandonner tout ce que le génie de Dupleix nous avait
acquis dans l'Inde, plus le Canada, le Sénégal, Saint-Vincent, la Dominique, Tabago, une partie de la Louisiane.
Jamais la guerre de course n'avait montré à un pareil degré
son impuissance.

L'engouement dont elle avait joui était si bien passé que,
dès que Choiseul eut remplacé Berryer à la Marine, il tenta
en Angleterre une descente qu'il était trop tard pour entreprendre et s'attacha à reconstituer notre flotte. L'excès de

---

(1) LESQUIVIT, *op. cit.*

nos malheurs avait d'ailleurs amené un revirement; de toutes parts, on réclamait la construction de vaisseaux. «Les villes, les corporations, les particuliers, se cotisèrent pour construire des vaisseaux. Les états de Languedoc donnèrent l'exemple en offrant au Roi un vaisseau de quatre-vingts canons. Paris les suivit de près, en faisant construire à Rochefort le beau vaisseau la *Ville-de-Paris*. Plusieurs autres provinces, villes et compagnies, entrèrent dans cette généreuse et patriotique inspiration et, dès la fin du mois de janvier 1762, le zèle de la nation avait créé quatorze nouveaux vaisseaux et une frégate. Une prodigieuse activité se fit alors sentir dans les ports naguère silencieux; partout on construisait, partout on réparait des navires (1)... »

Il était trop tard, mais toutes ces constructions formèrent le noyau de la marine de Louis XVI. Pendant la paix, l'impulsion ne se ralentit pas, et la guerre de l'Indépendance américaine nous trouva prêts à tenir tête à l'ennemi.

J'ai déjà eu l'occasion de dire qu'à mon avis, la marine française ne fit pas, à cette époque, un bon usage de ses forces. Elle se trouva presque toujours supérieure en nombre sur le champ de bataille; et, si elle avait employé contre les Anglais les mêmes procédés de combat à outrance qu'ils avaient employés contre nous, le résultat eût été tout différent. Malgré tout, on parvint à faire échec à leur marine, et, de ce fait, la guerre de course fut reléguée au second plan : elle devint l'accessoire, et non plus le principal. Pratiquée presque exclusivement par les particuliers, elle ne paraît pas avoir eu un grand développement : les Alliés (Français, Espagnols, Américains, Hollandais) prirent aux Anglais 519 navires, et ceux-ci leur en enlevèrent 534. Pour la première fois, le traité de paix fut favorable à la France.

Nous arrivons aux guerres de la Révolution et de l'Em-

---

(1) LESQUIVIT, *op. cit.*

pire, et nous allons voir l'histoire se recommencer pour ainsi
dire automatiquement. On essaiera d'abord de lutter en
champ clos avec des moyens insuffisants, non comme nombre, mais comme qualité; on sera battu et on se retournera
alors vers la guerre de course; de temps en temps, on re-
constituera des escadres pour tenter une descente sur le territoire ennemi; puis, dans les dernières années de la guerre,
on sera désabusé de la course et de ces entreprises qui ne
reposent que sur la chance; on commencera alors à reconstituer la flotte de combat, mais la France sera épuisée avant
que l'œuvre ne soit achevée. Tel est le spectacle que nous ont
offert les deux guerres maritimes du règne de Louis XV;
tel est le spectacle que vont nous montrer les deux guerres
maritimes de la Révolution et de l'Empire.

Villaret-Joyeuse est battu à la bataille du 13 prairial et
Martin perd la bataille de Noli.

Le comité de Salut public annonce au pays, avec cette
emphase qui est une des caractéristiques de l'époque, qu'il
inaugure une nouvelle méthode de guerre. Les considérants
du décret du 23 thermidor an III sont intéressants à rappeler; la phraséologie y tient lieu de stratégie : « Le nouveau
système de guerre politique que votre comité a adopté est
plus conforme à notre situation politique et nous procurera
des avantages réels. Ce système remplira bien mieux les
vrais intérêts de la nation que ces étalages de puissance maritime qui ne flattent que l'orgueil personnel et consument
inutilement les ressources de la République... Nous avons
un seul objet à remplir et cet objet attire toutes nos solli-
citudes, occupe toutes nos combinaisons : c'est de protéger
notre commerce et d'anéantir celui de nos ennemis... Le
gouvernement anglais pourra, s'il le veut, se pavaner de ses
escadres et les faire promener en ordre de tactique (*sic*), le
Français se bornera à l'attaquer dans ce qu'il a de plus cher,
dans ce qui fait son bonheur et son existence, dans ses ri-

chesses. Tous nos plans, toutes nos croisières, tous nos mouvements dans nos ports et en mer, n'auront pour but que de ravager son commerce, de détruire, de bouleverser ses colonies, de le forcer enfin à une banqueroute honteuse (1). »

« Les résultats obtenus semblent à première vue satisfaisants. D'après un tableau du *Lloyd* de Londres, s'arrêtant à l'an V, les prises faites par les deux nations se répartissaient ainsi :

ANNÉES	PRISES FAITES	
	par les Anglais	par les Français
En 1793. . .	63 navires	261 navires
En 1794. . . .	88 —	527 —
En 1795. . .	47 —	502 —
En 1796. .	63 —	414 —
En 1797. . . .	114 —	562 —
TOTAL .	375 navires	2.266 navires

« Nous citons ces chiffres parce qu'ils sont reproduits constamment, par tous les partisans en chambre de la guerre de course, à l'appui de leur thèse; nous verrons plus loin ce qu'il faut en penser.

« Pour protéger leur commerce contre ces raids de nos corsaires et de nos croiseurs isolés, les Anglais avaient adopté le double système des convois et des patrouilles par divisions légères. Les vaisseaux marchands étaient réunis, suivant leur destination, dans des ports indiqués à l'avance, et de là mettaient à la voile sous la protection d'une division de vaisseaux de guerre chargés de les conduire à bon port. On vit naviguer ensemble trois cents, cinq cents et même mille bâtiments dans des endroits particulièrement exposés, comme l'entrée de la Manche ou de la Baltique, où il fallait une meilleure garde et une plus forte protection. Ce

(1) LESQUIVIT, *op. cit.*

système avait, il est vrai, de nombreux inconvénients : temps perdu pour attendre la formation du convoi, impossibilité pour beaucoup de navires marchands de le suivre, grande baisse de prix des marchandises à l'arrivée du convoi, qui en jetait un grand nombre en même temps sur le marché. Aussi beaucoup d'armateurs préféraient courir les risques de voyager isolément ; mais ils n'étaient pas pour cela complètement abandonnés ; car, sur les principales routes commerciales, ayant chacune un terrain de croisière déterminé, des frégates rapides accompagnées de bâtiments légers étaient spécialement chargées de leur protection.

« Ainsi, traqués de toutes parts, ne recevant aucun secours de nos escadres, nos corsaires, après des luttes souvent héroïques, mais presque toujours désastreuses, finissaient par tomber entre les mains de l'ennemi. Des auteurs anglais contemporains fixent à 743 le nombre des corsaires capturés entre l'ouverture des hostilités et le 31 décembre 1800. Leurs équipages allaient peupler les pontons d'Angleterre, où il y avait, en l'an VI, 22.000 prisonniers français...

« Quant aux bâtiments de guerre, la marine française qui, au commencement de la guerre, comptait 86 vaisseaux et 118 frégates, aurait perdu, d'après l'historien anglais W. James, 34 vaisseaux et 82 frégates par suite de capture, 11 vaisseaux et 14 frégates détruits par suite d'événements de guerre et 10 vaisseaux et 6 frégates naufragés. C'est un total de 55 vaisseaux et de 102 frégates, ces dernières prises pour la plupart en croisière, dans les engagements d'escadres légères ou de bâtiments isolés. Si l'on ajoute à ces chiffres 150 navires de guerre plus petits et 2.000 corsaires ou bâtiments de commerce, capturés pendant ces dix années de guerre ; si l'on songe que tous les équipages réunis de tous ces navires représentaient un chiffre de 70.000 marins environ, que la majeure partie de ces malheureux périrent dans les combats, dans les naufrages ou dans les prisons de l'ennemi, on peut juger des vides effrayants qui se produisirent alors dans les rôles de l'inscription maritime : « De « 80.000 marins qu'elle comptait autrefois, il en restait à « peine la moitié à la fin de la guerre pour armer les vaisseaux. Aussi on peut conclure que, si pendant cette guerre « comme dans les précédentes, la course a enrichi quelques « armateurs, elle a ruiné notre commerce et notre inscription maritime (1). » La course elle-même n'avait pas été à notre avantage, puisque, en y comprenant les corsaires, notre marine marchande avait subi des pertes égales en nombre à celles du commerce anglais.

« Avait-elle au moins ruiné ce commerce, l'avait-elle conduit à cette banqueroute honteuse dont parle le décret du 23 thermidor an III? Voici ce que disait Pitt le 18 février 1801 : « Si nous comparons cette année de guerre avec « les années de paix précédentes, nous verrons dans la pro« duction de notre revenu et l'extension de notre commerce « un spectacle paradoxal autant qu'inexplicable et bien fait « pour nous étonner. Nous avons élevé notre commerce ex« térieur et intérieur à une hauteur qu'il n'a jamais atteinte « et nous pouvons considérer l'année présente comme la « plus satisfaisante qu'on ait jamais vue dans ce pays. » En effet, le commerce extérieur, exportation et importation, qui, en 1792, la dernière année de paix, était de 44.500.000 livres, s'élevait, en 1797, à 50 millions, et en 1800, à 73 millions.

« On ne peut nier cependant que la perte subie par le commerce anglais ne fût sensible, mais ce ne fut qu'une taxe de guerre, incapable, quoique très onéreuse, d'exercer par elle seule une influence décisive sur la politique d'une nation puissante et riche comme l'Angleterre. Elle ne paraît

---

(1) V.-A. BOURGEOIS.

pas avoir dépassé 2 à 3 °/₀ de son commerce total. En prenant une moyenne entre les chiffres fournis par différents auteurs, on peut estimer à 500 environ le nombre moyen de navires anglais capturés dans une année. Or, dans les trois années 1793-1795, le nombre annuel d'entrées et de sorties des navires anglais de ports anglais était de 21.560; dans les trois années 1798-1800, il était encore de 21.369, ce qui, divisé par 500, ne donne que 2,4 °/₀, et encore ce nombre ne comprenait ni le cabotage anglais, ni celui des colonies.

« Si on prend le nombre total des vaisseaux appartenant à la Grande-Bretagne et à ses dépendances, on trouve qu'en 1795 il montait à 16.728, en 1800 à 17.885, ce qui, divisé par 500, donne environ 3 °/₀. C'est une perte relative légèrement plus forte que celle occasionnée par les accidents de mer à la même époque (de 1793 à 1800, les listes du *Lloyd* indiquent une perte de 2.967 navires) et bien inférieure à la perte subie par la marine française dans les premières années de la guerre. Il faut ajouter que cette perte fut en partie compensée pour l'Angleterre par les navires et marchandises pris par ses propres croiseurs sur l'ennemi et par l'extension de ses opérations commerciales sous pavillon neutre (1). »

Tel fut le bilan de la course pendant la première guerre.

Dès la rupture de la paix d'Amiens, Napoléon consacra toute son attention au projet de descente en Angleterre, et les opérations maritimes furent conduites en vue d'assurer le passage de la flottille de Boulogne. La course ne fut donc pratiquée d'abord que par les particuliers, sans plan bien défini. Mais lorsque le désastre de Trafalgar eut fait évanouir les espérances que Napoléon avait fondées sur la marine, et qu'il fut démontré une fois de plus que, dans son état de délabrement, elle ne pouvait plus se mesurer avec

---

(1) LESQUIVIT, *op. cit.*

les Anglais, la question se posa de savoir à quoi on allait employer les débris de nos escadres, jusqu'à ce qu'une réorganisation complète pût lui assurer la force en même temps que le nombre.

L'Empereur n'avait pas attendu l'arrivée de Villeneuve à Cadix pour demander à son ministre des propositions au sujet de l'emploi de ses forces. C'est alors que Decrès lui soumit le plan des divisions volantes qui, dans son esprit, devaient ruiner le commerce anglais. « Telle était, disait-il, la guerre suivant son cœur. » C'était encore la course, sous une forme qui n'était pas nouvelle, mais qui n'avait été employée jusqu'alors qu'accidentellement et sans développement méthodique. Le modèle en était fourni, précisément à cette époque, par la croisière du contre-amiral Allemand. Il est intéressant de voir quel fut le sort de toutes ces divisions.

Au milieu du drame de Trafalgar, l'escadre de Brest était restée intacte. Des vaisseaux qui la composaient, on forma deux divisions aux ordres des amiraux Willaumez et de Leissègues, qui sortirent de Brest ensemble le 13 décembre et se séparèrent au large pour remplir leur mission.

La première division, forte de 6 vaisseaux et 2 frégates, devait se rendre d'abord au cap de Bonne-Espérance; croiser ensuite dans le voisinage de Sainte-Hélène pour capturer les convois venant de l'Inde, puis se rendre aux Antilles. Après avoir ravagé les colonies anglaises de cet archipel, l'amiral Willaumez ferait route sur Terre-Neuve, où il détruirait les pêcheries; il irait de là en Islande, au Spitzberg et au Grœnland, où se trouvaient des baleiniers anglais, et ne reviendrait en France que lorsqu'il serait incapable de tenir la mer.

Willaumez apprit en mer que le Cap était tombé entre les mains des Anglais; il dut modifier son programme, ce qui lui fit perdre une frégate, la *Volontaire,* qui fut capturée en mars 1806, au Cap même, où elle croyait trouver sa division. Les autres bâtiments s'étaient rendus à la Guyane, d'où ils se divisèrent en trois groupes qui arrivèrent successivement à la Martinique en juin 1805, non sans avoir failli tomber entre les mains des Anglais. Willaumez quitta la Martinique le 1er juillet; mais bientôt ses bâtiments se trouvèrent dispersés; le *Foudroyant* entra à La Havane après un combat avec l'*Anson;* l'*Impétueux* se jeta à la côte près de la Chesapeak, pour échapper à deux vaisseaux anglais, et fut brûlé par ces derniers; le *Patriote* et l'*Éole* entrèrent à la Chesapeak; la *Valeureuse* se réfugia à Marcusbook; le *Cassard* revint à Brest. Quant au *Vétéran,* il croisa jusqu'au 25 août sur la grande Sole, en attendant ses compagnons, puis il fit route sur Belle-Isle. Chassé par une division ennemie, il se réfugia à Concarneau, où jamais un vaisseau de ligne n'avait pénétré. Il n'en sortit que trois ans après, le 20 avril 1809 (1).

Des bâtiments restés en Amérique, deux furent vendus sur place, l'*Éole* et la *Valeureuse;* le *Foudroyant,* qui portait l'amiral Willaumez, rallia Brest le 7 février 1807; le *Patriote* ne rentra qu'un an plus tard, en janvier 1808.

La division avait fait dix-sept prises.

Le contre-amiral de Leissègues était sorti de Brest en même temps que le contre-amiral Willaumez, avec 5 vaisseaux, 2 frégates et 1 corvette. La division arriva à Santo-Domingo en janvier 1806; mais sa présence fut bientôt signalée aux forces anglaises qui stationnaient aux Antilles, et, le 6 février, de Leissègues, à l'apparition de l'ennemi, dut appareiller en filant ses câbles et accepter le combat. Les deux frégates et la corvette échappèrent seules.

Le capitaine de frégate Le Duc sortit de Lorient, à la fin

---

(1) Le *Vétéran* était commandé par Jérôme Bonaparte.

de mars 1806, avec 3 frégates et 1 brick pour aller au Spitzberg détruire les baleiniers anglais. Le brick, le *Néarque,*
fut pris dès le départ par la *Niobé.* Le Duc se rendit d'abord
aux Açores, puis il fit route pour le Spitzberg. Le 12 juin,
la *Guerrière* se sépara de ses conserves, et fut prise le 18
par un des bâtiments qui avaient été lancés à la poursuite
de la division française. Les deux autres frégates rentrèrent
en France à la fin de septembre. Elles avaient fait trente-
neuf prises.

Cinq frégates et deux bricks appareillèrent de l'île d'Aix,
le 24 septembre 1806. Le capitaine de vaisseau Soleil (1),
qui les commandait, avait ordre de se rendre à la Martinique pour y déposer des troupes. Aperçue dès sa sortie, la
division fut suivie et attaquée par la croisière anglaise. L'*In-
fatigable,* la *Gloire,* la *Minerve,* l'*Armide,* furent prises; une
frégate et les deux bricks parvinrent à s'échapper.

Le mauvais succès de toutes ces croisières ralentit le zèle
de Decrès, et il nous faut arriver à l'année 1809 pour en
trouver une nouvelle.

Le capitaine de vaisseau Troude appareilla de Lorient, le
26 février 1809, avec 3 vaisseaux, 3 frégates et 2 frégates
armées en flûte. Après avoir ravitaillé la Martinique et la
Guadeloupe, il avait ordre de faire la chasse au commerce
jusqu'à ce qu'il eût épuisé ses vivres, et de rallier ensuite la
Méditerranée. Troude apprit en route la prise de la Martinique par les Anglais, et, ne voulant pas mouiller à la Guadeloupe, qui n'offre que des rades ouvertes et était étroitement surveillée, il se rendit aux Saintes. Il y fut bientôt
bloqué par l'amiral Cochrane, avec 5 vaisseaux, 5 frégates
et 15 bâtiments légers. N'osant franchir les passes, l'amiral
anglais prit le parti de forcer la division française à appareiller, en s'emparant des hauteurs qui dominent le mouil-

_____

(1) Ancien médecin de la marine.

lage; 3.000 hommes furent mis à terre et refoulèrent facilement la petite garnison. Troude, voyant qu'il allait subir un bombardement auquel il ne pourrait pas répondre, se décida à passer à travers la croisière anglaise. Le 14 avril, les trois vaisseaux appareillèrent à 10 heures du soir. Suivis aussitôt par l'ennemi, deux vaisseaux s'échappèrent et arrivèrent le 29 mai à Cherbourg; le troisième fut pris.

La dispersion et la destruction partielle de toutes ces divisions tenaient à la nature même de leur mission. Les bâtiments, dès qu'ils se trouvaient sur le lieu de croisière, étaient obligés de se séparer, soit pour battre un espace de mer plus considérable, soit pour remplir des missions, telles que de déposer à terre les équipages des navires capturés. Ils ne naviguaient donc que par rendez-vous successifs, et l'ennemi se chargeait de les leur faire manquer. En effet, dès que le départ d'une division était signalé, le gouvernement anglais expédiait à sa recherche des forces plus considérables, qui combinaient leur action avec les stations navales permanentes. Au bout d'un temps plus ou moins long, les divisions françaises étaient rejointes, parce que les prises qu'elles faisaient révélaient leur présence dans la région où elles opéraient. Ce qui contrariait également leurs mouvements, c'était la prise successive de leurs bases d'opérations. Nous avons vu que Willaumez et Troude, se rendant, l'un au Cap et l'autre à la Martinique, avaient dû modifier subitement leur programme en apprenant la prise de ces colonies par les Anglais; et il est heureux qu'ils aient pu en avoir connaissance par des neutres assez tôt pour ne pas tomber dans une souricière. La prise des différents ports où nos bâtiments pouvaient se ravitailler était d'ailleurs un moyen de couper court aux croisières de course.

Est-ce l'absence de bases lointaines, ou la fin tragique de ces divisions, ou bien encore ces deux motifs réunis, qui mirent fin au système de Decrès? Toujours est-il que les croisières de course disparaissent à partir de 1809; elles n'avaient été réellement actives que pendant les deux années qui suivirent Trafalgar. Par la suite, on se contenta de faire sortir les frégates par paires, sans leur imposer des instructions trop serrées, et elles avaient ordre de rallier le port le plus voisin lorsqu'elles ne pourraient plus tenir la mer. La plupart de ces frégates furent prises.

L'Empereur avait accepté sans conviction les propositions de Decrès au lendemain de Trafalgar. Depuis longtemps son opinion était faite sur l'efficacité de la course; mais il voyait là un moyen de former des équipages en attendant qu'il eût reconstitué une marine. C'est ce dernier but qu'il poursuivait avec acharnement. On construisait des vaisseaux dans tous les ports de France, ainsi qu'à Anvers, en Hollande, à Gênes. En 1809, nous possédions déjà 60 vaisseaux. A la chute de l'Empire, on en comptait 44 dans les ports hors de France, dont nous ne pûmes garder qu'une partie. C'est avec ce que les ennemis nous laissèrent que fut constituée la marine de la Restauration. Napoléon ne voyait donc d'autre façon de faire la guerre sur mer que d'attaquer les forces navales de l'ennemi : après une expérience de plus de vingt ans, il en arrivait à la même conclusion que les marins du règne de Louis XV.

Voilà les faits. Il nous reste à déterminer maintenant quelles sont les causes qui ont toujours fait échouer la guerre de course, les modifications que la marine à vapeur et l'état respectif des marines modernes ont apportées à ses conditions. Nous aurons enfin à nous demander le parti qu'on peut en tirer dans un conflit avec l'Angleterre.

*
* *

Les discussions qu'a fait naître la question de la course ont souvent entraîné ses partisans à rechercher, en faveur de leur thèse, des arguments assez étranges. C'est ainsi qu'on a prétendu que la préférence que montraient les amiraux pour les escadres avait pour origine le souci de conserver de beaux commandements. Je doute qu'un mobile de ce genre ait jamais influé, même à leur insu, sur les opinions de nos chefs; mais cette raison, si elle existait, ne suffirait pas à expliquer la répugnance que manifestent une grande majorité d'officiers pour tout système qui aboutirait à faire de la course le but même d'une guerre navale. Quant à ceux, et ils sont légion, pour lesquels les étoiles de l'amiralat sont aussi inaccessibles que les étoiles qui brillent au firmament, une telle considération n'aurait aucune valeur. J'irai même plus loin : si nous n'étions pas fermement convaincus que la course, érigée à l'état de système, compromettrait les destinées maritimes de la France, nos sympathies lui seraient acquises d'avance. Il n'est pas douteux, en effet, qu'une lutte directe contre la puissance maritime d'un pays qui, comme l'Angleterre, a et aura encore longtemps une supériorité incontestable sur nous, il n'est pas douteux que cette lutte ne soit une partie difficile à jouer, et où nous risquons tous de laisser notre existence et notre réputation. Devant la profondeur de cet inconnu, nous préférerions beaucoup nous consacrer exclusivement à poursuivre le commerce ennemi et nous contenter de nous soustraire à l'atteinte des croiseurs ennemis, si nous ne pensions pas faire ainsi un métier de dupe. Il faut donc que nous ayons des arguments d'un autre ordre à faire valoir : ce sont eux que je vais essayer de développer.

« La guerre navale, nous dit-on, ne saurait indéfiniment rester figée dans le même moule, et l'attaque directe des forces ennemies a fait ses preuves; c'est à elle que nous devons nos pires désastres. N'est-ce pas une folie de s'entêter à pratiquer un système de guerre qui n'a jamais donné que des déboires? »

Nous croyons résumer ainsi fidèlement le raisonnement des partisans de la guerre de course.

Cette façon de présenter les choses n'est pas exacte : si la guerre d'escadres nous a valu des désastres, c'est à elle et à elle seule que nous sommes redevables de notre gloire maritime.

Quelles sont les époques où la marine française a brillé du plus vif éclat? Pendant la première partie du règne de Louis XIV et pendant la guerre de l'Indépendance américaine, c'est-à-dire aux époques où elle a tenu en échec les forces ennemies. Au contraire, les pages les plus noires de notre histoire correspondent aux périodes où la course était pratiquée exclusivement. Il est vrai que celle-ci suivait généralement une défaite; mais elle n'était pas toujours imposée par l'impuissance de notre marine : la détresse de nos finances y était souvent pour beaucoup plus que le manque de bâtiments.

On ne saurait donc prétendre que la France se soit obstinée à vouloir lutter en champ clos, tandis qu'il est manifeste au contraire que, à plusieurs reprises, elle a abandonné prématurément, et après un seul revers, une politique qui n'avait pas été sans gloire, et qu'elle s'est obstinée à faire la course malgré les résultats négatifs qu'elle donnait. Et si, en envisageant le passé, il nous était permis de regretter quelque chose, c'est moins le principe même de la guerre d'escadres que la façon dont nous l'avons pratiquée (1).

En tout cas, il est au moins étrange de présenter aujourd'hui comme une nouveauté un système que la France a pratiqué pendant plus d'un siècle avec un acharnement sans exemple et dont elle s'était fait une spécialité.

---

(1) Nous avons cherché à montrer, dans la première partie de cette étude, la différence entre nos procédés et ceux de nos ennemis; nous n'y reviendrons pas.

Entre les deux écoles qui divisent la Marine, aucune n'a trouvé de formule nouvelle : l'une s'inspire des traditions de Colbert, de Seignelay et de Castries; l'autre a recueilli l'héritage de la tribu des Pontchartrain, des Berryer, de tous ces ministres qu'on peut considérer comme les bourreaux de notre puissance navale. Nous n'en tirons aucune conclusion; nous constatons simplement le fait.

Lorsque les partisans de la course nous montrent combien l'Angleterre est vulnérable dans son commerce, lorsqu'ils s'étendent avec complaisance sur le nombre de cargo-boats qui sillonnent les mers, sur le chiffre des denrées alimentaires qu'ils transportent, sur le faible approvisionnement que renferme le Royaume-Uni, etc., etc., ils nous font un exposé de motifs qui ne manque pas d'être impressionnant. Mais tous ces arguments ne constituent que l'énoncé du problème; ils ne nous en donnent pas la solution. Il ne suffit pas de dire : nous affamerons l'Angleterre; il faut surtout voir quels sont les moyens que nous aurons à notre disposition pour atteindre notre but et ceux dont dispose l'Angleterre pour les contrarier. C'est le résultat de cette comparaison qui nous donnera une opinion exacte sur l'efficacité de la course. Or ce point de la question a toujours été laissé de côté par les partisans de la course, comme s'ils craignaient de l'aborder.

Cependant, quand une cause a eu à son service des hommes tels que Jean Bart, Duguay-Trouin, Forbin, Cassard, le chevalier de Saint-Pol et d'autres encore, dont les noms sont moins connus (tel que Thurot), quand nous voyons tant d'héroïsme et d'opiniâtreté aboutir à la faillite, nous avons bien le droit de penser que, si le principe de la course est séduisant, son application présente de sérieuses difficultés; que, s'il est facile de capter le commerce, il est également possible de le protéger.

Quel homme de bonne foi ne serait pas impressionné par

ce fait que, pendant la guerre, le commerce anglais, au lieu de péricliter, n'a fait que croître?

Si donc nous espérons aujourd'hui un meilleur résultat, c'est que la marine à voiles ne favorisait pas la course au même degré que la marine à vapeur, ou bien c'est qu'elle a été mal faite dans le passé. C'est ce que nous allons examiner.

Au dix-septième siècle, la situation respective de chaque parti était la suivante :

Du côté de l'Angleterre, une flotte de guerre et une flotte commerciale, cette dernière ne pouvant abandonner le négoce, en raison de la situation économique du pays.

Du côté de la France, une flotte de guerre et une flotte commerciale, celle-ci renonçant au trafic pour faire la course.

Ainsi donc, les corsaires fournissaient à notre flotte l'appoint d'une nuée de bâtiments légers qui ne coûtaient à l'État ni un navire, ni un sou, tandis que les Anglais devaient, au contraire, distraire un certain nombre de navires de leur flotte de combat pour protéger leur flotte de commerce.

Aussi longtemps que les escadres françaises tinrent en échec les escadres anglaises et les forcèrent à rester concentrées, les corsaires purent impunément pourchasser le commerce ennemi, mais il ne fallait rien de moins que cette diversion pour leur permettre de s'aventurer en mer, car ils étaient presque tous de faible tonnage (1).

Pratiquée dans ces conditions, la course ne pouvait qu'être

_____

(1) Beaucoup de personnes s'imaginent que nos anciens corsaires étaient capables de lutter à l'occasion contre des frégates ennemies. Il y avait bien effectivement quelques bâtiments construits par des armateurs de Dunkerque et de Saint-Malo qui possédaient une artillerie assez sérieuse, mais ils étaient en infime minorité. En se reportant aux gravures du temps, on constate avec étonnement que le type ordinaire du corsaire avait une grande analogie avec nos goélettes actuelles d'Islande. C'est ce qui explique la multiplicité des corsaires.

avantageuse pour la France. Si elle ne suffisait pas à elle seule pour réduire l'Angleterre, elle lui causait du moins un préjudice sérieux et elle contribuait pour sa part aux opérations générales. Elle constituait un bénéfice net, sans contre-partie du côté de l'adversaire.

Mais à mesure que la course, cessant d'être le monopole des particuliers, devint de plus en plus l'objectif de la marine de guerre, qui y consacra ses propres bâtiments, l'Angleterre put distraire de ses flottes un nombre de vaisseaux assez grand pour organiser méthodiquement la protection de son commerce, sans cesser d'avoir la supériorité sur le champ de bataille. Aussi n'est-pas à l'époque du plein développement de la course que ses résultats furent le plus considérables.

Aujourd'hui, les lettres de marque sont supprimées. Pour faire la course, il faudra y affecter des bâtiments de l'État, payés par l'État, montés par des équipages appartenant à l'État. Par conséquent, notre flotte de ligne se trouvera diminuée d'autant, et l'Angleterre pourra, elle aussi, diminuer proportionnellement la sienne sans que soit modifiée la proportion des forces. A nos corsaires, elle opposera des croiseurs. Il y aura donc : d'une part, une flotte de ligne opposée à une flotte de ligne; d'autre part, une flotte de corsaires pourchassée par une flotte de croiseurs. La situation ne sera plus la même : elle aura empiré.

La France peut diminuer le nombre de ses cuirassés pour augmenter celui de ses croiseurs corsaires; l'Angleterre fera de même, ou plutôt, c'est déjà fait. En consultant une liste de la flotte anglaise, on voit que sa supériorité en croiseurs est aussi forte que sa supériorité en cuirassés, parce que, chaque fois que nous mettons en chantier des navires rapides, les programmes de sa flotte s'augmentent d'un nombre plus grand de croiseurs qui sont aussi rapides et qui sont prêts avant les nôtres.

Et si la France, se mettant à la remorque de l'opinion publique, veut s'orienter exclusivement du côté de la course, elle cessera de construire de nouveaux bâtiments de combat et n'aura plus, au bout d'un certain temps, que des croiseurs corsaires. L'Angleterre, de son côté, n'aura plus, elle aussi, que des croiseurs. A ce moment, nous nous retrouverons, au point de vue de l'emploi des forces, dans la situation où nous étions sous Louis XV et après Trafalgar, avec cette double différence qu'au lieu d'employer, pour ou contre la course, des vaisseaux et des frégates, chaque parti aura un matériel spécial, et que nous, Français, nous n'aurons plus l'appoint des corsaires privés qui, en somme, formaient la partie la plus nombreuse de la flotte de course. Sous le rapport des moyens qui serviront à attaquer le commerce, la marine actuelle offre donc à la course des ressources inférieures à celles d'autrefois.

Trouverons-nous, au moins, une compensation du côté du commerce lui-même? Il ne semble pas.

Avec la navigation à vapeur, les navires marchands seront plus difficiles à trouver, parce qu'ils ne sont plus astreints dans la même mesure qu'autrefois à venir atterrir sur les bornes qui marquent le tournant des routes commerciales (1).

De plus, bien que le commerce britannique ait progressé dans de grandes proportions, le nombre des navires qui le transportent a diminué, parce que leur capacité a considérablement augmenté.

---

(1) Le cap Finistère et le cap Saint-Vincent, par exemple, voient journellement passer un grand nombre de navires; mais dès qu'on saura y trouver des corsaires, on passera au large, et tous ces bâtiments qui se trouvaient groupés sur une même ligne pendant la paix seront dispersés sur une largeur de 50 ou même 100 milles. Les voiliers, à cause des procédés rudimentaires de la navigation, ne pouvaient se dispenser d'atterrir sur certains caps.

Il existe aussi un autre élément qui affectera sensiblement les résultats de la guerre industrielle.

Autrefois, le commerce neutre avait peu d'importance et, lorsqu'il se trouvait sur la route de nos corsaires, il était toujours de bonne prise, sous prétexte de contrebande de guerre. Comme les nations auxquelles il appartenait n'avaient pas de marine pour soutenir leurs revendications, les neutres empruntaient le pavillon anglais pour jouir de sa protection (1). Or, aujourd'hui, l'Angleterre n'a plus le monopole exclusif du transit maritime, et, en temps de guerre, cette circonstance la servira. Nous serons obligés de ménager les susceptibilités des puissances neutres, afin de ne pas indisposer contre nous des marines aussi fortes que celles de l'Allemagne et des États-Unis. Une partie des produits indispensables à la Grande-Bretagne naviguera sous pavillon neutre. Sous cette égide, les denrées viendront s'accumuler dans les entrepôts de l'Allemagne, de la Belgique et de la Hollande, d'où elles n'auront plus à traverser qu'un bras de mer facile à protéger.

Enfin, les conditions économiques de la vie des peuples se sont profondément modifiées depuis un siècle et ont leur répercussion sur la durée des conflits. Or, la guerre de course, par son essence même, a besoin d'une certaine durée ; il faut du temps pour qu'elle fasse sentir son influence et que les privations qu'elle engendre déterminent dans le pays qui en souffre un courant d'opinion favorable à la paix. La guerre pourra-t-elle actuellement durer longtemps, étant donnés les sacrifices qu'elle exige? Pour la France, elle entrainera un arrêt absolu du transit maritime; les colonies seront complètement isolées; les grands ports de commerce resteront déserts. En même temps, nous perdrons notre

----

(1) C'est un fait réellement extraordinaire et qui montre à quel degré le commerce anglais était protégé.

meilleur client, qui est l'Angleterre elle-même. Combien de temps pourra durer cette situation anormale? N'est-il pas à craindre qu'en cherchant, par une action prolongée, à faire mourir de faim les Anglais, nous ne succombions nous-mêmes d'inanition?

En vérité, ce n'est pas la marine à vapeur, ni les conditions économiques des nations, qui peuvent apporter à la course les éléments de succès qui lui ont fait défaut dans le passé.

Mais peut-être n'a-t-on pas su la pratiquer?

La course est une guerre de guérillas qui se fait sur une immense plaine : la mer. Cette plaine est sillonnée par des routes commerciales que suivent les bâtiments marchands. Si nous traçons ces routes sur une carte, nous constatons que, dans certaines régions, le transit y devient très dense, et en particulier dans le voisinage des côtes d'Angleterre. Ombrons maintenant tous les endroits où le transit se concentre. Toutes les parties ombrées constituent le champ d'action des corsaires; ils y sont attirés comme les alouettes par un miroir.

Tant qu'ils restent seuls maîtres du terrain, ils opèrent tout à leur aise, et si les choses restaient en cet état, nul doute que les résultats ne soient conformes aux prévisions; mais, dès que les croiseurs ennemis accourent, la situation se modifie. Une partie des corsaires succombent; les autres quittent leur champ d'action. Ceux-là sont alors obligés de se rabattre sur d'autres régions moins fréquentées, où ils sont encore pourchassés, et, finalement, ceux qui échappent vont se réfugier dans des parages si déserts que leurs prises ne pèsent d'aucun poids sur l'ennemi.

Il y a donc également des champs de bataille dans la guerre de course, tout comme dans n'importe quel système de guerre; la seule différence est qu'ils sont très étendus. S'ils sont faciles à occuper, ils seront plus difficiles à con-

.server; et là, comme ailleurs, l'avantage restera au nombre, c'est-à-dire à l'Angleterre.

Naturellement, on ne pourra pas purger instantanément de vastes régions; il faudra du temps et de la méthode. C'est pour cette raison que la course traverse toujours une période très lucrative au début d'une guerre; mais on se ménagerait d'amères désillusions en basant des calculs sur les résultats des premières hostilités.

Nous voyons maintenant les points faibles de la course.

Pour qu'elle soit efficace, il faut non seulement occuper le terrain, mais en rester maître *par la force*. Or, c'est précisément parce que ni les corsaires privés, ni les divisions volantes, n'avaient une puissance suffisante, qu'elle n'a pas abouti dans le passé.

C'est à cette même conclusion que nous allons être conduits malgré nous, si nous admettons que l'Angleterre ne se laissera pas mourir de faim avant d'avoir mis tout en œuvre pour se nourrir.

Nous avons d'abord à déterminer le type de corsaire à adopter, car il ne s'improvise pas au jour de la déclaration de guerre.

En envisageant la course au même point de vue qu'autrefois, il nous faudra un bâtiment dont les qualités principales soient la vitesse et le rayon d'action. Ces deux éléments ne peuvent être obtenus qu'au détriment de l'armement et de la protection, et nous aurons ainsi le type *Guichen*.

Ce bâtiment, mis en présence d'un croiseur ennemi, n'a pas deux partis à prendre; il n'en a qu'un seul : fuir. Il y aurait lieu alors d'examiner les conséquences qu'entraînerait pour les résultats de la course la nécessité de rester constamment sur le qui-vive et d'abandonner le champ de croisière pour ne pas être capturé; mais, sans aller si loin, il est plus que douteux que la vitesse garantisse l'impunité au corsaire, car il a autre chose à faire qu'à se sauver; il est là pour arrêter les bâtiments de commerce et cette obligation le mettra perpétuellement en danger.

Cherchons à nous rendre compte de ce qui va se passer.

Nous sommes en croisière à bord du *Guichen*. Une fumée paraît à l'horizon; nous courons dessus. Est-ce un cargo? est-ce un croiseur ennemi?

C'est un cargo. On lui envoie un coup de canon. Il stoppe. Une embarcation est amenée et porte à bord un officier pour opérer la visite.

Le bâtiment est anglais, il est de bonne prise. On place à bord un équipage de fortune, et il est expédié en France (1).

Le *Guichen* reprend sa croisière.

Une seconde fumée apparaît. Cette fois, c'est un bâtiment rapide : à la longue-vue, on aperçoit trois cheminées qui s'élèvent au-dessus de l'horizon, et le navire approche rapidement.

Ne serait-ce pas un croiseur? Le commandant devient circonspect; il se demande s'il ne va prendre chasse.

A ce moment, le bâtiment évolue; il nous a aperçus, il veut fuir. Poussez les feux.

Un coup de canon part du *Guichen*. Le coup est heureux : le boulet, lancé à toute portée, tombe à côté du paquebot qui s'arrête aussitôt et met en travers pour accuser sa manœuvre.

Mêmes formalités que ci-dessus.

Mais, pendant l'opération d'amarinage, qui menace d'être longue, car il faut transborder une partie du personnel, on voit poindre une troisième fumée. C'est encore un gros navire, sans doute un transatlantique allemand : il a quatre cheminées. Mais non, il met le cap sur le *Guichen*. Malédiction ! C'est un croiseur ennemi qui suivait le paquebot, nous sommes tombés dans un piège. Poussez les feux, les machines à toute vitesse et sauvons-nous.

---

(1) On peut aussi le couler après avoir recueilli l'équipage.

A quelle distance le corsaire reconnaîtra-t-il le croiseur? Lorsque l'artillerie n'avait d'effet utile qu'à 500 mètres, on avait toujours la ressource de prendre chasse bien avant d'être à portée de canon; mais maintenant... A 6.000 mètres, on distingue mal un croiseur anglais d'un paquebot; car il n'y a que la France qui ait donné à ses bâtiments ce museau allongé qui révèle de loin leur marque de fabrique. Aussi, notre corsaire, avant d'avoir poussé ses feux, verra déjà les obus pleuvoir autour de lui; et comme il n'a ni canons (ou si peu que rien) ni protection, il a neuf chances sur dix d'être atteint et forcé de diminuer de vitesse. Dès lors, il est perdu (1).

Et la nuit, comment fera-t-on? On devra sans doute renoncer aux visites (2); mais on ne pourra se prémunir contre les rencontres désagréables.

En vérité, ces bâtiments qui auront la double préoccupation de veiller les navires marchands — pour les arrêter — et les navires de guerre — pour se sauver — ne me disent rien qui vaille. Il est à craindre que le souci de la conservation, qui est ici une nécessité, ne l'emporte sur le désir de capturer le commerce, et les résultats de la course en seront sensiblement affectés.

On peut admettre que les corsaires ne doivent pas chercher à se battre, mais ils n'en seront pas moins obligés de faire tête souvent, et il est inadmissible qu'ils soient à chaque instant obligés d'interrompre leur croisière ou d'abandonner des prises.

Il faut donc aux corsaires des moyens équivalents à ceux des croiseurs; c'est pourquoi le *Guichen* et le *Châteaure-nault* sont absolument impropres au rôle qu'on leur destîne.

---

(1) Il se passera ce qui s'est passé pour le *Rurik*.

(2) Ce qui laisserait déjà échapper 50 °/o du commerce.

Cette conclusion semble désormais acquise; la Marine, après avoir sacrifié 32 millions (je dis : trente-deux millions) pour donner une satisfaction de principe aux partisans de la course, la Marine, dis-je, a renoncé à ce type de navire pour s'en tenir aux croiseurs cuirassés.

La supériorité de vitesse, cette supériorité sur laquelle on compte, bien à tort, pour se tirer de tous les mauvais pas, n'existe donc plus en fait. Nous l'avons déjà dit : aucune puissance ne détient le monopole de la vitesse. Celle-ci ne s'obtient qu'en développant la puissance du moteur au détriment de la puissance militaire et, à forces égales, correspondront sensiblement des vitesses égales.

Si nous cherchons une augmentation de puissance dans une augmentation de tonnage (1), la France pourra avoir sur chantier une unité sans rivale, comme la *Jeanne-d'Arc,* mais elle sera aussitôt suivie, rattrapée et distancée. Dans cette course au tonnage, elle ne pourra prétendre qu'à posséder un ensemble de croiseurs d'une valeur moyenne égale à celle des croiseurs anglais.

Nous n'avons pas intérêt, d'ailleurs, à rechercher le « plus fort », qui aboutit forcément au « plus grand ». Puisqu'on nous présente la course comme un système de guerre économique et que, par sa nature, elle exige un grand nombre de bâtiments, c'est un non-sens de la pratiquer avec des instruments non moins coûteux que des cuirassés. Cependant, nous sommes entraînés malgré nous sur une pente fatale, par la préoccupation de ne pas nous laisser gagner, et pour s'en convaincre, il suffit de mesurer le chemin parcouru depuis le *Dupuy-de-Lôme* jusqu'à la *Jeanne-d'Arc !* Tandis

---

(1) C'est cette solution qu'employèrent les Américains en 1812. Intervenant au milieu d'une guerre conduite avec des moyens et des procédés depuis longtemps consacrés, ils opposèrent aux frégates anglaises des frégates d'un échantillon plus fort et mieux armées. Ce fut la cause des quelques succès de détail qu'ils remportèrent.

que celle-ci poursuivait péniblement ses essais, les Anglais pouvaient déjà lui opposer les croiseurs *Bacchante, Cressy, Hogue* et *Sutley* qui ont 900 tonneaux de plus. On mit alors en chantier le *Léon-Gambetta,* de 12.500 tonnes, mais le *Good-Hope,* qui en jauge 14.100, était en service avant lui. Aussi a-t-on parlé d'un croiseur de 16.000 tonnes. Et qui fait cette proposition? Les partisans de la course, ceux qui n'ont cessé de protester contre la marine des millions flottants, les adversaires des « léviathans » (1).

On peut juger par ce fait combien le problème de la course, si simple dans sa conception, devient complexe dès qu'on passe à l'application. Même en consacrant toutes nos ressources à construire des croiseurs, nous n'en aurons jamais, avec de pareilles dimensions, qu'un nombre très restreint.

Voici alors ce qui se passera.

Ne disposant que d'un petit nombre de bâtiments, nous subirons plus impérieusement encore que nos aînés la nécessité d'aller chercher les bâtiments de commerce dans les régions où le transit est très dense; et nous enverrons croiser nos corsaires sur des lignes déterminées qui constitueront des barrages (2).

On pense bien que l'Angleterre ne les laissera pas opérer tranquillement sans rien faire. Disposant d'un nombre de croiseurs plus grand, elle les lancera à la poursuite des nôtres, dont une partie succombera; les autres devront

---

(1) Nos cuirassés n'en sont encore qu'à 14.800 tonnes.

(2) La seule indication précise qu'on relève, dans les écrits relatifs à la course, sur la façon d'utiliser les croiseurs, consiste à les envoyer croiser sur les lignes Ouessant—cap Lizard et Ouessant—cap Clear. Il ne semble pas que cette disposition puisse produire des résultats sérieux dans la Manche (abstraction faite des croiseurs ennemis). Les bâtiments marchands suivront la côte d'Angleterre, et toute la partie sud de la Manche sera déserte (Voir à ce sujet le travail du C^t BALLARD : *De la Protection du commerce en temps de guerre*).

évacuer une région où il n'y aura plus aucune sécurité pour eux (1).

Il faudra bien cependant y revenir, car si nos croiseurs se mettent à courir les mers, sans méthode, ils s'éloigneront des zones de concentration du commerce et le nombre de leurs prises tombera immédiatement, dans des proportions considérables. Ils infligeront encore à l'ennemi des pertes, mais elles ne représenteront que 4 ou 5 °/₀ du commerce général (2).

Dès lors, la course aura fait une véritable banqueroute. Non seulement elle n'aura pas atteint son but, qui est d'affamer l'Angleterre, mais elle nous aura laissés complètement désarmés contre toutes les entreprises de l'ennemi, qui prendra une à une nos colonies; elle ne prélèvera qu'un impôt de guerre que nous rembourserons à la paix.

On recherchera donc une autre méthode qui, en donnant aux corsaires plus de force, leur permettra de se maintenir sur le terrain de croisière. Aux croiseurs isolés, on substituera des groupes de deux ou trois croiseurs; et même, pour bien faire, il faudrait qu'ils fussent accompagnés de quelques bâtiments légers. Ces divisions auront pour but de se maintenir sur le terrain de croisière, tandis que les bâtiments légers rayonneront autour d'elles, rabattant les navires de commerce.

---

(1) La présence de croiseurs ne peut rester ignorée. Les armateurs connaissent la route que suivent leurs bâtiments; ils sont prévenus télégraphiquement à chaque escale. Au moindre retard d'un télégramme, on en déduira la présence de l'ennemi entre deux points de relâche. Les bâtiments neutres qui traverseront les champs de croisière de l'ennemi ne manqueront pas de raconter ce qu'ils ont vu et les consuls anglais en aviseront leur gouvernement. Enfin, dans certaines régions, on n'attendra pas que les corsaires aient signalé leurs exploits pour y envoyer des croiseurs.

(2) Et ce déficit pourra facilement être comblé par les marines neutres.

Déjà, le principe de la course se modifie. Son action est décomposée. D'un côté, une division qui représente l'idée de force; de l'autre, des bâtiments légers qui s'appuient sur elle pour ne pas être enlevés par les croiseurs ennemis isolés (1).

Dans les premiers temps, ces nouvelles dispositions troubleront les prévisions de l'ennemi, mais, au bout de quelques jours, il suivra le mouvement et adoptera une distribution de forces analogue. A nos divisions, il opposera des divisions plus fortes. Les nôtres finiront donc par se faire prendre, comme les divisions de Decrès, si on ne les renforce pas à temps. Et ainsi, de fil en aiguille, on sera amené à accumuler, dans les régions qui constituent les champs de bataille de la course, toutes les forces dont on disposera, de quelque nature qu'elles soient, afin d'en rester maître.

Ainsi, la course, dont le point de départ est une guerre de tirailleurs, aboutirait à la longue à la guerre d'escadres, si on disposait de moyens suffisants pour prolonger indéfiniment la lutte.

Du moment que deux adversaires se disputent un terrain, chacun d'eux est amené malgré soi à surenchérir sur l'autre pour en rester maître jusqu'à ce que, de chaque côté, on ait épuisé toutes ses ressources. La rencontre de deux masses n'est donc pas la résultante d'une conception plus ou moins juste, c'est une conséquence de l'état de guerre (2).

Nous en avons une preuve frappante dans les guerres anglo-hollandaises.

Aucune lutte de peuples n'a eu, au même degré, le carac-

---

(1) Ces auxiliaires n'ont nullement besoin d'avoir un fort tonnage ni une valeur militaire.

(2) Qu'on le veuille ou non, on ne pourra jamais attaquer un groupement de forces qu'à l'aide d'un autre groupement de forces ; et l'on est forcé de réunir les bâtiments en escadre pour être le plus fort ou le moins faible possible.

tère d'un conflit économique. Entre l'Angleterre et la Hollande, la destruction du commerce n'était pas, comme elle le fut par la suite pour la France, un moyen; c'était le but même de la guerre. Il s'agissait de savoir à qui appartiendrait le monopole du commerce maritime. Cependant, aucune guerre ne nous offre le spectacle d'un aussi grand nombre de batailles rangées et la réunion de masses aussi considérables. Et ce n'est pas de parti pris, par suite d'une convention tacite, que les deux adversaires en arrivèrent ainsi à se mesurer en champ clos. Ils y furent conduits malgré eux, par degrés insensibles, parce qu'ils ne pouvaient faire autrement. Et ce qui le prouve, c'est que les concentrations se produisirent surtout à la fin de chaque guerre, après qu'on eut essayé infructueusement de chaque côté d'attaquer ou de protéger directement le commerce.

Voici donc comment nous apparaît la guerre industrielle.

L'objectif est d'empêcher les bâtiments marchands de sortir des ports sans être capturés et d'arrêter au passage ceux qui y rentrent. Contre l'Angleterre, il faudrait donc occuper en force la Manche, la mer du Nord et le canal Saint-Georges, et y placer des escadres assez nombreuses pour s'y maintenir, pendant que les bâtiments légers rayonneraient autour d'elles (1). Il en résulterait forcément des batailles dans lesquelles nous aurions le dessous, parce que, recevant le choc au lieu de le provoquer, nous serions battus en détail.

Pratiquement, il faut donc abandonner provisoirement la course et utiliser nos forces à vaincre les escadres, non pas dans la Manche ou la mer du Nord, mais sur le champ de bataille qui nous offrira le plus de chances de succès. Si nous sommes vainqueurs, nous reporterons alors nos forces

---

(1) Mais, alors, il n'est plus nécessaire de construire des bâtiments spéciaux.

sur le terrain de la course et nous l'occuperons avec des forces suffisantes pour que les débris des escadres ennemies ne puissent les déloger (1). Comme l'on voit, dans ce cas comme dans tous les autres, l'objectif final ne sera atteint qu'après un duel; il sera le fruit de la victoire.

Je prévois d'ici l'objection : nous serons battus.

C'est probable. Quand une marine s'est laissé distraire de son objectif en consacrant ses ressources à poursuivre la chimère de la protection directe des côtes et l'utopie de la course, elle se trouve prise au dépourvu le jour où elle est obligée de descendre dans l'arène; mais, si nous pouvions restituer à l'offensive et au combat tout ce qu'on leur a enlevé, nous aurions une puissance si formidable, que la plus forte marine n'engagerait pas la lutte contre nous sans appréhension. Nous n'en aurions pas moins l'infériorité absolue. Et puis après? Cela ne prouverait pas qu'on puisse faire la guerre de guérillas dans un pays de plaine, ni qu'on puisse se soustraire à la nécessité de se battre, qu'on soit fort ou faible. La guerre serait vraiment trop facile s'il suffisait d'une formule pour faire évanouir le spectre de la marine anglaise. Et j'avoue, à ma honte, que quelque chose m'échappe quand je vois soutenir cette théorie qu'on pourra détruire le commerce sans être obligé de se battre contre ceux qui le défendent.

Entre partisans et adversaires de la course, il n'y a pas divergences d'opinions sur la meilleure méthode de guerre à

---

(1) Si l'on n'est pas assez fort pour transporter le champ de bataille dans le voisinage des côtes ennemies, qui est le point d'aboutissement des navires de commerce, on aura du moins arrêté net tout transit dans la région où on aura la supériorité. Qu'on suppose une victoire en Méditerranée assez complète pour forcer les Anglais à l'évacuer; il suffira de huit ou dix navires quelconques, voire même en bois, pour couper la Méditerranée en deux entre la Tunisie et la Sardaigne, la Corse et la Provence, et arrêter tous les bâtiments marchands.

adopter, mais seulement sur la meilleure façon de la faire (1). Doit-on s'attaquer directement à la propriété flottante ou faut-il viser d'abord les forces militaires qui sont la sauve-garde de cette propriété? Toute la question est là.

Nous voici donc revenus à notre point de départ; car, si l'on se reporte au début de cette étude, on verra que c'est le problème qui se posa aux premiers jours de la guerre navale moderne.

Ainsi, pendant un siècle et demi, des nations maritimes auront dépensé des trésors d'énergie pour arriver à découvrir la façon la plus efficace de ruiner la richesse maritime, et aujourd'hui on nous propose de recommencer à nos dépens la même expérience! C'est parce que la France n'a jamais voulu admettre, ou n'a pas su discerner la leçon qui se dégageait des faits que, pendant si longtemps, elle a recommencé l'histoire, à chaque guerre nouvelle. S'obstinant à plaider indéfiniment le même procès, elle l'a toujours perdu, parce que la cause était mauvaise.

Est-ce à dire qu'il n'y ait rien à tirer de l'attaque directe de ces richesses éparpillées sur toutes les mers du globe?

Peut-être. Mais à la condition de n'en faire qu'une opération secondaire, dans le but d'immobiliser à peu de frais un grand nombre de bâtiments ennemis.

Nous avons dit que ce qui perdait les corsaires, c'était la nécessité de conserver toujours les mêmes champs de croisière; mais, si on ne cherche plus à affamer l'ennemi, si on se borne à menacer sa propriété pour le forcer à la protéger, on entrevoit que des divisions très mobiles pourront se présenter dans une région qu'ils savent momentanément dégarnie; puis, après avoir fait sentir leur présence pour y attirer l'ennemi, changer brusquement de terrain d'action

---

(1) Car, la course menant aux fins de la guerre, il n'y a pas de raison pour en repousser le principe.

et reparaître sur un autre point très éloigné. Alors l'ennemi, arrivant trop tard, restera sur les lieux, de crainte d'un retour offensif. Évidemment, la nécessité de se déplacer constamment et de traverser de grandes étendues de mer désertes ne permettra jamais de causer au commerce un préjudice suffisant pour peser sur les destinées de la guerre; mais, si on parvient ainsi à créer une diversion assez puissante pour détourner l'ennemi de l'attaque de nos colonies, que nos stations lointaines sont trop faibles pour défendre, si, surtout, on le force à dégarnir ses escadres d'une partie de ses croiseurs, on aura secondé les opérations générales.

Nous arrivons ainsi à un système qui se rapproche de celui des divisions légères du premier Empire, mais qu'il faut perfectionner, pour ne pas arriver au même résultat. Ces divisions finissaient par s'éteindre d'elles-mêmes, faute d'aliments; car il se produit toujours des déchets dans une force navale qui a un service actif, même lorsqu'elle ne rencontre pas l'ennemi (ce dont on ne peut jamais se flatter); de plus, tout en se déplaçant, elles s'attardaient trop longtemps dans une même région et finissaient par y être rejointes.

Afin d'éviter ces inconvénients, il faudra que nos divisions soient plus mobiles et qu'elles soient renforcées d'une façon permanente en se fusionnant les unes dans les autres.

Mais l'effet de ces dispositions ne peut avoir qu'une durée limitée; au bout d'un certain temps, l'ennemi finira toujours par voir clair dans notre jeu et par atteindre les corsaires. C'est donc surtout au début d'une guerre, avant que le système de la défense ne soit organisé, qu'elles produiront leur effet; si elles échappent assez longtemps pour que, sur un autre théâtre, on ait pu frapper des coups décisifs, le but aura été atteint.

Mais ce serait une erreur de s'affaiblir en construisant un matériel spécial pour ce genre de diversion, ou d'y affecter des bâtiments de première ligne. Il est tout indiqué de consacrer à ce rôle les stations lointaines. Dans ce but, donnons-leur une composition rationnelle, au lieu d'y affecter des navires en bois, sans vitesse, et surtout sans rayon d'action.

*
* *

Nous ne pouvons clore ce chapitre, écrit avant la guerre russo-japonaise, sans faire intervenir les conclusions qui se dégagent de ce conflit au point de vue de la course.

Chacun des belligérants adopta une attitude différente, au regard de la destruction du commerce.

Le Japon ne s'occupa d'abord que de s'assurer la liberté de la mer et il négligea complètement la course. Ce n'est qu'à partir du moment où il n'eut plus de bâtiments ennemis à combattre qu'il arrêta le commerce en interceptant les voies d'accès des deux ports russes de Port-Arthur et de Vladivostok.

La Russie préféra diviser ses efforts; elle voulut mener concurremment l'action militaire avec l'escadre de Port-Arthur et l'action commerciale avec les croiseurs de Vladivostok. Elle s'affaiblit ainsi sur le principal théâtre des opérations, sans porter un préjudice appréciable au Japon; car, cette division de croiseurs, pourchassée dès qu'elle révélait sa présence par des prises, était obligée de quitter son terrain d'opérations et se hâtait de rentrer au port.

Un beau jour, il arriva ce qui devait arriver fatalement: les croiseurs durent accepter le combat et l'un d'eux succomba. A partir de ce moment, c'en fut fini de la course.

Quelle leçon pour les partisans de la guerre commerciale !

IV

LES BLOCUS

Les blocus consistent à établir dans le voisinage d'un port une force navale chargée d'en surveiller les abords, pour qu'aucun bâtiment ne puisse entrer ou sortir sans être aperçu et poursuivi.

Le système des blocus date des guerres de la Révolution et de l'Empire. Jusqu'alors, la France avait vu souvent les flottes anglaises croiser devant Ouessant pour surveiller la sortie de nos vaisseaux ou intercepter la rentrée du contingent du Levant; mais ces apparitions n'étaient que momentanées, et elles n'avaient jamais eu la permanence ni la durée qui caractérisent les véritables blocus. Sous la monarchie, les bâtiments n'avaient pas encore acquis les qualités nautiques, l'endurance et l'autonomie nécessaires pour garder l'entrée d'un port ennemi dans toutes les saisons et par tous les temps. On sait d'ailleurs que les flottes avaient coutume de désarmer à la fin de l'automne; en sorte que les opérations maritimes n'avaient qu'une durée de quelques mois et recommençaient sur une base nouvelle à chaque printemps.

Ces usages avaient une répercussion directe sur l'armement des vaisseaux et sur les règles de la guerre navale. Les flottes nombreuses ne possédaient jamais d'approvisionnements suffisants pour des croisières de quelque durée; les bâtiments n'étaient pas organisés pour conserver de grandes quantités de vivres et d'eau, et c'est à cette cause qu'on doit attribuer les épidémies qui sévissaient si souvent à bord et entravaient les opérations.

Lorsque s'ouvrit, en 1793, une nouvelle période de guerres maritimes qui ne fut coupée, jusqu'en 1814, que par la courte paix d'Amiens, l'art nautique était déjà en progrès sensible. L'hydrographie des parages les plus fréquentés était mieux connue, et les longs voyages d'exploration, entrepris à la suite de la guerre d'Amérique, avaient déterminé, dans la construction des vaisseaux, des modifications qui en faisaient des instruments plus maniables; en même temps, se formaient des états-majors et des équipages capables d'affronter les éléments au lieu de se laisser asservir par eux.

Mais ce qui, plus que toute autre cause, força l'Angleterre à entrer dans une voie nouvelle, ce fut le caractère particulier que prenait la guerre. Le gouvernement de la Révolution ne cachait pas son intention de relever sur mer le défi que lui jetait l'Angleterre, comme il n'avait pas craint de tenir tête sur terre à toutes les puissances continentales; et il avait prouvé, par la tentative avortée de Hoche en Irlande, par l'expédition du général Humbert et par celle d'Égypte, qu'il ne se laisserait pas arrêter par les opérations les plus téméraires et aussi les plus imprévues.

Peu soucieuse d'éprouver de nouveau une surprise aussi désagréable que la conquête de l'Égypte, redoutant tout d'une nation aussi entreprenante, inquiète de voir se renouveler sur mer, et à ses dépens, les prodiges qu'avait suscités sur terre l'enthousiasme national, l'Angleterre se vit obligée d'abandonner les anciennes méthodes qui, jusqu'alors, avaient suffi à lui donner l'empire de la mer et à garantir la sécurité de son territoire. A une situation nouvelle, il fallait des moyens nouveaux. C'est alors qu'elle songea à paralyser notre marine et celle de nos alliés en tenant les flottes enfermées dans les ports. Suivant une expression aujourd'hui consacrée, elle prétendit reporter sa frontière jusqu'aux côtes ennemies; et, derrière cette frontière, la mer lui appartiendrait.

Ce qu'il y a de plus curieux, c'est qu'après avoir conçu ce plan gigantesque, elle est parvenue à le réaliser, sinon complètement, du moins d'une façon efficace.

Mais ce ne fut pas du premier coup, par intuition, que l'Amirauté recourut à ce moyen extrême; la nécessité s'en fit jour peu à peu. La guerre commença sur les anciennes bases; les escadres des deux partis sortent et rentrent sans être surveillées; elles se rencontrent lorsque des intérêts opposés les conduisent sur le même lieu.

Mais, lorsque Villaret-Joyeuse est battu à Groix, à la fin de juin 1795, Bridport, qui a besoin de débarquer un convoi d'émigrés à Quiberon, le bloque à Lorient. Le blocus dura jusqu'au jour où le comte d'Artois quitta l'île d'Yeu, renonçant définitivement à mettre le pied en France. Il avait duré cinq mois.

Ce fut une indication. A partir de ce moment, Brest est constamment surveillé; mais le gros des forces anglaises continue à stationner en Angleterre. La sortie de Morard de Galle, avec une flotte de quarante-cinq vaisseaux, montre la nécessité d'une surveillance plus étroite; et, à partir de 1797, les vigies d'Ouessant, sauf de courts intervalles, ne perdront plus de vue la flotte anglaise.

Le blocus s'étendit successivement à Toulon, Rochefort, Lorient; puis, à mesure que de nouveaux ennemis se jetaient dans l'arène, il engloba le Texel, Le Ferrol et Cadix. La marine anglaise n'a jamais rien fait de plus grand.

Pour se faire une idée de l'effort que nécessitait une pareille tâche, il faut se représenter la situation de ces escadres, croisant loin de toute base, pendant des années entières, été comme hiver, et menacées à chaque instant d'être affalées le long d'une côte ennemie par les vents du large.

La solution adoptée par l'Angleterre n'était pas parfaite. Elle n'était exempte ni d'inconvénients ni de dangers; mais, étant données les circonstances, c'était encore la meilleure.

Tout d'abord, les blocus ne furent jamais permanents; le mauvais temps finissait toujours par balayer la croisière. anglaise et par dégager l'entrée de nos ports. C'est ainsi que Bruix et Ganteaume purent sortir de Brest; Brueys et Villeneuve, de Toulon. Et le succès qui sembla favoriser ces amiraux, au début de leurs opérations, pourrait nous faire douter de l'efficacité des blocus. Mais, si on réfléchit que la guerre dura vingt ans, on est stupéfait que, pendant un pareil laps de temps, nos escadres n'aient pu trouver que cinq ou six fois l'occasion de s'échapper. Et encore, dans quelles conditions? Le mauvais temps, qui éloignait l'escadre anglaise, s'abattait sur nos vaisseaux dès leur sortie; et comme leur longue inaction à l'intérieur des ports ne les préparait pas à lutter contre les éléments, leur mission, à peine commencée, se trouvait compromise. Si la tempête permit à Morard de Galle de sortir de Brest, c'est elle qui dispersa ses vaisseaux. Bruix vit également son escadre dispersée, et c'est miracle qu'il ait pu la rassembler. Villeneuve éprouve de telles avaries à sa sortie de Toulon, qu'il est obligé de revenir.

Pour se faire une idée de la rigueur des blocus à cette époque, il faut se rappeler que nos escadres, et en particulier celles de Brest et du Ferrol, restèrent au port pendant des années entières, alors qu'elles auraient dû être constamment à la mer et ne revenir au port que pour se ravitailler ou après un combat. On doit aussi faire entrer en ligne de compte l'arrêt complet de toute communication le long de la côte, qui rendait très difficiles l'approvisionnement et l'alimentation de nos ports (1).

L'un des avantages, et non des moindres, des blocus résidait dans l'ascendant moral qu'ils donnaient aux bloqueurs. En se jetant partout au-devant de l'ennemi, en le provoquant à une rencontre, l'Angleterre accusait sa supériorité et démoralisait ses adversaires. Elle ne se fit pas faute de tirer parti de cette situation, en diminuant, en cas d'urgence, les effectifs de ses forces de blocus (2). Les Anglais avaient fini par avoir une telle confiance qu'ils en étaient arrivés à ne plus prendre aucune précaution; ils mouillaient sur nos rades et y reprenaient leur gréement (3).

Revenons aux dangers qui découlaient du système des blocus.

Toutes les forces anglaises se trouvaient disséminées et isolées les unes des autres, sans pouvoir se soutenir; en sorte que, lorsqu'une de nos escadres parvenait à s'échapper et à faire perdre sa trace, elle pouvait tomber inopinément sur une des escadres de blocus de force moindre et dégager les vaisseaux bloqués; pendant ce temps, les détachements lancés à sa recherche dans de fausses directions restaient

---

(1) « La détresse des ports était extrême; il était impossible de remplacer les câbles d'ancres que les gros temps faisaient casser en rade (1795). » — « Pendant tout l'été se continue ce blocus opiniâtre qui réduit le port de Brest à une extrême détresse. L'heureuse arrivée, le 14 janvier, d'un convoi venant de Nantes et qui échappe aux croiseurs anglais, sauve seule d'une famine imminente (1797). » — « Jusqu'à l'abandon du projet d'expédition confié à Bonaparte, on manquera à Brest de cordages, et des vaisseaux resteront hors d'état de mettre à la voile, parce qu'on n'a pu leur procurer des câbles pour leurs ancres. » « Brest ne recevant rien fut bientôt aux abois (1799). » (« Le Blocus de Brest de 1793 à 1805 », *Revue d'Histoire,* octobre 1902.)

(2) Les Hollandais furent les seuls à oser offrir délibérément le combat à l'escadre qui bloquait le Texel (Camperdown).

(3) L'amiral Ganteaume, à l'instigation d'un de ses capitaines, songea à profiter de cette négligence pour attaquer au mouillage de Douarnenez l'escadre anglaise, mais il ne donna pas suite à son projet.

étrangers aux opérations (1). Dès lors, tout le système s'écroulait comme un jeu de cartes. L'Angleterre eut la bonne fortune d'échapper à ce péril, mais elle ne le dut qu'à la désorganisation de notre marine et à la peur maladive qu'inspiraient ses vaisseaux à nos amiraux, ce qui tendrait à nous prouver que, dans des conditions normales, il eût fallu renoncer aux blocus. Deux exemples nous le feront voir.

Nous avons vu déjà que Bruix, après avoir quitté Brest sans être suivi par Bridport, se présenta subitement devant Cadix. Lord Keith y bloquait Mazzaredo. Bruix pouvait opposer vingt-cinq vaisseaux à dix-huit. Logiquement, il devait remporter un succès éclatant. Mais il fallait combattre ; il ne le fit pas. La manœuvre n'eut donc pas de suites graves, mais elle aurait pu en avoir, si vingt-cinq vaisseaux français avaient été capables de vaincre dix-huit vaisseaux anglais.

Plus tard, Villeneuve, qui revenait des Antilles après s'être débloqué de Toulon, tomba sur Calder, qui bloquait Le Ferrol. Même disproportion de forces : vingt vaisseaux contre quinze. Si Calder avait été battu, les blocus de Brest et de Rochefort tombaient, mais il fut vainqueur ! ! ! Un pareil résultat est déconcertant (2).

La position de toutes ces escadres était si périlleuse, que

---

(1) C'est ainsi que Calder reste cinq mois aux Antilles à la recherche de Ganteaume, qui était en Méditerranée, et que Bridport alla chercher Bruix sur les côtes d'Irlande. Au moment où Villeneuve sortit de la Méditerranée, l'ordre avait été donné de détacher dix vaisseaux de la Manche pour se lancer à sa poursuite. Si l'ordre n'avait pas été rapporté au moment où l'on sut que Nelson avait pris l'initiative d'aller aux Antilles, les forces qui surveillaient Ganteaume eussent été réduites à peu de chose.

(2) Voici un troisième exemple que nous n'avons pas cité, parce qu'il n'a pas la même portée. L'amiral Willaumez sort de Brest le 21 février 1809 pour débloquer Lorient et Rochefort. Il y parvient, mais laisse échapper les deux croisières ennemies. En eût-il été de même, si nos vaisseaux avaient été aussi bien manœuvrés que ceux des Anglais ?

l'histoire nous a transmis les appréhensions des amiraux anglais. « Calder, écrivait Collingwood, est réduit à l'état de squelette. »

A cette époque, tout le monde en France, y compris Napoléon, se méprit complètement sur les conséquences qu'entraînait pour chaque parti le système des blocus. L'opinion courante était que les Anglais s'épuisaient à tenir ainsi la mer, tandis que nous conservions notre matériel en bon état. Certainement, cette perpétuelle navigation entraîna des fatigues excessives; certainement, les vaisseaux fatiguaient beaucoup; mais ces croisières prolongées formaient des équipages et des états-majors incomparables. La monotonie de cette faction, la surveillance continuelle exaspéraient les hommes, mais engendraient un état d'esprit qui favorisait les desseins de l'Amirauté. Chacun n'entrevoyait la fin de ses maux que dans un combat qui, en supprimant la cause, supprimerait l'effet; on en arrivait à désirer ardemment une rencontre. Dès lors, la victoire était assurée.

Nos escadres, au contraire, se consumaient dans l'inaction; les vaisseaux, montés par des équipages novices, ne prenaient la mer que pour être le jouet des éléments; le moindre coup de vent les réduisait à l'état d'épaves. Il y avait, entre les équipages des deux nations, la différence qui existe entre le soldat nouvellement appelé sous les drapeaux et le vétéran dont les armes sont rouillées et les vêtements usés.

*
* *

Les blocus ne furent pas pratiqués partout de la même manière.

A Brest, avec Bridport et Cornwallis, le gros des forces se tenait au large d'Ouessant, tandis qu'une escadre légère, qu'on appelait l'*Inshore squadron,* s'établissait dans l'Iroise, poussant des pointes jusqu'au goulet et détachant quelques bâtiments dans la baie de Douarnenez pour surveiller le raz de Sein. Lorsqu'il faisait beau, la flotte mouillait à l'entrée de l'Iroise ou à Douarnenez. Enfin, un certain nombre de vaisseaux se rendaient périodiquement dans un arsenal anglais pour se ravitailler et s'y refaire.

Lorsque Nelson fut chargé, en 1803, du blocus de Toulon, il procéda différemment. Il restait en face du port, avec toutes ses forces, pendant un mois environ; puis il se retirait à La Magdalena pour faire reposer ses équipages, ne laissant en surveillance que des frégates. La ligne de conduite adoptée par Nelson lui était peut-être imposée par les circonstances; en tout cas, elle cadrait assez bien avec l'opinion qu'il avait de son rôle. Il soutenait, dans ses lettres à l'Amirauté, que son but n'était pas d'empêcher les Français de sortir, mais seulement de les combattre s'ils sortaient. Cette manière de voir était juste, car, s'il parvenait à joindre nos vaisseaux au large et à les détruire, la question était liquidée en Méditerranée, et les forces employées au blocus devenaient disponibles; mais encore fallait-il que la surveillance restât suffisante pour ne pas laisser perdre les traces du bloqué. Or, elle ne le fut pas. Une première fois, Villeneuve put sortir et rentrer trois jours après sans être inquiété; et la seconde fois, Nelson alla le chercher dans une fausse direction. La Magdalena était donc une base trop éloignée de Toulon.

On ne s'explique pas d'ailleurs comment des frégates purent croiser impunément devant Toulon sans être soutenues par leur escadre. Il y a toujours, dans une force navale, des bâtiments d'une marche supérieure; rien n'eût été plus facile que de faire sortir quelques vaisseaux la nuit, sans feux, pour acculer les frégates anglaises contre la côte et les forcer au combat. Si Villeneuve avait pourchassé avec persistance les éclaireurs qui le surveillaient pendant l'absence de Nelson, celui-ci eût dû les emmener avec lui cha-

que fois qu'il se retirait à La Magdalena. Il ne semble pas
non plus que Villeneuve ait songé à profiter de l'éloignement de l'ennemi pour sortir et faire exécuter à ses bâtiments des exercices dont ils avaient cependant grand besoin
avant de prendre la mer.

**

La marine à vapeur fit disparaître toute idée de blocus.
A l'origine, on n'entrevoyait pas la possibilité de faire des
croisières prolongées avec des bâtiments qui n'avaient qu'un
faible approvisionnement de charbon et dont les machines
avaient fréquemment besoin d'être visitées. Le blocus d'un
port ennemi très rapproché des côtes anglaises, tel que
Brest, eût été seul possible; et encore il eût fallu y employer
des effectifs au moins doubles de ceux du bloqué.

On vécut ainsi de longues années, mais un jour vint où
des publicistes d'outre-Manche, appuyés par des amiraux
politiciens, s'avisèrent que l'Angleterre était sans défense.
Des pamphlets montrèrent le sol britannique envahi, Londres assiégé, la marine anéantie, etc., etc.

Il a toujours suffi de presser le ressort de l'invasion pour
ouvrir la bourse des insulaires. Telle fut l'origine de l'énorme
développement que prit la flotte anglaise. Quand on eut des
bâtiments, on se préoccupa de les utiliser et on en revint
tout naturellement aux vieux errements qui avaient fait
leurs preuves; mais il fallut alors compter avec un élément
nouveau : le torpilleur.

Celui-ci, dans ses débuts, n'avait pas de brillantes qualités nautiques; c'est à peine s'il pouvait quitter le voisinage
immédiat des côtes. Construit pour attaquer les cuirassés
par surprise, il n'avait de chance de les rencontrer qu'à la
condition qu'ils vinssent eux-mêmes s'offrir à ses coups.
Les blocus étaient donc particulièrement favorables à l'utilisation des torpilleurs, et, en prétendant surveiller nos cui-

rassés, l'Angleterre risquait de perdre les siens. Ces considérations déterminèrent la construction de la flottille des destroyers. Mais, si le danger du torpilleur se trouvait atténué, il n'était pas écarté; et les questions que soulevait l'emploi de la vapeur restaient vivantes, bien que les progrès réalisés dans l'économie des machines eussent considérablement augmenté le rayon d'action des bâtiments. C'est ainsi que prit naissance le système du blocus à distance qui n'est qu'une extension et un perfectionnement du procédé de Nelson.

Voici en quoi il consiste.

L'escadre de blocus prend comme base un mouillage défendu contre l'accès des torpilleurs, à proximité des côtes ennemies. Elle détache une flottille de destroyers, qui s'établit en croisière dans le voisinage immédiat du port bloqué, en la faisant soutenir par quelques croiseurs. Enfin, une ligne de communications relie le corps de bataille aux grand'-gardes, et le tient au courant des mouvements de l'ennemi.

Ainsi les bâtiments isolés qui rentreront au port viendront buter contre les croiseurs; et, si les forces bloquées font une sortie en masse, elles seront suivies par les éclaireurs, qui amèneront leur escadre jusqu'au contact.

On a même prêté à l'Angleterre, pour augmenter la rapidité des communications, l'intention de mouiller un câble dont l'une des extrémités viendrait aboutir soit à bord d'un bâtiment, soit sur une ile de notre littoral.

Une variante de cette forme de blocus consiste à faire appuyer les bâtiments et les croiseurs par une division cuirassée qui est relevée périodiquement.

Ainsi donc, pour bloquer dans Brest notre escadre du Nord, l'escadre anglaise prendrait les iles Sorlingues comme base d'opérations (on prétend que c'est dans ce but qu'on en a fait un point d'appui); les destroyers s'établiraient dans l'Iroise, et les croiseurs entre Ouessant et la chaussée de Sein, avec des détachements dans le Raz et le Four; enfin, une chaîne d'éclaireurs ou un câble relierait les bloqueurs à leur escadre.

Voilà, semble-t-il (bien que nous ne sachions rien de précis à cet égard), les idées qui ont cours de l'autre côté de la Manche. Mais la réalisation de ce programme soulève bien des objections; nous ne manquons pas heureusement de moyens pour contrarier ces ingénieuses dispositions.

Pour ce qui est du blocus direct, il ne faut pas y songer; si les cuirassés se trouvent suffisamment protégés des torpilleurs par les destroyers, ils doivent compter aujourd'hui avec les sous-marins, qui iront les chercher beaucoup plus loin qu'on ne pense. Ceux-ci auront d'autant plus de facilité à prouver leur puissance que, le blocus étant une opération de longue haleine, il leur sera loisible d'attendre les circonstances de temps les plus favorables pour attaquer.

Pour la même raison, il faut renoncer à faire soutenir les bloqueurs par une division cuirassée.

Les croiseurs et les destroyers se trouveront donc en porte-à-faux devant toutes les forces bloquées. Ils seront constamment exposés aux sorties subites de l'escadre légère, soutenue par quelques cuirassés, et il paraît difficile qu'ils parviennent toujours à se replier sans pertes. D'ailleurs, même dans le cas que nous examinons, les sous-marins auront un rôle à jouer. En admettant que les destroyers soient à l'abri des torpilles (ce qui n'est pas prouvé), les croiseurs et les éclaireurs ne le sont pas; et ces bâtiments devront s'attendre à sauter.

Par ailleurs, les Anglais pourront-ils s'emparer d'une île de notre littoral pour y faire aboutir un câble? Cela supposerait une singulière impéritie de notre part. Et comment la garderont-ils, à moins de la protéger avec leur escadre entière, ce qui suppose le blocus direct?

Non, les blocus ne nous feront plus peur le jour où notre

flottille de sous-marins aura atteint son développement normal. On pourrait même en accepter l'idée, au début d'une guerre, pour amputer les forces ennemies de quelques-unes de ses unités, s'il n'y avait avantage, par une offensive vigoureuse, à imprimer aux opérations l'orientation qu'on désire leur donner.

*
* *

Nous ne pouvons pas quitter ce sujet sans dire quelques mots du blocus de Santiago par l'escadre américaine et du blocus de Port-Arthur par la marine japonaise.

Contrairement à tous les précédents, l'amiral Sampson distribua ses bâtiments sur une ligne étendue qui doublait le cordon des bâtiments légers et enserrait le goulet du port; c'est-à-dire qu'il établit un blocus militaire sur le principe des blocus commerciaux.

Il ne semble pas que cette méthode doive être retenue. Elle n'eut pas de conséquences graves, parce que les Espagnols étaient bien décidés à ne pas se battre; mais, s'ils étaient tombés en masse sur l'une des extrémités de la ligne, les Américains auraient pu subir des pertes inutiles.

L'amiral Togo, au contraire, réalisa pendant dix mois, et avec un plein succès, le blocus à distance, tel qu'il a été défini plus haut. Il prit comme base les îles Elliot, qui ne sont qu'à 65 milles de Port-Arthur, et, de ce mouillage, il détacha en permanence des torpilleurs et des bâtiments légers pour assurer la surveillance des abords du port. Le blocus ne fut jamais absolu, en ce sens que quelques jonques chargées de vivres parvinrent de temps en temps à franchir la ligne de surveillance; mais il n'en fut pas moins effectif quant à ses résultats.

Comme les Russes n'avaient pas de sous-marins à Port-Arthur, nous ne pensons pas qu'il y ait lieu de modifier nos conclusions.

V

LES PASSAGES DE VIVE FORCE

Les passages de vive force ont pour but de franchir les passes qui commandent l'accès d'une rade ou d'un fleuve. C'est toujours une opération hardie, à cause des défenses accumulées, et la grandeur du résultat peut seule justifier les sacrifices qu'elle impose.

Les exemples de ce genre n'abondent pas; nous nous contenterons d'en citer deux, qui peuvent être considérés comme les plus remarquables.

Pour atteindre Mobile, Ferragut était obligé de réduire d'abord les ouvrages extérieurs. Une première attaque étant restée sans résultat, l'amiral américain se décida à passer de vive force, pour pénétrer dans la baie. Il n'en était pas à son coup d'essai, mais jamais les difficultés n'avaient été aussi grandes.

Le 5 août 1864, à 5ʰ 40 du matin, l'escadre fédérale appareilla. Sept corvettes, accouplées par bâbord à un nombre égal de canonnières, formaient une ligne de file, en tête de laquelle s'avançait la corvette *Brooklyn;* aussitôt après, venait la corvette amirale *Hartford.* Une seconde colonne de quatre monitors se tenait à tribord de l'escadre et devait par conséquent se trouver entre elle et le fort Morgan...

Nous ne saurions mieux rendre compte de ce passage

de vive force qu'en reproduisant, en partie, le rapport officiel de l'amiral Ferragut.

« Je ne me décidai à faire prendre la tête de la ligne au *Brooklyn* que sur les pressantes instances de mes capitaines, qui faisaient valoir que ce bâtiment possédait quatre canons de chasse et un appareil ingénieux pour relever les torpilles, et qu'en outre le bâtiment amiral ne devait pas être trop exposé. Je crois que c'est là une erreur ; car, en mettant de côté le danger, qui est une des obligations du rang en temps de guerre, le but des ennemis sera toujours de détruire le bâtiment amiral ; on verra plus loin que les confédérés s'efforcèrent d'y réussir, mais la Providence ne leur permit pas d'y arriver.

« La flotte fit route directement sur le grand chenal ; le *Tecumseh* tira le premier coup de canon à 6ʰ 45. A 7ʰ 07, le fort ouvrit son feu sur nous ; le *Brooklyn* lui répondit avec une pièce, et, peu après, l'action devint générale.

« On vit bientôt que le bâtiment de tête rencontrait des difficultés. Le *Brooklyn,* pour une cause que je ne compris pas alors, mais que m'expliqua plus tard le rapport du capitaine Alden, arrêta la marche de la flotte entière, pendant que le feu du fort produisait de grands ravages sur ce bâtiment et sur le *Hartford.* Un moment après, je vis le *Tecumseh,* frappé par une torpille, disparaître presque instantanément dans les flots, entraînant avec lui son brave capitaine et presque tout son équipage. Je me décidai sur-le-champ, comme j'en avais eu tout d'abord l'intention, à prendre la tête de la ligne et, après avoir donné l'ordre au *Mecatomet* d'envoyer une embarcation sauver, si c'était possible, une partie de l'équipage du *Tecumseh,* je me précipitai en avant avec le *Hartford ;* les bâtiments me suivirent, les officiers croyant marcher à une noble mort avec leur commandant en chef.

« Je fis gouverner entre les bouées. On supposait que des

torpilles avaient été mouillées dans les environs et, quelques jours avant l'attaque, mon aide de camp, le lieutenant J. Crittenden-Watson, avait examiné avec soin ces bouées pendant plusieurs reconnaisssances de nuit ; quoiqu'il n'ait pu découvrir de torpilles aux environs, des déserteurs, des réfugiés et d'autres nous avaient assuré qu'il en existait. Pensant que leur long séjour sous l'eau les avait rendues inoffensives, je me décidai à courir le risque de les voir exploser.

« A partir du moment où je fis route au nord-ouest pour doubler le banc du milieu, nous pûmes ouvrir contre le fort Morgan un feu si violent que ses canons nous causèrent relativement peu de mal.

« A l'exception du moment d'arrêt de la flotte qui eut lieu quand le *Hartford* prit la tête de la ligne, l'ordre de bataille fut conservé, les bâtiments se suivant à petite distance jusqu'après avoir dépassé le fort. Les bâtiments souffrirent relativement peu, à l'exception de l'*Oneida,* dont les chaudières furent traversées et qui fut ainsi désemparé ; sa conserve, le *Galena,* auquel il était amarré, lui fit franchir le passage, ce qui prouve la sagesse de la précaution que j'avais prise de faire amarrer les bâtiments deux par deux.

« Nos cuirassés, qui avaient peu de vitesse et gouvernaient mal, éprouvèrent quelques difficultés pour franchir la passe et garder leurs postes, pendant que nous passions par le travers du fort.

« Les rapports des capitaines attribuent à la rapidité du tir de l'escadre et à la fumée le nombre relativement peu élevé d'avaries graves et font observer que le tir à mitraille, exécuté par plusieurs bâtiments quand ils passèrent près du fort, réduisit entièrement au silence les batteries confédérées.

« Les pertes en personnel de l'escadre montèrent à 52 tués

et 180 blessés, sans compter les 120 hommes qui furent engloutis avec le *Tecumseh* (1). »

Les dispositions prises par l'amiral Ferragut sont remarquables. Toute force navale qui voudra dans l'avenir forcer une passe devra s'en inspirer.

Voici maintenant la prouesse qu'exécutèrent deux canonnières françaises en bois, sans aucune protection. J'en fais le récit d'après les officiers des bâtiments que j'eus l'occasion de voir quelques jours après.

L'*Inconstant* et la *Comète* se présentèrent sur la barre du Meï-Nam, le 13 juillet 1893, pour remonter à Bangkok. L'*Inconstant* demanda un pilote; on le lui refusa. Le capitaine du *Jean-Baptiste-Say,* vapeur français qui faisait le service régulier entre Saïgon et Bangkok, vint à bord pour en tenir lieu et, dès qu'il y eut assez d'eau sur la barre, les bâtiments se dirigèrent vers l'embouchure du fleuve.

A 4.000 mètres, les forts siamois ouvrirent le feu. Le commandant Borie ne s'attendait pas à cette agression; il pouvait encore revenir en arrière, il n'y songea pas. Ses ordres lui prescrivaient de remonter à Bangkok, il exécuta ses ordres. Les mâtures furent calées, les soutes allumées; et, aussitôt prêts, les bâtiments ripostèrent.

En approchant du bateau-feu qui marque l'entrée de la rivière, une torpille explose devant l'*Inconstant* sans lui faire de mal. Les canonnières franchissent le barrage et passent au milieu de la flotte siamoise rangée sur deux lignes.

La nuit tombe.

Le plus difficile n'était pas fait. Il restait à passer à 200 mètres sous le feu du fort de Paknam, qui se trouve à mi-chemin entre Bangkok et l'embouchure du fleuve. La *Comète,* qui l'aperçoit la première, tire un coup de canon. Le fort lâche sa bordée trop tôt; les bateaux passent.

---

(1) GRASSET, *La Défense des côtes.*

A 9 heures, ils mouillaient devant le consulat de France. Le lendemain, aux couleurs, ils hissaient le grand pavois en l'honneur du 14 juillet. Deux tués, trois blessés.

Beaucoup d'officiers pensent qu'avec les moyens actuels, les passages de vive force sont désormais impossibles. L'*Inconstant* et la *Comète* leur ont donné un éclatant démenti. On peut cependant arguer qu'ils ont eu affaire à des Siamois et qu'avec des Européens, les choses se fussent passées différemment. Nous nous contenterons donc de nous enorgueillir de ce fait d'armes, sans en tirer de conclusions (1).

Sur quoi se baser pour proscrire les forcements de passes?

Les lignes de torpilles sont une gêne, elles ne sont pas un empêchement. Elles ont coulé, il est vrai, un des bateaux de Ferragut; mais tous les combats occasionnent des pertes, et les forcements de passes sont des combats; le tout est d'être vainqueur.

Les canons de côte sont plus puissants qu'ils n'étaient il y a quarante ans; mais les vaisseaux sont mieux protégés, et en définitive les batteries n'ont pas d'autre armement que celui qu'emploient les vaisseaux pour se mesurer entre eux. N'oublions pas qu'il ne s'agit pas ici d'une lutte méthodique dans laquelle l'avantage doit rester aux batteries, mais d'un défilé rapide pendant lequel on couvre les ouvrages de mitraille pour arrêter momentanément leur feu. Or, on n'anéantit pas des vaisseaux aussi rapidement qu'on escamote une muscade. Et puis, il faut bien peu de chose pour qu'une torpille n'explose pas au moment ou à l'endroit voulus; pour qu'un obus n'aille pas au but. Il y aura aussi une certaine période, au début de la guerre, où toutes les batteries n'auront pas encore reçu leur armement.

---

(1) On nous permettra toutefois de faire remarquer que, dans d'autres cironstances, le gouvernement n'aurait pas aventuré des bâtiments sans protection.

En fait, tous les passages de vive force ont réussi. Il serait absurde d'en déduire qu'on peut forcer tous les passages; contentons-nous d'admettre que l'opération n'est pas impossible *a priori*. Toutes les passes ne sont pas défendues comme le goulet de Brest ou comme les abords de nos arsenaux maritimes; il y en a même qui n'ont pas de lignes de torpilles.

Cependant, si Duguay-Trouin, après avoir franchi le goulet de Rio-de-Janeiro, n'avait pas été sûr de n'avoir plus rien à craindre pour ses vaisseaux, il eût peut-être renoncé à l'expédition; si l'*Inconstant*, après avoir passé sous les forts de l'entrée du Meï-Nam, avait trouvé à Bangkok même des batteries qu'il eût fallu réduire une à une, il aurait sans doute succombé; si l'amiral Courbet n'avait pas su qu'il n'y avait aucune défense intérieure en face de l'arsenal de Fou-Tchéou, il ne serait pas venu se placer dans une souricière.

Ce sont donc les défenses intérieures, celles avec lesquelles il faudra engager une lutte méthodique, qui empêcheront les forcements de passes. Les autres blesseront l'ennemi, celles-là l'achèveront.

Ces considérations nous indiquent dans quel esprit doit être organisée la défense de nos places. J'y insiste, parce que la logique n'a pas toujours été respectée dans l'armement des places secondaires.

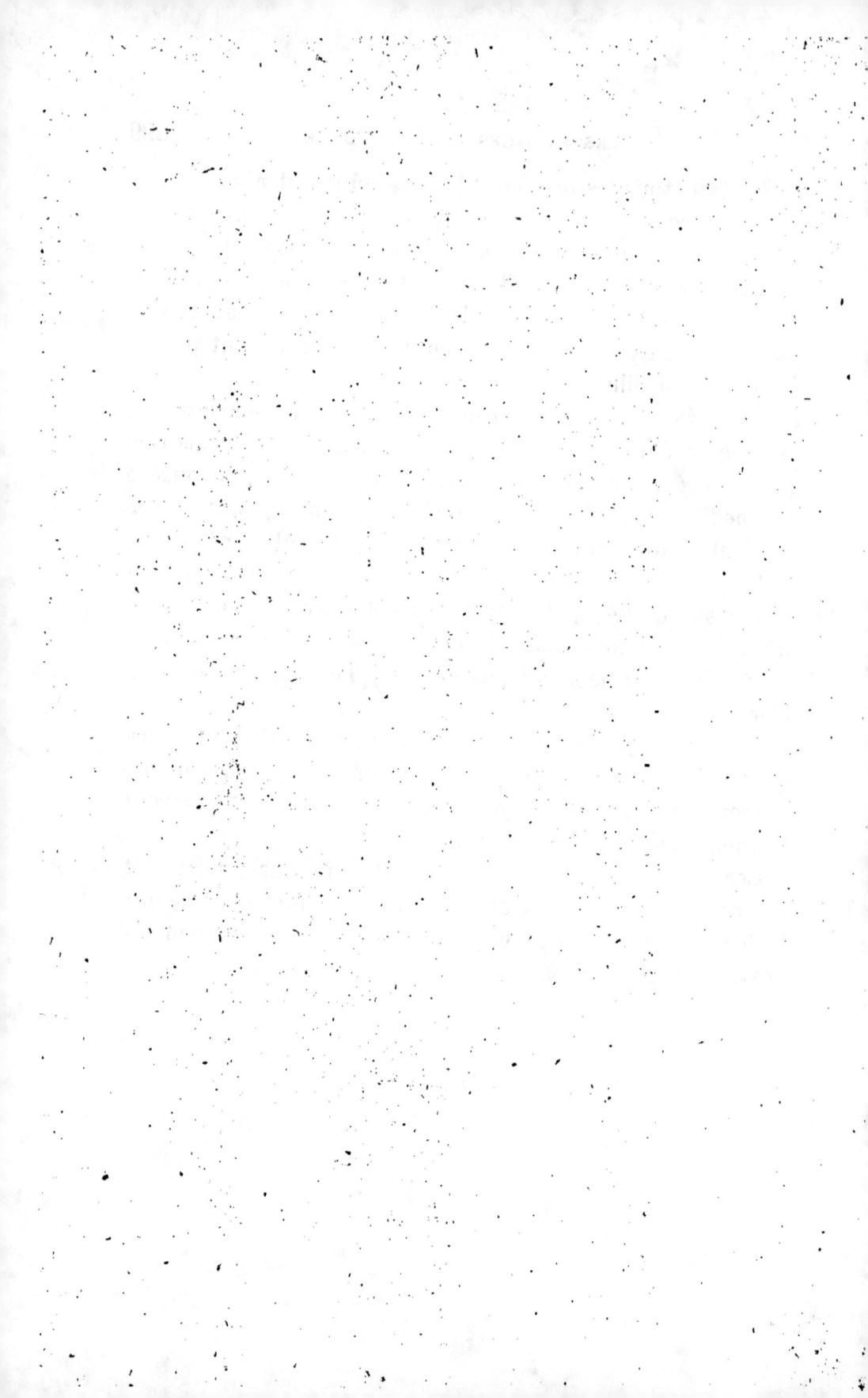

QUATRIÈME PARTIE

LES AUXILIAIRES DE LA STRATÉGIE

I

LE PLAN DE CAMPAGNE

Nous avons vu, dans la première partie de cette étude, qu'il n'est pas indifférent de distribuer ses forces de telle ou telle façon, et que, à égalité d'effort, le résultat varie suivant la direction qu'on imprime aux opérations. Il faut donc un plan de campagne longuement mûri.

Ce n'est pas au moment où la guerre éclate qu'on doit se demander ce qu'il faut faire. Dans toute la sphère maritime, chacun sera alors débordé par les soins de la mobilisation; le département central devra parer à des nécessités impérieuses et sera accablé par la solution de milliers de questions; personne n'aura plus le calme et le sang-froid indispensables pour confectionner de toutes pièces un plan d'opérations.

Si, dans cet instant critique, on n'a rien préparé; si on n'a pas d'ordres tout prêts; si, en un mot, il ne reste plus qu'à déclancher la mise en train pour donner le branle à toute la machine, on sera entraîné malgré soi par les événements et on jettera ses escadres à la mer, en fermant les yeux pour ne pas voir.

Pour établir un plan de campagne, on détermine d'abord l'orientation générale que l'on compte donner aux opérations, en vue d'obtenir le maximum d'effet. On trace ainsi un cadre, puis on recherche le nombre et la nature des forces qui seraient nécessaires pour poursuivre l'exécution du plan avec chances de succès, en s'inspirant de tous les éléments de la stratégie qui sont de nature à renforcer l'action des vaisseaux. Ces travaux préliminaires mettent en relief des défectuosités, soit dans les dispositions des navires, soit dans leurs qualités stratégiques. Le plan de campagne a ainsi une influence sur les programmes de construction et sur les caractéristiques des navires.

A mesure qu'entrent en service des unités nouvelles, établies sur des bases plus rationnelles, l'œuvre se perfectionne peu à peu. Il ne faut pas qu'on puisse se demander ce que l'on pourrait faire avec le matériel dont on dispose; il faut que ce soit le matériel qui soit adapté aux conditions de la guerre, telles qu'elles ressortent des lois générales.

Le plan de campagne présente aussi cet avantage de relier entre eux, en vue d'un but précis, les différents problèmes qui, pendant la paix, nous apparaissent indépendants les uns des autres parce qu'on les étudie séparément. On évite ainsi d'attacher une importance exagérée à des opérations qui n'ont, sur l'issue finale, qu'une influence secondaire.

Il semble qu'il ne soit pas difficile, lorsqu'on ne se laisse pas prendre au dépourvu, d'établir un plan de campagne rationnel (1). On dispose, pour se guider, de l'avis des hommes les plus compétents, et on a le loisir d'étudier les moyens dont dispose l'ennemi et la façon dont il pourra les utiliser. Cependant, la guerre nous montre à chaque instant des fautes énormes qui sont dues bien plus à des erreurs de principe qu'à un état d'infériorité. Cela tient d'abord à ce

_____

(1) Il faut entendre par là qu'il doit être possible d'obtenir la meilleure utilisation de ses forces; car, pour ce qui est du résultat, il faut compter avec l'habileté de l'ennemi, avec les fautes d'exécution et enfin avec la balance des forces, qui rendra toujours la tâche difficile au plus faible, et quelquefois même impossible.

qu'on n'attache généralement pas assez d'importance aux actions réflexes, au contre-coup qu'ont les événements les uns sur les autres, ce qui conduit à faire des efforts stériles qui consument les forces en pure perte. Mais la cause initiale de ces conceptions baroques qui laissent l'impression du néant provient de ce fait qu'il faut autant d'énergie et de valeur morale pour concevoir la guerre que pour l'exécuter. On répugne généralement aux solutions radicales, sans lesquelles il n'y a pas de succès possible; on cherche à concilier des intérêts contraires et on aboutit ainsi à des combinaisons diffuses.

Lorsque la France déclara la guerre à l'Angleterre en 1778, le gouvernement de Louis XVI avait à sa disposition un plan de campagne, à l'élaboration duquel un homme de haute valeur, le comte de Broglie, avait consacré vingt ans de son existence. Perfectionnant constamment son œuvre, guidé par le sentiment exclusif du but à atteindre, il avait fait quelque chose qui tenait debout. Or, pendant la guerre, on puisa à plusieurs reprises des idées dans ce travail, mais sans réfléchir qu'elles n'avaient de valeur qu'autant qu'elles restaient attachées au bloc dont elles faisaient partie. On eut ainsi un édifice mal bâti, parce qu'on en avait enlevé tout ce qui faisait sa force.

*
* *

Quelle est la part qui revient, dans la conception des plans, aux principaux agents d'exécution?

En Chine, l'amiral Courbet a constamment dû suivre une ligne de conduite qu'il désapprouvait; et les dépêches qu'il recevait prouvent que le gouvernement n'avait pas d'idées très exactes sur la situation économique et sociale du Céleste-Empire, pas plus que sur les conditions géographiques de ces régions. Ce sont ces idées fausses qui furent cause que nos bâtiments et nos troupes se sont inutilement épuisés contre Formose.

La correspondance échangée, avant et pendant la guerre hispano-américaine, entre l'amiral Cervera et le ministre de la marine, a révélé entre ces deux officiers généraux une perpétuelle divergence d'opinions, et l'on est fort embarrassé pour décider lequel des deux avait raison. Si, d'une part, le singulier optimisme du ministre témoignait d'une ignorance absolue du matériel dont il avait charge, des moyens de l'ennemi et des principes élémentaires de la guerre; d'autre part, l'éternelle complainte du chef de l'escadre ne paraît pas avoir apporté une amélioration sensible à la situation. Finalement, l'amiral Cervera dut s'exécuter en gémissant, ce qui, on en conviendra, n'est pas une garantie de succès.

Des désaccords de ce genre ne peuvent avoir que des conséquences funestes. En principe, un chef ne doit jamais être mis dans l'obligation de faire ce qu'il croit mauvais, parce qu'on ne fait bien que ce que l'on comprend. De plus, tous les officiers n'ont pas les mêmes qualités, ni les mêmes facultés qui les rendent propres à l'accomplissement de toutes les missions : on ne peut demander aux gens que ce dont ils sont capables. D'un autre côté, les bureaux, d'où émanent les plans de campagne, ont une tendance à toujours mesurer trop juste et ils demandent ainsi des choses irréalisables; placés loin du théâtre de la guerre, ils ne se rendent pas compte exactement des difficultés d'exécution, parce que les moyens leur manquent pour apprécier à sa juste valeur le coefficient d'utilisation des forces navales. Tout le monde sait que, de loin, les choses paraissent toujours faciles, et que c'est à mesure qu'on s'en rapproche qu'on perd son assurance. Enfin, les bureaux n'ont pas de responsabilité effective; si une opération échoue, ce ne sont pas eux qui passent en conseil de guerre, et, à leur insu, cette immunité influe sur leurs décisions et leur fait exiger des choses dont ils n'accepteraient pas eux-mêmes l'exécution. Tout au contraire, celui qui est sur les lieux, qui voit les choses de près et qui risque sa vie et surtout sa réputation, celui-là est enclin à tomber dans l'excès inverse et à voir partout des obstacles. Tout le monde n'a pas, comme l'amiral Courbet, le sentiment exact de la situation et du parti qu'on en peut tirer.

Il n'y a qu'un moyen de tout concilier : c'est de placer partout, dans les bureaux aussi bien que sur le terrain, *the right man in the right place.*

L'OPINION PUBLIQUE

———

Les gouvernements actuels ont à lutter contre un adversaire très puissant, qui ne laissera pas quelquefois de rendre difficile la conduite des opérations. Nous voulons parler de l'opinion publique.

On sait que le public n'envisage pas la guerre du même point de vue que les professionnels; son attention est détournée par ce qui se passe au premier plan, et il n'aperçoit que confusément les horizons lointains où se cache l'objectif. Or, il est inutile de dire que la notion que se forment les masses sur la portée des opérations n'est pas la vraie; sans quoi, l'art militaire n'existerait pas, et le génie serait à la portée de tout le monde. Tout ce qu'il y a de puissant dans les campagnes de Napoléon ne nous apparaît qu'après coup, lorsque les faits ont illuminé notre esprit et nous ont révélé des aspects nouveaux auxquels nous n'aurions jamais songé.

Le public, quand il apprécie les événements, se préoccupe beaucoup plus des maux qui le menacent que du but à atteindre; les militaires, au contraire, pensent que la guerre, étant un mal par elle-même, ne peut engendrer que du mal, et que la seule excuse qu'on ait, en la faisant, est de la faire avec succès.

Cette divergence de vues détermine dès le principe un malentendu entre ceux qui sont spectateurs de la guerre et ceux qui ont la grave responsabilité de la diriger.

Dès le premier choc, la population s'affole, les journaux se font les interprètes de ses récriminations; le gouvernement est attaqué, sans que les amiraux soient ménagés. Si, alors, il y a à la tête des affaires un homme qui n'est pas assez énergique pour tenir tête à l'orage, ou qui ne soit pas capable d'expliquer ses actes, parce que lui-même n'en connaît pas la portée, toutes les dispositions prises seront renversées. On adoptera une cote mal taillée; on fera des sacrifices à l'opinion publique, en lui abandonnant une partie de ses forces, afin de lui donner une satisfaction de principe. C'est une faute, on le sait, mais on la commet quand même. Il est préférable de ne pas faire la guerre, plutôt que de la faire de cette façon, car à quoi aboutit-on? A tout compromettre sans contenter le public; lorsqu'on aura été battu, on ne pourra plus rien protéger; on ne fait donc que reculer pour mieux sauter.

Dans la guerre hispano-américaine, l'influence de l'opinion publique s'est manifestée dans les deux partis.

Du côté des États-Unis, le conseil de la marine se crut obligé de fractionner ses forces, pour donner satisfaction aux provinces du Nord qui ne voulaient pas rester dégarnies; et Mahan, qui faisait partie de ce conseil, avoue ingénument que cette solution était absolument contraire aux intérêts militaires. Il n'en résulta rien de fâcheux par ce fait que les Espagnols ne songeaient à attaquer ni les côtes, ni les bâtiments ennemis; mais, du côté de l'Espagne, la nervosité du public eut de plus graves conséquences.

Quelle triste histoire que celle de cette pauvre escadre espagnole! Bloquée dans Santiago par des forces supérieures, démoralisée, elle était vouée à une perte certaine si elle sortait. En Espagne, les journaux s'indignaient de cette inaction; ils ne comprenaient pas que quatre croiseurs, maigrement armés, ne pussent se mesurer avec autant de cuirassés, appuyés par plusieurs croiseurs. La politique s'en mêlant, l'escadre ne fut plus qu'un moyen de battre en brè-

che le gouvernement. Le ministre de la marine fit d'abord
bonne contenance. Il expliqua à la tribune des Cortès que
les bâtiments ne sont pas faits pour être détruits; mais sa
résistance fut de courte durée. Il envoya à Cuba l'ordre de
faire sortir l'escadre et, en signant cet ordre, il signa l'arrêt
de mort de ses marins.

Les bâtiments de l'amiral Cervera étaient marqués d'a-
vance du sceau du destin. Cependant, n'eût-il pas mieux
valu les laisser en rade, pour conserver l'unique chance de
sauver Santiago, plutôt que les sacrifier bêtement à des po-
lémiques de presse?

Le ton des journaux du littoral, pendant les grandes manœuvres de 1889, ne nous donne qu'une idée affaiblie de ce
qui se passera en cas de guerre. Aucune escadre ne pourra
perdre les côtes de vue sans que l'on crie à la trahison. Et
que sera-ce, le jour où un amiral réquisitionnera une défense mobile pour l'emmener avec lui?

Quel est le remède à cet état de choses? Faire l'éducation
de la nation; lui montrer où sont ses véritables intérêts. Il
n'y a rien à cacher dans les principes qui régissent la guerre.
Ce que ni l'ennemi, ni le public ne doivent connaître, c'est
seulement la façon dont on compte les appliquer.

Or, il n'est pas impossible de former l'opinion publique
et de l'orienter dans le sens des intérêts généraux du pays.
L'amiral Colomb fait remarquer que la population anglaise
n'était jamais plus tranquille que lorsque les escadres étaient
au large, parce qu'elle avait une compréhension assez nette
des choses de la guerre pour savoir que les forces navales
ne pouvaient la protéger qu'en agissant.

Pendant les hostilités contre la Russie, le gouvernement
japonais a pu faire accepter par la nation une ligne de conduite qui, en France, eût soulevé des récriminations sans
fin et aurait pu faire modifier le plan de campagne.

III

LA PRÉPARATION

Il ne suffit pas d'envoyer ses escadres se battre; il faut aussi qu'elles soient constituées assez fortement pour que l'égalité du nombre procure l'égalité et, si possible, la supériorité de puissance.

Les historiens, dont la principale préoccupation est de nous raconter des faits, distribuent l'éloge ou le blâme aux chefs d'escadre, suivant le résultat des rencontres. Rarement ils se préoccupent de rechercher si les moyens dont disposaient les vaincus leur permettaient de faire autre chose que ce qu'ils ont fait. Combien, parmi ceux que la fortune a trahis, auraient laissé la réputation de chefs habiles, s'ils avaient eu seulement des moyens égaux à ceux de leurs adversaires! Il est bien difficile de ne pas faire de fautes quand on se trouve désarmé par la médiocrité du matériel et l'insuffisance du personnel; on voit bien alors ce qu'il faut faire, mais on ne peut pas le faire (1).

---

(1) Nous ne prétendons pas que, parmi les vaincus, il n'y ait pas eu souvent des chefs inférieurs à leur tâche; mais il faut encore en accuser une mauvaise organisation. Dans un corps nombreux, il y a toujours des officiers doués des qualités nécessaires pour exercer le commandement; si les escadres se trouvent entre des mains incapables, c'est que des considérations étrangères au bien du service les y ont placées, c'est qu'il y a un vice dans l'organisation. Quand, ensuite, on

Les déboires du champ de bataille ne sont trop souvent qu'un effet dont les causes tiennent à un manque de préparation.

On remarque fréquemment, entre les combattants de deux nations ennemies, un état d'esprit différent, qui est à lui seul le meilleur indice du résultat de la lutte. D'un côté, la confiance qui engendre le courage et donne naissance aux conceptions hardies; de l'autre, l'appréhension, mère du découragement et des solutions bâtardes. On a pu remarquer cette différence d'état moral entre les Autrichiens et les Italiens, avant Lissa; entre les Japonais et les Chinois, avant le Yalou et Weï-Haï-Weï; entre les Américains et les Espagnols, avant Cavite et Santiago (1); entre les Japonais et les Russes. La confiance des uns avait sa source bien plus dans leur entraînement que dans leur supériorité numérique, puisque ce ne fut pas toujours le plus nombreux qui fut vainqueur. La crânerie avec laquelle des amiraux comme Barrington, Hood et Cornwallis ont supporté jadis l'attaque de forces bien supérieures (2) nous donne la mesure de l'influence morale qu'exerce le sentiment de la puissance.

La grandeur maritime d'une nation dépend donc principalement de la façon dont elle saura préparer et entraîner ses forces.

**

est battu, ce sont ces hommes qu'on accuse. On a tort. Eux n'y sont pour rien; ils ont donné la mesure de leurs facultés. Les coupables ont ceux qui les ont choisis.

(1) Voir, à ce sujet, les lettres de l'amiral Cervera.

(2) Barrington est attaqué avec sept vaisseaux, à Sainte-Lucie, par d'Estaing, qui en a douze. Hood combat au mouillage, à Saint-Christophe, avec vingt-deux vaisseaux, contre de Grasse, qui en a vingt-six (Voir première partie). Cornwallis, avec cinq vaisseaux, combat en retraite contre toute l'escadre de Villaret-Joyeuse.

Dans cet ordre d'idées, il y a lieu d'attirer particulièrement l'attention sur la question du personnel.

L'insuffisance numérique des équipages fut, dans le passé, l'une des principales causes de la faiblesse de la marine française. Même pendant la guerre d'Amérique, les effectifs des vaisseaux ne furent jamais au complet. Pendant la Révolution et l'Empire, ce fut bien pis : on prit l'habitude de compléter les marins avec des soldats. Une conséquence immédiate fut une infériorité marquée dans le tir de l'artillerie.

Aujourd'hui, l'inscription maritime fonctionne normalement, et il est admis que nous avons plus de marins qu'il ne nous en faut pour faire la guerre. C'est possible ; mais ce qui est certain, c'est que, pendant la paix, nous en sommes encore réduits aux expédients. Les équipages n'atteignent plus jamais le chiffre réglementaire, ni en temps normal, ni pendant les grandes manœuvres (1), malgré l'appoint des réservistes. On embarque des hommes d'une spécialité pour remplacer ceux d'une autre, et on comprendra que cela ne fait pas le compte.

La question du personnel a toujours passé dans notre marine au second plan ; on préfère armer plus de bâtiments et les mal armer. Avec les effectifs réduits, les vieux errements reparaissent sous une autre forme, comme des cadavres qui remontent à la surface.

L'idée qui a conduit à avoir des bâtiments qui sont armés sans l'être ne laisse pas d'être séduisante. Avec des équipages réduits de moitié, le matériel est aussi bien entretenu que dans l'état d'armement complet ; et, comme on dispose ainsi de forces constituées et encadrées, il suffit de

---

(1) Pendant des grandes manœuvres, l'escadre dut stopper en pleine mer et envoyer du personnel à bord d'un bâtiment qui ne pouvait pas suivre.

compléter les effectifs pour leur faire prendre la mer presque instantanément, si *les dépôts sont capables de fournir le contingent nécessaire;* la mobilisation est réduite à sa plus simple expression.

Le malheur est que les navires armés à effectifs réduits ne peuvent pas naviguer, et que c'est à la mer qu'on forme des marins et des officiers. Quand on devra mobiliser toute la flotte française, on sera bien obligé d'avoir recours à des réservistes; encore faut-il qu'ils ne soient pas encadrés par des hommes qui auront fait leur éducation sur des rades.

Tous les historiens s'accordent à reconnaître que ce furent les blocus prolongés qui formèrent les équipages anglais, et que les prodigieux succès de Nelson eurent leur source dans ces croisières, tandis que nos vaisseaux, immobilisés sur les rades, ressemblaient à des êtres dont tous les membres sont engourdis par l'inaction. Or, les bâtiments de l'escadre du Nord qui, hier encore, n'avait que des effectifs réduits, ces bâtiments n'étaient que des bloqués par persuasion; ils n'appareillaient que pour faire des tirs et étaient incapables de faire une traversée de quelque durée. Quand, au printemps, ils prenaient la mer, ils avaient des équipages qui avaient peur de la mer, des officiers empruntés, un amiral qui savait peut-être conduire son escadre, mais qui ne savait ce qu'elle pouvait donner. Lorsque cette escadre se rencontrait avec celle du Midi, comme en 1900, la différence entre les deux forces était frappante.

Le système des effectifs réduits est dangereux; il donne l'illusion d'un état de préparation qui n'existe pas. Plus on tend à réduire la durée du service militaire, plus la complication de notre matériel augmente (hélas!), plus il faut faire naviguer nos hommes. Or, les bâtiments ne peuvent pas prendre la mer sans équipage.

L'effectif normal des bâtiments suffit largement à satisfaire à tous les besoins; il y aurait même inconvénient à l'augmenter pendant le temps de paix; les hommes ne seraient plus assez occupés. Mais, en temps de guerre, il serait avantageux d'avoir un supplément de personnel, s'il est vrai que nous disposons de réserves dont nous n'aurons pas l'emploi.

L'idée de constituer à bord des équipages supplémentaires, qui serviraient, au fur et à mesure des besoins, à remplacer les morts et les blessés, a déjà été mise en avant. Peut-être l'auteur de ce projet en avait-il exagéré l'application; en tout cas, il est regrettable qu'on n'en ait pas conservé le principe, quitte à le réduire à de justes proportions. On a peine à admettre que, pendant un combat, des pièces soient immobilisées faute de servants, tandis qu'on aura à terre des marins inactifs. Mais, en dehors du combat, il y a toute une catégorie d'hommes dont le nombre devra être franchement doublé dès le début de la guerre, si l'on veut pouvoir utiliser toutes les ressources de la stratégie. C'est celle des chauffeurs.

Le mouvement, avons-nous dit ailleurs, est l'âme de la stratégie. Or, le chauffeur est l'âme du mouvement.

Nos bâtiments naviguent rarement avec tous leurs feux allumés. Le souci de la conservation des machines et les allocations de charbon allouées aux escadres ne permettent pas de faire fréquemment de la grande vitesse. Les équipes de chauffeurs sont calculées en conséquence (1).

Lorsque les escadres font des essais de puissance, les bâtiments n'ont qu'un coup de fouet à donner, et on exige alors de tout le personnel de la chaufferie un effort qui ne saurait avoir de lendemain; mais lorsqu'un bâtiment isolé doit conserver pendant longtemps une allure accélérée par suite d'une mission spéciale, il est obligé d'envoyer des

---

(1) Il n'y a pas de marine où les mécaniciens soient aussi nombreux et les chauffeurs aussi peu nombreux que dans la marine française.

hommes de pont dans les soutes. Ce ne sont pas là des con-. ditions admissibles en temps de guerre.

On sait que la marine compte parmi ses membres des partisans convaincus de la vitesse, qui s'imaginent qu'elle peut suppléer à tout. Il y a là une exagération évidente; car, si la vitesse peut faire valoir la force, elle ne peut la remplacer; mais enfin, on ne saurait nier que la faculté de se déplacer rapidement d'un point à un autre ne soit un élément de succès. Or, il faut que l'on sache que nos bâtiments, et en particulier les torpilleurs, sont incapables, en l'état actuel, de profiter de tous leurs moyens, faute de chauffeurs.

IV

LA DOCTRINE

———

Pour construire les bâtiments dont on a besoin, et rien que ceux-là; pour leur donner l'armement qui convient à chacun d'eux et les équiper convenablement, il faut savoir ce que l'on veut faire et comment on le fera; il faut un but et une doctrine.

Que de millions on économiserait tous les ans, si l'on pouvait s'entendre, non pas sur tous les types de navires (ce serait trop demander, avec l'anarchie qui règne dans les idées), mais seulement sur un seul. On aurait alors un bâti-ment dont les caractéristiques seraient bien définies, qui répondrait à un objectif précis et remplirait des conditions déterminées; chaque unité nouvelle ne serait que la repro-duction perfectionnée de la précédente. En spécialisant alors les constructions par port et par chantier privé, on arriverait à avoir une division du travail et une organisa-tion industrielle qui, au dire de certains ingénieurs, procu-reraient un bénéfice de 25 %; notre puissance maritime se trouverait augmentée d'un quart. Tandis que mainte-nant, chaque bâtiment neuf représente un travail nouveau, de nouveaux gabarits, de nouvelles installations, de nou-veaux principes, de nouveaux marchés.

Et le progrès alors?

Il faut s'entendre. Le matériel naval n'est pas la résultante des conceptions plus ou moins ingénieuses de personnalités variées; il doit dériver des nécessités de la guerre. Donc, toutes les unités d'un même type doivent avoir des points communs. Le progrès ne consistera pas à faire toujours du nouveau; il consistera à perfectionner l'ancien. On aura ainsi des canons plus puissants sous un moindre poids, des machines plus robustes sous un moindre volume, des cuirasses plus résistantes sous une moindre épaisseur et, enfin, des lignes d'eau meilleures; mais les dispositions générales du plan resteront les mêmes. Il n'est pas nécessaire non plus, à chaque bâtiment neuf, de bouleverser de fond en comble tous les aménagements, de telle sorte qu'il faille six mois pour connaître son navire.

Or, du *Redoutable* au *Suffren,* en passant par le *Duperré,* le *Formidable,* le *Magenta,* le *Brennus,* le *Bouvet* et le *Charlemagne,* sans compter le *Requin,* le *Jemmapes* et le *Bouvines,* où trouve-t-on le lien commun? Ils ont tous des formes différentes, des principes de cuirassement différents, une distribution d'artillerie différente, etc., etc...

Que s'est-il passé, entre le premier et le dernier, qui nécessite cette variété incohérente? Rien, sinon que chacun de ceux qui ont contribué à enfanter ces navires a fait œuvre personnelle et s'est placé à son point de vue particulier, sans que nulle part apparaisse une idée directrice. Nous avons ainsi le bateau de M. X..., celui de M. Y..., mais nous attendons encore le bâtiment impersonnel qui réponde aux besoins de la guerre. On aperçoit nettement que chaque constructeur a poursuivi la solution d'un problème qui l'intéressait; généralement, il l'a obtenue; mais il est resté en dehors de la question.

Et c'est ainsi que notre marine se compose de bâtiments sans sexe, produits dégénérés de conceptions hybrides.

A voir l'usage que l'on a fait du progrès, on est tenté de croire qu'il marche quelquefois à reculons.

Où est le progrès lorsque, à partir de 17 nœuds, le *Masséna* gaspille en vains efforts la puissance de sa machine? Où est le progrès quand, après avoir abandonné, sur le *Bouvet* et le *Charlemagne,* la disposition d'artillerie du *Brennus,* on y revient avec le *Suffren?* Où est le progrès lorsqu'on songe à adopter aujourd'hui une forme de block-haus qui se trouvait déjà sur la *Gloire* il y a trente ans? Le progrès empêche-t-il de s'entendre, une fois pour toutes, sur la disposition des tuyautages, des machines auxiliaires, du compartimentage, de l'écoulement des eaux, de la manœuvre des embarcations, de la ventilation, des superstructures, des aménagements?

Qu'arrive-t-il, au milieu de cette anarchie? C'est que, dès qu'un bâtiment entre en service, officiers de vaisseau et ingénieurs s'en emparent pour le modifier de fond en comble; et, jusqu'à sa mort, ce martyr de la transformation ne mouillera jamais devant un arsenal sans devenir la proie des ouvriers. On interpose, on juxtapose, on superpose; on ajoute et on ne retranche jamais. Alors, le bâtiment s'enfonce, s'enfonce toujours. Au bout de quelques années, sa cuirasse de ceinture devient inutile : noyée dans l'eau, elle ne constitue plus qu'une énorme surcharge inutile.

Chaque modification, prise à part, semble augmenter la valeur du bâtiment; toutes réunies ensemble la diminuent, parce que le navire, construit pour avoir des dispositions déterminées, ne s'accommode pas de celles qu'on lui impose après coup, et que chacun tire de son côté sans se préoccuper de l'harmonie.

Tout cela coûte cher, d'autant plus cher qu'on travaille dans des conditions d'économie défectueuses, en profitant de courts séjours dans les rades pour envoyer à bord des ouvriers qui perdent la moitié de leur temps en allées et venues. Et l'on se demande alors s'il n'eût pas mieux valu utiliser tous nos bâtiments, tels qu'ils étaient, et consacrer tous ces millions à construire des unités nouvelles. Notre puissance maritime serait certainement plus grande qu'elle n'est à présent.

Sait-on ce que nous a valu notre manie des transformations, au moment de l'incident de Fachoda? L'indisponibilité de six cuirassés, d'une escadre entière ! Nous pourrions citer les noms.

Il ne faut pas être trop exclusif : on ne saurait poser comme un principe intangible qu'on ne doit plus toucher à un bâtiment dès qu'il a terminé ses essais.

Les refontes, quand elles sont faites sur un plan d'ensemble dans lequel tout se tient et s'enchaîne, ont pu donner à de vieilles unités sans valeur un regain de jeunesse; mais alors il faut les exécuter en une seule fois, et rapidement. Or, puisque la crise des chaudières immobilise périodiquement les bâtiments, il est tout indiqué de profiter de cette circonstance pour exécuter des travaux à bord. En dehors de cette période, on doit s'en tenir aux réparations, et encore devrait-on attendre l'époque des passages au bassin, pour celles qui n'ont pas un caractère d'urgence.

La complication et la variété du matériel actuel sont telles, qu'on ne parvient plus à armer convenablement les bâtiments; il est devenu impossible de se retrouver au milieu de ce labyrinthe. Certains navires prennent la mer avec leur matériel incomplet; pour d'autres, les arsenaux masquent leur pénurie en plaçant à bord des objets de rebut, confectionnés pour d'autres bâtiments, et dont la seule utilité est de boucher des trous dans les feuilles d'armement. Et cette détresse provient de ce que, rien n'étant interchangeable, même les objets les plus simples, il n'est pas possible de constituer des magasins fonctionnant normalement.

L'avènement de la vapeur et l'introduction de l'acier, en bouleversant de fond en comble notre matériel naval, devaient inévitablement jeter une certaine confusion dans les idées; mais ce désordre, conséquence d'une période de transition, aurait dû finir avec elle; or, il est demeuré permanent. Il semble pourtant que la vapeur, les cuirasses, les canons rayés, les torpilles datent d'assez longtemps pour qu'on puisse déterminer les règles qui doivent présider à leur utilisation. Depuis quinze ans, on n'aperçoit rien qui ait pu nous empêcher d'organiser nos forces d'une façon rationnelle et économique; rien, sinon l'absence d'une doctrine.

Il existe cependant des principes généraux qui sont indépendants des inventions nouvelles, et qui eussent pu servir de guide. En voici quelques-uns.

La puissance de l'artillerie est une chose, et l'intensité du feu en est une autre; l'une n'a pas de valeur sans l'autre. Si on se laisse hypnotiser par la puissance seule, on construira des canons de plus en plus gros qui seront naturellement de moins en moins nombreux. La prédominance de la puissance aboutira bientôt à l'absurde, sous la forme des *Tonnerre* et des *Caïman*.

La vitesse est un élément de force; mais encore faut-il qu'elle ne nécessite pas un supplément de personnel que les bâtiments ne possèdent pas en service courant; sans cela, on se trouve dans la position d'un capitaliste qui a une grande fortune, mais dont les biens sont sous séquestre.

Il en est de même du rayon d'action. La disposition des soutes doit permettre d'amener le charbon sur les grilles; en temps de guerre, le personnel sera surmené par une veille constante, et on ne pourra pas le consacrer tous les jours à faire la chaîne pour transborder du combustible d'une soute dans l'autre.

La rapidité avec laquelle un bâtiment peut faire son plein de charbon n'est pas non plus indifférente; elle joue un rôle dans les opérations militaires, et l'auteur des plans doit en tenir compte.

L'approvisionnement d'une flotte en munitions est d'autant plus facile que le matériel est moins varié. Il serait donc temps de mettre un frein à cette débauche de nouveauté qui nous vaut cent vingt-huit projectiles différents. Le progrès peut très bien se manifester d'une façon moins continue et procéder par bonds successifs, de telle sorte qu'avant d'encombrer nos soutes et nos magasins d'un projectile d'un modèle nouveau, on soit sûr de réaliser un progrès appréciable. On ne paraît pas se douter de la répercussion qu'aura ce matériel bigarré sur la stratégie. Il interdira tout déplacement de forces, parce qu'il n'y a pour chaque escadre qu'un seul port capable de renouveler le contenu de ses soutes.

Personne ne conteste l'utilité de la cuirasse; encore faut-il que son poids soit proportionné à la puissance offensive qu'elle met en valeur. Dans l'équation du déplacement d'un navire, il y a donc une relation immuable entre les deux termes : protection et armement.

La ventilation des bâtiments de guerre doit tenir compte des conditions du combat; or, sur certains cuirassés où les ventilateurs aspirent dans les batteries, on a complètement perdu de vue que les gaz délétères des obus qui éclateront dans les flancs des navires seront refoulés dans les machines et les chaufferies, qu'on devra évacuer.

Lorsque les nécessités du branle-bas de combat exigent la présence de dix personnes dans un blockhaus, il est regrettable de n'y pouvoir en loger que la moitié.

Enfin, la simplicité et la robustesse sont deux facteurs militaires, dont l'importance est souvent prépondérante.

Des considérations de ce genre ne s'appliquent pas seulement à l'organisation intérieure d'un navire, mais au rôle auquel on le destine.

Il n'a jamais été mis en doute que les bâtiments légers, qui rayonnent autour des escadres, doivent être pourvus d'une distance franchissable supérieure à celle de la force à laquelle ils sont attachés. Tous les éclaireurs du type *Condor,* qui sont incapables de tenir la mer aussi longtemps qu'un cuirassé, ne constituent donc qu'un capital immobilisé et inutilisable.

On pourrait continuer indéfiniment ces observations.

D'où vient donc qu'il ait fallu plusieurs générations de navires pour élucider une partie de ces questions, et que d'autres restent encore sans solution?

D'abord, de l'incertitude dans les idées : on ne possédera jamais un matériel approprié aux conditions de la guerre tant qu'on ne saura pas nettement comment on l'emploiera. Ensuite, de l'application d'une méthode défectueuse. Dans la conception d'un navire, il y a deux points de vue différents à envisager : la puissance et le rendement, la théorie et la pratique. Or, tous les anachronismes que nous avons signalés ne font que révéler la lutte entre ces deux facteurs, lutte dans laquelle la puissance tend toujours à absorber le rendement, parce qu'elle se manifeste plus directement aux yeux du constructeur. Le rendement, au contraire, est un personnage modeste dont les qualités ne se révèlent que par une fréquentation constante. Or, pour obtenir un produit harmonieux, il faut marier ensemble ces deux éléments rivaux.

Avant d'entreprendre la mise en chantier d'un navire, on devrait donc s'inspirer d'une sorte de cahier des charges qui n'indiquerait pas seulement ses caractéristiques, mais qui montrerait sous leurs aspects variés les éléments du rendement et imposerait d'une façon absolue les solutions déjà acquises.

Le jour où cet idéal aura été atteint, on aura réalisé un progrès autrement sérieux que celui qui consiste à faire l'inverse de ce qui a été fait. Nous serons alors guidés par une pensée commune qui économisera beaucoup d'argent et beaucoup de travail.

On se plaint, avec juste raison, que la marine française mette cinq années au lieu de deux pour construire un navire, de telle sorte que les bâtiments sont démodés avant d'entrer en service. La raison en est bien simple : les ouvriers qui construisent notre flotte sont les mêmes qui ont travaillé à la tour de Babel.

*
* *

Cette confusion n'existerait pas si nous avions une doctrine. Mais qu'est-ce donc que cette fameuse doctrine?

C'est le lien grâce à quoi tous ceux qui participent à une œuvre commune se conduisent d'après des idées et des principes communs. Si nous ne possédons pas ce trait d'union, chacun agira d'après ses propres inspirations; et il y a bien des chances pour qu'on ne tombe pas sur la vraie solution. Car — nous l'avons déjà dit — la guerre ne s'improvise pas; elle s'apprend. Elle est soumise à des lois bien définies qui se dégagent du résultat des luttes antérieures; et c'est cet ensemble de règles qui constitue la doctrine.

Il y a une quinzaine d'années, la marine fut inondée d'articles et de brochures anonymes dont les auteurs crurent inventer la guerre navale. Sous prétexte de moderniser la science militaire, ils prétendirent s'affranchir du passé; et ils ne se rendirent pas compte qu'ils faisaient ainsi la guerre à la façon des enfants, lorsque ceux-ci s'amusent avec des soldats de plomb. Ce sont eux qui préconisèrent cet éparpillement de nos forces que le ministre de la marine a appelé un cordon sanitaire, et ils crurent avoir trouvé la vraie formule lorsqu'ils eurent placé une fraction de forces partout où l'ennemi pouvait se présenter. Que reste-t-il

aujourd'hui de ces élucubrations, au point de vue des idées?
A peine le souvenir, parce qu'elles ne reposaient pas sur
une base solide. Mais, au point de vue de notre matériel,
l'influence de ces amateurs a été considérable. Personne
n'avait posé les principes de la guerre navale, et nous
n'avions aucune doctrine à opposer à ces conceptions enfan-
tines. Il en résulta que le public les adopta et elles exercè-
rent une action suffisante pour imprimer à nos constructions navales une orientation qui a porté à la marine un
coup fatal.

Heureusement, l'École supérieure, nouvellement créée,
vint faire contrepoids; et c'est de l'enseignement de cette
école que se dégage peu à peu la doctrine. Or, son existence
seule suffit à arrêter l'éclosion des conceptions éphémères;
car son enseignement ne repose pas, comme les œuvres de
pure imagination, sur des affirmations, mais sur des démonstrations. C'est pour cette raison que la doctrine est
longue à se créer et qu'elle exige le concours d'une succession de professeurs qui apportent chacun leur contribu-
tion à l'édifice commun. Le monument est déjà très avancé
et il faut dire que le mérite exclusif en revient à l'École
supérieure, dont l'enseignement a rayonné même en dehors
de la marine; nous en avons eu la preuve dans la discussion
du budget de la marine (1).

Nous pouvons donc envisager l'avenir avec confiance;
pour l'instant, nous avons à liquider un passé dont le passif
est très chargé.

*
* *

Nous possédons tous les éléments nécessaires pour cons-

---

(1) Dans cette discussion, M. Bénazet m'a fait le grand honneur de
me citer en me qualifiant de professeur de stratégie à l'École supérieure. Il m'est d'autant plus agréable de rendre hommage aux professeurs de cette école que je n'y ai été qu'en qualité d'élève.

truire aussi bien et même mieux que n'importe quelle
nation; nos populations du littoral, si dévouées, sont capables de nous fournir des équipages incomparables. Ce qui
nous a manqué, c'est une direction. Nous ne parvenons
pas à nous entendre sur ce qu'il nous faut; et, dès lors, il
devint impossible d'introduire l'esprit de suite dans notre
organisme.

Ce ne sont pas les amiraux anglais qui ont édifié la puissance maritime de leur pays. Si l'Angleterre a eu Rodney,
Hawke et Nelson, nous avons eu Duquesne, Tourville et
Suffren. C'est cet être impersonnel qu'on appelle l'Amirauté
anglaise; c'est elle qui a préparé tous les éléments de la
grandeur britannique; c'est elle qui a su créer des flottes
homogènes, les armer, les équiper, recruter les équipages
(Dieu sait au prix de quels sacrifices); placer à leur tête
les hommes les plus capables. Sa sévérité a souvent été
excessive; mais, en échange, elle n'a jamais marchandé son
concours aux amiraux.

Quel spectacle nous donnait la marine française pendant
ce temps? Dirigée alternativement par des hommes de
génie et par des incapables, elle décrivait une sinusoïde,
passant alternativement de la grandeur au néant (1). Tandis que des officiers de l'armée de terre, tels que d'Estrées
et d'Estaing (2), commandaient ses flottes, des hommes
comme La Motte-Picquet et Suffren restaient au second
plan. Mais, ce qu'il y eut de plus funeste, ce fut de se laisser
éblouir par la magie des chiffres, de rechercher le nombre
sans la force. De là, ces escadres qui prenaient la mer avec
des équipages incomplets, un armement incomplet, des

_____

(1) Sans l'ordre de Malte, qui fournissait à la France une réserve permanente d'officiers, jamais la marine n'aurait pu se relever périodiquement de ses ruines.

(2) Il ne faut pas connaître l'histoire maritime pour baptiser des bâtiments des noms de d'Estrées et de d'Estaing.

approvisionnements incomplets. Bref, sous la monarchie, l'indifférence ou le mauvais vouloir; sous la Révolution, l'anarchie; sous l'Empire, l'impuissance.

Aujourd'hui, c'est une autre affaire. La magie des mots a remplacé la magie des chiffres. Nous avons une école scientifique qui intègre la guerre. De tout ce fatras, se dégagent des formules vagues : défensive, police des mers, protection des côtes, course. Pendant ce temps, on oublie la guerre, cette œuvre de force et de destruction; la guerre, avec ses lois, ses nécessités, ses exigences. Chacun veut habiller la marine à sa façon, et, ajoutant une pièce à son manteau, contribue à l'affubler d'un habit d'arlequin.

Un ministre de la marine, contemplant tout ce désordre, s'est écrié : « Notre flotte est une flotte d'échantillons. » Le mot, frappé comme une médaille, est resté... La chose aussi (1).

---

(1) Les institutions, les traditions, l'état social d'un pays ont quelquefois un contre-coup inattendu sur l'histoire militaire. Au dixhuitième siècle, le système des magasins, si contraire à la mobilité des armées, était une conséquence du recrutement de l'époque; il avait donné naissance à des préjugés et à des traditions encore plus funestes. La tactique linéaire elle-même dérivait de la nécessité de conserver toujours sous l'autorité immédiate des chefs les troupes de mercenaires.

Il existait des faits du même genre dans l'ancienne marine. Le préjugé de la naissance faisait délivrer des brevets d'officiers à des gens étrangers aux choses de la mer. Le recrutement si défectueux des équipages était lié à l'état social du royaume. Dans la tactique, nous signalerons les conventions qui dénaturaient son esprit (Tome II : *La Tactique*).

Aujourd'hui encore, l'influence de considérations étrangères à la guerre se fait sentir. Il nous suffira d'en citer deux exemples.

Tout marin qui connaît les principes de la composition des escadres, sans être aveuglé par la coutume et la tradition, s'étonnerait de voir le *Formidable* à la tête de garde-côtes qui ont des caractéristiques absolument différentes. C'est cependant ce que l'on pouvait voir, il y a à peine quelques années. Cet assemblage était la négation même de la bonne utilisation des forces. Tout le monde en convient, mais la tradition veut que le pavillon d'un vice-amiral flotte à bord d'un cuirassé de fort tonnage; tant pis pour la tactique et la stratégie. (Le *Soleil-Royal,* que montait le maréchal de Tourville, n'avait pas 4.000 tonnes.)

On s'accorde à dire que les torpilleurs doivent être commandés par de jeunes officiers. Les conditions de la vie à bord ne peuvent être supportées que par l'insouciance de la jeunesse, tandis que le côté aventureux de leur genre d'attaque exige qu'on n'en ait pas étudié torp profondément le caractère. Or, depuis leur création, trois défenses mobiles (celles d'Algérie, de Tunisie et de Corse) ont le monopole des vieux lieutenants de vaisseaux. Tout cela tient à une question de gros sous. A ces commandements sont attribués des frais de table, et les officiers qui n'ont que leurs services à faire valoir doivent avoir un certain âge pour participer à cette manne terrestre.

Lorsque, dans un organisme militaire, les actes ne sont plus d'accord avec les principes, la désorganisation est proche.

V

LES GRANDES MANŒUVRES

Les grandes manœuvres ont procuré à la marine des avantages incontestables. Elles ont permis de secouer la torpeur de nos escadres qui, sans elles, se consumeraient dans l'inaction depuis qu'on leur enlève le charbon et le personnel nécessaires pour naviguer. Ce n'est que pendant ces périodes d'activité qu'on peut se rendre compte de quelques-unes des nécessités de la guerre. Elles forment les équipages et les états-majors; elles montrent aux commandants que, pendant la guerre, ils seront obligés d'abandonner une partie de leur autorité pour prendre du repos, alors que, pendant les courtes sorties, ils prétendent tout faire. A tous ces points de vue, il n'y a que bénéfice à retirer des manœuvres annuelles.

En ce qui concerne la stratégie, elles fournissent des indications plutôt que des conclusions. Le fait seul que les canons ne sont pas chargés donne aux opérations une forme conventionnelle. Quand on est sûr qu'une rencontre avec l'ennemi n'aura pas de conséquences irréparables, il n'en coûte rien de tenter les aventures les plus invraisemblables; et on se départit ainsi des règles qui s'imposent d'elles-mêmes aussitôt qu'on joue le sort de son bâtiment.

Ce sont surtout les exercices de prise et de maintien du contact qui sont faussés par la fiction des manœuvres. On peut prévoir que l'obus viendra alors apporter une sanction différente aux conclusions du temps de paix.

La fréquence des attaques de batteries semble, par exemple, indiquer qu'on pourrait hasarder, sans arrière-pensée, le matériel naval dans une opération de ce genre, alors que les guerres sino-japonaise, hispano-américaine et russo-japonaise semblent prouver le contraire. De plus, la façon dont ont été quelquefois menées ces attaques laisse supposer qu'on cherche moins à éteindre le feu des ouvrages qu'à se garantir de leurs coups, auquel cas la seule conclusion logique est qu'il vaut mieux s'abstenir.

Mais un plus grand danger résulte du choix des thèmes, lorsqu'ils sont faux *a priori*. Ils révèlent alors des tendances regrettables et faussent complètement l'esprit des manœuvres. L'amiral Aube, à qui revient l'honneur d'avoir introduit dans notre marine ces épreuves annuelles, serait bien étonné, s'il vivait, de voir l'usage qu'on en a fait.

A une certaine époque, on ne pouvait pas sortir de la question de la protection des côtes par une force supérieure à celle de l'ennemi. Que prétendait-on prouver? Que le principal rôle de la marine est de couvrir le littoral? Ou bien que nous n'avons pas de meilleur emploi à faire de nos forces que de les immobiliser le long des côtes, même avec la supériorité du nombre? On a contribué ainsi à répandre dans le public des idées fausses qui se retourneront un jour contre nous.

Les officiers eux-mêmes subissent l'influence de ces pratiques dangereuses. En répétant indéfiniment les mêmes exercices avec les mêmes données, on finit par se persuader que c'est ainsi que les choses doivent être; qu'elles ne peuvent se passer autrement; et on vit sur cette impression sans la discuter. Le jour où on passe de la convention à la réalité, on en revient tout naturellement à donner aux mêmes problèmes la même solution.

Il importe donc de ne mettre en pratique que des thèmes vraisemblables, et de les appliquer avec vraisemblance.

Grâce à Dieu, nous parlons d'un temps déjà lointain ; aux époques où fut constituée l'armée navale, l'importance des effectifs a permis d'élargir le cercle des combinaisons, et on a cherché à élucider des questions qui présentaient plus d'intérêt que l'éternelle défense des côtes ; mais, là encore, les détails d'exécution ont mis en relief de regrettables conséquences.

Le cycle de nos manœuvres n'est pas encore fermé. Bien des points restent encore obscurs sur lesquels on aurait besoin de jeter un rayon de lumière. Par exemple : on a déjà essayé de forcer plusieurs fois des blocus ; mais il faudrait d'abord savoir s'ils sont encore possibles avec des sous-marins, et dans quelles conditions (1). La guerre de course offre, elle aussi, un vaste champ d'investigations. On ne connaît presque rien des problèmes que soulève son application ; on ne nous l'a montrée jusqu'ici qu'à travers des considérations économiques qui la relèguent dans le domaine de la théorie pure (2).

Enfin, on a tellement répété qu'il était possible d'assurer la protection des côtes uniquement avec des flottilles de torpilleurs et de sous-marins qu'il serait temps de justifier

---

(1) Cet exercice ne peut être fructueux que s'il a une durée suffisante pour mettre à l'épreuve les destroyers et s'il est traversé par des périodes de calme et de gros temps.

(2) Les corsaires devront-ils agir isolément ou par groupe ? Dans ce dernier cas, quel sera leur ordre de marche ? A quelle distance un corsaire reconnaîtra-t-il un paquebot d'un croiseur ennemi ? Cette distance sera-t-elle suffisante pour permettre au corsaire de s'échapper ? Combien de temps durera la visite d'un bâtiment ? Que fera-t-on des bâtiments capturés ? Le temps perdu à visiter les bâtiments ne permettra-t-il pas aux croiseurs de troubler les opérations et de compromettre la sécurité des corsaires ? Continuera-t-on les visites la nuit ? Dans ce cas, comment évitera-t-on les rencontres fâcheuses ? Combien de temps faudra-t-il à des croiseurs pour dégager un terrain de course ?

cette assertion. Nous disposons en Méditerranée de flottilles nombreuses pour la défense et d'une véritable armée navale qui serait qualifiée pour jouer le rôle d'assaillant. Nous avons donc sous la main tous les éléments nécessaires pour éclaircir cette question.

Pendant longtemps encore, nous avons de quoi donner toujours un nouvel intérêt à nos manœuvres.

VI

LE JEU DE LA GUERRE

———

A défaut de grandes manœuvres, on peut employer le jeu de la guerre, qui est à la portée de toutes les bourses; il permet de mobiliser la flotte entière et de donner aux opérations une durée illimitée; mais il faut s'en servir avec prudence.

Au point de vue tactique, on doit répudier complètement ce genre de distractions. Le combat repose tout entier sur l'intelligence du commandement; et la tactique n'est que l'esclave de cette intelligence. Or, il est impossible, avec des joujoux, d'approcher, même de loin, de la réalité; et on risque de se fausser le jugement en prenant au sérieux ce qui n'est qu'un jeu.

En stratégie, au contraire, le jeu de la guerre peut rendre quelques services. Ainsi, il montrera, mieux que les manœuvres, à quoi se réduisent les lignes d'éclairage dès qu'on sort des mers étroites. Mais il ne faudra pas oublier que, sur la carte, la mer est toujours calme; les bâtiments peuvent toujours donner toute leur vitesse sans jamais souffrir de l'encrassement des chaudières; enfin, les avaries de machines ne sont pas à craindre. Là encore, il faudra rechercher des indications d'ordre général plutôt que des conclusions précises.

———

CINQUIÈME PARTIE

LES EXEMPLES (¹)

---

(1) Nous n'avons pas introduit dans ce chapitre la guerre russo-japonaise qui a fait l'objet d'un ouvrage spécial (*La Lutte pour l'empire de la mer*) auquel nous renvoyons le lecteur.

I

LA GUERRE DE L'INDÉPENDANCE AMÉRICAINE

Nous commencerons d'abord par mettre en parallèle la guerre de l'Indépendance américaine et la grande entreprise stratégique de Napoléon. Nous avons choisi ces deux exemples à cause du développement considérable de forces auquel ils donnèrent lieu; on y verra, de plus, deux conceptions très différentes de la conduite des opérations, et, bien que le résultat final semble donner gain de cause aux principes qui ont dirigé la guerre de 1778, nous pensons qu'un examen attentif des conditions différentes de notre marine aux deux époques donnera une tout autre impression.

La guerre de l'Indépendance américaine débute par l'envoi de d'Estaing en Amérique, avec douze vaisseaux portant des troupes. Il était urgent d'envoyer des secours aux insurgés, afin d'affaiblir la puissance militaire de l'Angleterre et de l'obliger à entretenir au loin une force navale importante (1). Au mois de juillet eut lieu la rencontre de

---

(1) Un auteur maritime a émis l'opinion qu'il eût été préférable d'envoyer d'Estaing à Brest pour y renforcer l'escadre de d'Orvilliers. Mais le départ de d'Estaing est antérieur de plus de trois mois à la sortie de l'escadre de Brest, et il semble qu'il valait mieux secourir le plus tôt possible les colonies d'Amérique pour ne pas courir le risque de les voir succomber, ce qui eût permis à l'Angleterre de ra-

d'Orvilliers et de Keppel au large d'Ouessant. La bataille fut indécise, mais elle permit aux deux partis de mesurer leur force respective.

C'est à partir du mois d'août que les opérations commencèrent à présenter ce caractère d'indécision et d'incohérence qu'elles conservèrent pendant toute la durée de la guerre.

D'Orvilliers, après avor réparé ses avaries, sortit de nouveau, le 16 août, et s'établit en croisière entre le cap Finistère et Ouessant; puis il revint à Brest sans avoir cherché ni rencontré l'ennemi. L'escadre fut alors fractionnée en petites divisions qui croisèrent dans la Manche et le golfe de Gascogne jusqu'à l'hiver.

Le département de la marine retombait ainsi dans ses anciens errements; il prétendit d'abord intercepter les convois à l'aide d'une flotte assez puissante pour ne pas appréhender une rencontre; puis, devant le faible résultat obtenu, il chercha, à l'aide de petites divisions, à battre une étendue de mer plus considérable. Les deux solutions étaient également mauvaises. Tant que l'escadre française resta concentrée, son action ne se fit sentir qu'à l'endroit où elle se trouvait; dès qu'elle fut divisée, elle perdit sa force et courait le risque d'être détruite en détail. Le rôle des escadres est de combattre l'ennemi pour gagner l'empire de la mer; les bâtiments légers peuvent alors, en toute sécurité, attaquer le commerce, sans préjudice de tous les autres avantages qui découlent de la suppression des forces militaires de l'adversaire.

Puisque la France ne disposait pas de forces suffisantes sur les côtes d'Europe pour prendre ce parti, elle devait

---

mener chez elle ses troupes et ses bâtiments. Nous avons vu d'ailleurs que la jonction, dans les conditions où elle se présentait, était une opération difficile à réaliser, et Keppel avait précisément pour instructions de s'y opposer.

chercher un autre terrain et envoyer les bâtiments de d'Orvilliers aux Antilles, en prenant toutes les précautions pour masquer leur départ. Elle pouvait le faire sans inconvénients, car l'Angleterre, démunie de troupes, ne pouvait tenter aucune entreprise importante contre nos côtes; et en fait, elle n'y songea jamais pendant les années suivantes, lorsque nos bâtiments restèrent des étés entiers sur les côtes d'Espagne.

Par le seul fait de l'alliance de l'Espagne avec la France, l'Angleterre se trouva, en 1779, menacée d'être attaquée dans ses eaux territoriales par des forces doubles de celles qu'elle pouvait opposer à la coalition. Les alliés, au lieu de profiter de l'occasion qui s'offrait de lui porter un coup fatal, lui fournirent sa seule chance de salut en poursuivant deux buts à la fois : le siège de Gibraltar et une descente en Angleterre. Malgré cette disjonction, d'Orvilliers put entrer avec soixante-six vaisseaux dans la Manche, où les Anglais en comptaient à peine quarante. Mais les dispositions avaient été si mal prises que cet immense armement se dispersa sans avoir rien fait.

Au début de 1780, il arriva à l'amiral don Juan de Langara une de ces aventures auxquelles sont exposées les divisions qui sont envoyées en croisière au point d'atterrissage des navires de commerce. N'ayant que neuf vaisseaux, il fut surpris par Rodney, qui se rendait avec vingt et un vaisseaux à Gibraltar pour ravitailler cette place. Deux bâtiments seuls parvinrent à s'échapper.

S'il est impossible d'échapper complètement aux surprises qui constituent l'une des fortunes de la guerre, on peut néanmoins diminuer les probabilités des rencontres fâcheuses en mer, à l'aide des renseignements que l'on possède sur la force, la position et l'objectif probable des escadres ennemies. Mais, lorsqu'un faible détachement est obligé de stationner dans une région qui constitue par elle-même un centre d'attraction, il doit s'attendre à y être attaqué par des forces supérieures, parce qu'il ne peut longtemps cacher sa présence.

Au printemps, vingt bâtiments français furent envoyés à Cadix, où ils se rangèrent sous les ordres de don Luis de Cordova. Cet amiral fit deux sorties de courte durée, et eut la bonne fortune de capturer un convoi. Ce fut le seul emploi qu'il sut tirer des immenses forces qu'il avait à sa disposition. Impatienté de l'inaction de ses bâtiments, le cabinet de Versailles envoya le vice-amiral d'Estaing à Cadix, où il prit le commandement de l'escadre française et la ramena à Brest.

Le 20 décembre 1780, l'Angleterre déclara la guerre à la Hollande. L'entrée des Provinces-Unies dans la coalition fournissait à la France l'appoint d'une marine moins nombreuse que celle de l'Espagne, mais beaucoup plus solide. Jamais la situation ne s'était présentée sous un jour plus favorable, et il semblait que la campagne de 1781 dût terminer la guerre. Il n'en fut rien, et les alliés, qui pouvaient se couvrir de gloire, se couvrirent de honte.

La Hollande fit la guerre pour son propre compte et livra à la hauteur du Dogger-Bank un inutile combat. Quant aux marines des Bourbons, elles se concentrèrent de nouveau à Cadix, et l'armée navale, forte de près de cinquante vaisseaux, pénétra dans la Méditerranée, d'où elle remonta vers la Manche, après avoir déposé 14.000 hommes à Minorque (1).

La situation de Derby, qui commandait l'escadre anglaise de la Manche, était très critique. De retour depuis quel-

---

(1) Port-Mahon capitula le 6 février 1782. Ce fut le seul avantage obtenu en Europe durant les cinq années de la guerre. Un pareil résultat tendrait à faire douter de l'efficacité des marines de guerre, si nous nous rangions à l'opinion de ceux qui considèrent que la guerre de l'Indépendance américaine fut pour nous une époque glorieuse.

ques mois de Gibraltar (qu'il avait ravitaillé sans que la grande flotte de Cadix songeât à l'inquiéter), il n'avait pu réunir plus de trente bâtiments. Obligé de se replier devant la flotte combinée, il mouilla dans la baie de Torbay et prit ses dispositions pour combattre. De la décision que prendraient les alliés dépendait l'issue de la guerre. A l'exception de sept vaisseaux qui opéraient dans la mer du Nord avec Parker (1), la flotte de Derby constituait le seul rempart que l'Angleterre pût opposer à une armée d'invasion et aux entreprises de nos corsaires. Les alliés allaient-ils se décider à combattre? Jusque-là, ils avaient pu prétendre que les campagnes de 1779 et 1780 n'avaient pas favorisé une rencontre; mais, cette fois, l'ennemi était là, inférieur de près de moitié, et il ne pouvait échapper.

C'est alors que se fit sentir l'influence dissolvante des conseils de guerre. Un chef qui a le sentiment de sa valeur et de sa force va à l'ennemi, sans suivre d'autres conseils que ceux que lui dictent l'honneur et le devoir; un chef timide ou lâche ne prend l'avis de ses subordonnés que pour s'abriter derrière eux de décisions qu'il sait mauvaises. Don Luis de Cordova, qui commandait en chef, recourut à cet expédient. Le conseil de guerre décida qu'il ne fallait pas combattre, et l'Angleterre fut sauvée, sans efforts de sa part, par le fait seul que les conseils des alliés réunirent une majorité pour affirmer que des bâtiments de guerre, portant des canons, n'étaient pas faits pour se battre. Au cours de la discussion qui eut lieu à bord de l'amiral espagnol, il se trouva un officier français qui osa soutenir cette opinion paradoxale « que les flottes alliées devaient diriger toute leur attention vers le but facile à atteindre, autant qu'important, d'intercepter les flottes britanniques revenant des Antilles à la métropole. Cette mesure ne pouvait manquer de réussir à

---

(1) Pour la protection des convois de la Baltique.

qui était maître de la mer. Elle serait pour l'Angleterre un coup terrible (1) dont elle ne se relèverait pas durant la guerre. » Et il ne se trouva personne pour répondre à M. de Beausset que les convois seraient interceptés d'autant plus aisément que l'escadre anglaise ne pourrait pas les protéger; que la liberté de la mer n'existe pas tant que l'ennemi l'occupe; que l'attaque du commerce n'était pas un moyen aussi efficace qu'on le prétendait, puisque, pendant trois années, il n'avait rien produit; qu'enfin le coup terrible dont l'Angleterre ne pourrait pas se relever était la destruction de l'unique force importante derrière laquelle elle s'abritait.

La flotte combinée fit dans la Manche une inutile croisière de courte durée et, le 5 septembre, elle se disloqua. Guichen retourna à Brest, et don Luis de Cordova ramena à Cadix son impuissante *armada*.

Le combat du Dogger-Bank fut livré le 5 août, au moment où se passaient les événements dont nous venons de parler. La présence des Hollandais dans la mer du Nord enleva donc à Derby sept vaisseaux, mais elle priva la flotte alliée d'un nombre de bâtiments égal. Les diversions n'ont d'effet utile qu'à la condition qu'elles soient faites avec des forces inférieures à celles qu'elles immobilisent loin du théâtre principal des opérations, et à une distance telle que le retour de ces dernières ne puisse changer la face des choses (2).

---

(1) Il est intéressant de rapprocher ces paroles de la phrase de Ramaluelle que nous avons citée et des théories en cours actuellement.

(2) L'efficacité des diversions n'est pas toujours positive. Elles ont généralement pour but de forcer l'ennemi à s'affaiblir dans une région déterminée, en le menaçant dans une autre; mais il est rare que ce résultat soit atteint sans qu'on soit obligé de s'affaiblir soi-même, et alors le bénéfice n'est pas évident.

On donne souvent le nom de diversions à des opérations qui n'en sont pas. Le plan de campagne de M. de Sartines en comportait qua-

L'année 1782, la dernière de la guerre, devait ajouter encore une humiliation à toutes celles dont les alliés avaient déjà été abreuvés.

Le 4 juin, don Luis de Cordova sortit de Cadix avec trente-sept vaisseaux, dont cinq étaient français (1), et remonta dans le Nord. Dans la Manche, il fut rallié par La Motte-Picquet avec huit vaisseaux, et l'armée navale, forte de quarante-cinq vaisseaux, recommença une dernière fois ses inutiles promenades. Howe fut aperçu à la tête de vingt-deux vaisseaux; il n'eut pas de peine à s'échapper. Dès le commencement d'août, la flotte combinée retourna à Cadix; le 10 septembre, elle mouillait à Algésiras, où elle assista à la tentative infructueuse qui fut dirigée à cette époque contre Gibraltar (2). Le 11 octobre, Lord Howe parut dans le détroit, escortant avec trente-six vaisseaux un immense convoi; le 14, il parvenait à mettre ses bâtiments de commerce à l'abri des canons de la forteresse, sous les yeux de cinquante vaisseaux ennemis (3), et sortait de la Méditerranée sans être inquiété. C'était la troisième fois que l'Angleterre réussissait à ravitailler le rocher.

La prise de Gibraltar fut, pendant la guerre, la préoccupation dominante du gouvernement espagnol; et la question se pose maintenant de savoir si la façon dont il s'y prit pour réaliser son objectif était la meilleure.

_____

tre : en Amérique, aux Antilles, dans l'Inde et en Méditerranée. Leur objectif était d'écarter les Anglais de leurs côtes. Le mot était impropre; car ces diversions absorbèrent la presque totalité de la flotte française, qui ne pouvait plus menacer les côtes ennemies qu'en rappelant les forces détachées en Espagne.

(1) Ces bâtiments avaient été conduits à Cadix par Guichen à la fin de l'année précédente.

(2) Nous faisons allusion à l'attaque qui devait se faire par terre et par mer et fut interrompue par l'insuccès des batteries flottantes.

(3) La flotte combinée avait été renforcée des bâtiments présents sur les lieux.

Indépendamment des attaques directes, les Espagnols se proposèrent de réduire la place par la famine. A cet effet, ils immobilisèrent toujours des forces importantes dans le détroit. Or, par une contradiction apparente, Rodney, Derby et Howe ravitaillèrent Gibraltar précisément aux époques où toute la flotte espagnole se trouvait concentrée à Cadix; en sorte que l'Angleterre semblait choisir le moment le moins propice pour exécuter une opération qui, par elle-même, présentait de sérieuses difficultés. Elle ne pouvait faire autrement. Dès que les alliés paraissaient dans la Manche, l'Angleterre n'avait pas trop de toutes ses forces pour conjurer le péril qui la menaçait, et elle était obligée de subordonner ses objectifs secondaires à son objectif principal. Dès que la saison écartait de ses côtes tout danger immédiat, elle réunissait tous ses bâtiments disponibles, leur adjoignait ceux qu'elle destinait à ses stations lointaines et les dirigeait sur le détroit. La réussite n'était plus qu'une opération tactique, et elle se fia avec raison à l'habileté de ses amiraux pour la mener à bien. On est donc en droit de penser que l'Espagne aurait eu avantage à placer à Algésiras des bâtiments légers, pour intercepter les navires isolés, et à réunir l'escadre de blocus à la flotte combinée lorsque celle-ci remontait dans le Nord. Si l'Angleterre en avait profité pour ravitailler le rocher, elle aurait été obligée de dégarnir sa flotte de la Manche, au moment où ses côtes étaient menacées. Par ailleurs, il est inutile de dire que, si l'escadre anglaise avait été anéantie dans la Manche en été, elle n'eût pu se rendre à Gibraltar pendant l'hiver; cependant, cette évidence ne paraît pas avoir été saisie par les alliés.

Les événements qui se déroulèrent aux Antilles et sur les côtes d'Amérique eurent un contre-coup direct sur la direction de la guerre, puisqu'ils furent la cause déterminante de la faiblesse des Anglais dans la Manche. L'erreur du gouvernement français ne fut donc pas d'y envoyer des forces, mais d'avoir voulu dénouer la situation sur ce terrain excentrique. C'est là que se transporta tout l'intérêt de la guerre ; et il semblait que la prise d'une petite île dût faire tomber la puissance de l'Angleterre. Puisque les circonstances favorisaient une action directe contre notre rivale, puisque c'était en Europe que nous étions le plus forts et elle, le plus faible, c'est en Europe qu'était le nœud de la situation. Qu'importait alors que les Anglais nous prissent quelques îles et que nous leur en prissions quelques autres ? Les deux choses importantes dans l'Atlantique étaient d'abord d'alimenter la guerre sur terre en fournissant aux insurgés des troupes et l'assistance de nos bâtiments pour leurs opérations, ensuite de retenir loin de la métropole le plus grand nombre possible de bâtiments anglais. Ce résultat obtenu, il fallait saisir une occasion propice pour faire traverser l'Atlantique aux bâtiments envoyés aux Antilles et les faire participer aux opérations dans la Manche. La chose était facile, parce que les positions respectives des deux partis n'étaient pas les mêmes. Les Anglais, engagés dans une guerre continentale qui exigeait le transport de troupes par mer, et obligés de couvrir leurs possessions des Antilles, n'avaient pas la libre disposition de leurs forces au même degré que nous. De plus, le perpétuel va-et-vient de notre escadre entre les côtes d'Amérique, les Antilles et les côtes de France laissait subsister sur les mouvements de nos forces des doutes dont il était aisé de profiter. Lorsque d'Estaing quitta Boston, le 4 novembre 1778, pour se rendre à la Martinique, Howe n'en eut pas connaissance (1), et en eût-il été autrement,

(1) En même temps que d'Estaing quittait Boston, une division de cinq vaisseaux quittait New-York pour attaquer Sainte-Lucie. Ce fut une coïncidence ; et on est en droit de penser que, s'il avait connu le projet de d'Estaing d'aller aux Antilles, Howe n'eût pas jugé oppor-

qu'il n'aurait probablement pas pu le suivre. Lorsque Guichen quitta les Antilles pour rentrer en France, Rodney crut qu'il se rendait en Amérique et se lança à sa poursuite dans cette direction.

Il semble donc qu'il eût été possible, pour frapper un coup décisif, de faire concorder le retour de nos bâtiments avec les opérations dans les mers d'Europe, ou bien de retenir en Europe les relèves destinées aux colonies, après leur avoir fait faire une fausse sortie. De Grasse appareilla de Brest, le 22 mars 1781, avec vingt-six vaisseaux, dont vingt étaient sous ses ordres directs. S'il était revenu en Europe au commencement de mai, il nous aurait permis de nous passer du concours des Espagnols, qui nous fut si fatal. L'année suivante, ce même de Grasse se trouvait aux Antilles; s'il avait pu tromper la vigilance de Rodney, celui-ci eût été probablement le chercher à la Jamaïque, où une expédition était projetée, et les trente-trois vaisseaux qui livrèrent le combat de la Dominique eussent trouvé un champ de bataille plus favorable sur les côtes d'Angleterre. Mais, pour faire des déplacements de forces de ce genre, il fallait un plan; or, les alliés, après en avoir formé plusieurs dont ils avaient négligé de préparer l'exécution, vivaient au jour le jour.

Le détail des opérations aux Antilles et en Amérique importe peu, au point de vue général auquel nous nous plaçons ici. Nous avons déjà eu occasion de faire ressortir le caractère spécial qu'elles présentèrent dans les Iles. Il suffit donc de dire qu'elles mirent en évidence les mêmes erreurs : substitution de l'objectif principal aux objectifs secondaires (1), déférence exagérée envers l'ennemi flottant.

---

tun de choisir ce moment pour attaquer Sainte-Lucie. Hotham arriva avant d'Estaing et prit cette île.

(1) Nous ne pouvons cependant résister à l'envie de citer le fait suivant. D'Estaing livre un combat heureux contre Byron, dont les bâ-

La campagne de l'Inde fut également improductive. Suffren dépensa pendant deux ans des trésors d'énergie et d'activité; et, sur ce théâtre éloigné, avec des forces très faibles et des ressources insuffisantes, il posait les vrais principes de la guerre. Les conditions locales ne se prêtaient pas à des combinaisons transcendantes; toute la stratégie de Suffren consista à conquérir l'empire de la terre par celui de la mer, et il employa le seul moyen efficace de trancher la question en poursuivant impitoyablement l'escadre ennemie. Pour ne pas lâcher un seul instant sa proie, il refusa de quitter l'Inde et s'empara d'une base d'opérations qui lui manquait. Malheureusement, il agissait trop loin de l'Europe pour pouvoir peser sur l'issue de la lutte. En fait, les préliminaires de paix, signés le 23 janvier 1783, rétablirent dans cette région le *statu quo ante bellum,* alors que les hostilités ne cessèrent dans l'Inde que le 8 juillet. Le combat de Goudelour fut livré dans l'intervalle. Cette campagne si glorieuse ne servit qu'à montrer ce que le génie d'un homme peut faire avec des moyens imparfaits.

En jetant un coup d'œil en arrière, nous voyons que jamais la France n'avait eu, et n'eut depuis, une aussi belle occasion de briser pour longtemps la puissance de sa rivale. Depuis 1775, l'Angleterre s'épuisait à maintenir sous le joug ses colonies d'Amérique; en 1778, la France vient prêter aux insurgés l'appui de ses troupes et de sa flotte; l'Espagne, en 1778, et la Hollande, en 1781, se joignent à la France. Ainsi, l'Angleterre, qui poursuivait toujours l'espoir de ne pas perdre ses colonies, n'avait plus de troupes chez elle, et devait tenir tête à trois marines. Il lui

---

timents sont très éprouvés; satisfait d'avoir ainsi protégé la Grenade, il néglige de le poursuivre afin d'assurer sa nouvelle conquête. Voir, à ce sujet, les réflexions de Mahan, p. 402 et suivantes, et la lettre de Suffren.

était impossible de rien tenter d'important contre les alliés; elle pouvait tout au plus espérer maintenir ses positions. La France, au contraire, avait la liberté de disposer sans arrière-pensée de toute son armée, et, grâce à ses alliés, elle avait la supériorité numérique sur mer. N'était-ce pas le moment, après avoir fourni aux insurgés le contingent de troupes qui leur était nécessaire pour continuer la lutte et opérer une diversion, n'était-ce pas le moment de frapper l'Angleterre au cœur et de tout faire converger dans ce but?

Les alliés, au contraire, n'ont fait qu'une guerre de chicanes. En Europe, ils sont venus se briser contre le mur de Gibraltar; aux Antilles, ils ont dépensé leurs forces dans de petites expéditions dont les succès étaient immédiatement compensés par des revers équivalents.

La guerre se poursuivit ainsi pendant cinq ans, au prix de sacrifices financiers considérables; et le fait maritime le plus important (1) fut un désastre pour nous.

Ce qui mit fin aux hostilités, ce fut la lassitude générale et l'écrasement des troupes anglaises dans l'Amérique; en sorte qu'on est en droit de dire que, si l'Angleterre avait fait, dès le début, le sacrifice de ses colonies, au lieu de se consumer à vouloir les conserver, elle eût fait payer cher leur agression aux trois marines qui s'étaient liguées contre elle.

Quelle fut donc la cause de l'impuissance de nos escadres, qui étaient cependant montées par des officiers de mérite? Il faut l'attribuer, au point de vue de l'exécution, à une conception erronée de la guerre, et ce vice initial se trouvait aggravé par un manque d'entente entre les alliés, lequel entraîna des efforts décousus. Chacun, à l'exception de la Hollande, était entré dans la coalition avec son objectif propre. Les Américains voulaient leur indépendance; les

---

(1) La bataille de la Dominique.

Espagnols prétendaient reprendre Gibraltar et Minorque ;
enfin, la France poursuivait la revision du funeste traité de
1763. Les prétentions individuelles des alliés étaient légi-
times : les nations ne font pas faire la guerre par sentiment,
mais par intérêt. Leur erreur fut de croire que le meilleur
moyen de parvenir à leur but était de poursuivre méthodiquement la conquête de tous les points qu'ils convoitaient
et de ne pas entreprendre une action commune qui leur eût
donné en bloc ce qu'ils cherchaient à avoir en détail. Les
Espagnols ne nous suivaient qu'à regret ; ils remontaient
vers le nord en tournant leurs regards vers la Méditerranée.

Ce qui entrava le plus les mouvements des escadres alliées
fut la funeste détermination de vouloir à tout prix reprendre Gibraltar. Mahan, dans sa magistrale étude, nous
montre combien cette position pesait sur les desseins des
Anglais (1) ; mais elle pesa bien plus sur ceux des alliés.
Alors que l'Angleterre se contenta de faire ravitailler la
place de loin en loin par des escadres qui suivaient ensuite
une autre destination, les alliés immobilisèrent pendant
quatre ans des forces importantes à tenir un blocus inutile ;
et Mahan conclut que Gibraltar fut une diversion puissante
en faveur de l'Angleterre (2).

En définitive, la France, avec le bénéfice de l'agression,
avec la supériorité du nombre, avec un matériel comparable sous beaucoup de rapports à celui des Anglais, avec
un corps d'officiers brillants et instruits, ne gagna à cette

---

(1) L'importance de Gibraltar ne se faisait sentir que dans les
guerres où l'Angleterre devait entretenir des escadres en Méditerranée. C'est là que les escadres venaient relâcher et se ravitailler. Dès
que les circonstances forçaient les bâtiments anglais à évacuer la
Méditerranée, Gibraltar devenait une gêne.

(2) On eût compris un coup de main qui eût enlevé le rocher en
peu de jours ; mais il était injustifiable de paralyser des escadres entières à faire la faction devant quelques bataillons.

guerre longue et pénible que la restitution du Sénégal et la petite île de Tabago. Il y avait loin de là aux espérances qui accompagnèrent le début des hostilités. Cependant, malgré toutes les fautes accumulées, malgré le manque d'entente des alliés, malgré le décousu des opérations, cette guerre aurait été glorieuse et productive pour la France, si ses marins avaient eu pour seule ligne de conduite de rechercher avant tout l'ennemi flottant et de s'engager à fond chaque fois que les circonstances le permettaient.

Pour ne citer que les exemples où la disproportion des forces rendait la victoire certaine, il est facile de se rendre compte que les résultats eussent été autrement importants si Byron avait été battu à la Grenade, Barrington à Sainte-Lucie, Hood à Saint-Christophe, Derby à Torbay.

Si nous nous sommes arrêtés si longuement à faire la critique de la guerre de l'Indépendance américaine, ce n'est pas pour faire le procès de ceux qui l'ont dirigée. A cette époque, on n'eût pas admis une action menée avec l'énergie napoléonienne; mais si nous n'avons pas à incriminer les hommes, nous avons le devoir de profiter des événements. C'est avec les leçons qu'ils nous fournissent que nous pourrons éventuellement démontrer à nos alliés la nécessité de ne pas poursuivre des objectifs divergents et de ne pas sacrifier l'intérêt général à des intérêts particuliers.

II

LA STRATÉGIE NAVALE DE NAPOLÉON

———

Napoléon reprit, en 1803, le projet de descente en Angleterre auquel les alliés avaient mollement songé en 1779, et nous allons voir comment il fit converger tous les efforts vers un seul but, imprimant aux opérations cette unité d'action qui avait fait si totalement défaut dans la guerre de 1778. On verra également avec quelle fertilité d'esprit il tire parti d'une situation peu brillante, modifiant ses projets selon les circonstances, et n'étant jamais embarrassé pour utiliser ses forces.

La flottille des canonnières achevait de se concentrer dans les ports du Nord, et le moment approchait où les 150.000 hommes réunis à Boulogne n'auraient plus besoin, pour traverser le détroit, que de la liberté du passage. La préoccupation de l'Empereur fut donc d'amener dans le Pas de Calais des forces suffisantes pour balayer la croisière anglaise.

Il y avait alors 18 vaisseaux à Brest, 5 à Rochefort, 5 au Ferrol, 1 à Cadix, 8 à Toulon. Tous les ports, à l'exception de **Cadix**, étaient bloqués. Nelson était devant Toulon, Cornwallis devant Brest.

Napoléon, qui pensait pouvoir faire passer son armée au mois de février 1804, escomptait les coups de vent d'hiver pour débloquer l'escadre de Brest. Celle-ci devait alors se diriger vers l'Irlande, y déposer un corps de troupes et paraître subitement en Manche. Sa force était suffisante pour assurer la liberté du détroit pendant quelques jours.

Les préparatifs n'ayant pas été achevés pour l'hiver, on perdit tout espoir de pouvoir sortir de Brest avec les temps plus maniables de l'été, qui rendaient la croisière ennemie plus active; au contraire, les fortes brises de mistral, qui soufflent quelquefois dans la saison chaude, forçaient de temps en temps Nelson à se réfugier derrière la Corse.

Napoléon songea alors à confier à l'escadre de Toulon le rôle précédemment dévolu à celle de Brest et, dans ce but, il plaça à sa tête Latouche-Tréville.

Celui-ci devait appareiller de Toulon avec dix vaisseaux (1), se diriger vers le sud pour tromper la croisière anglaise, puis mettre le cap sur le détroit de Gibraltar, recueillir en passant à Cadix le vaisseau l'*Aigle,* débloquer la division de Rochefort et entrer en Manche avec seize vaisseaux.

Pour tromper Nelson sur la véritable destination de l'escadre, on forma dans les environs de Toulon un camp dont les troupes étaient officiellement destinées à aller dans le Levant.

Entre temps, Ganteaume tiendrait en haleine l'escadre de blocus de Brest par de fausses sorties. Si cependant Cornwallis était informé du passage de Latouche-Tréville et se lançait à sa poursuite, Ganteaume devait sortir; et l'une ou l'autre des deux escadres, peut-être toutes les deux, pourraient pénétrer en Manche.

La mort de Latouche-Tréville empêcha l'exécution de ce plan. Villeneuve prit le commandement de l'escadre de Toulon, tandis que Missiessy remplaçait Villeneuve à Rochefort.

---

(1) Deux bâtiments avaient été armés pendant l'hiver.

Tous ces changements avaient pris du temps, et on ne pouvait plus espérer opérer dans le courant de l'année.

Pour la troisième fois, Napoléon modifia ses projets. Le caractère de Villeneuve ne lui paraissant pas assez résolu, il revint à sa première idée de confier le principal rôle à l'escadre de Brest, commandée par Ganteaume. L'approche de l'hiver ramenait d'ailleurs l'attention vers le nord.

Villeneuve et Missiessy devaient partir de Toulon et de Rochefort, opérer leur jonction aux Antilles, y faire des ravages dans les colonies anglaises, puis revenir ensemble à Rochefort, lorsque leur sortie aurait entraîné à leur suite les escadres anglaises. A leur retour, ils avaient l'ordre de débloquer Le Ferrol et de faire rallier les bâtiments français qui s'y trouvaient. Ganteaume, partant de Brest le dernier, jetait un corps de débarquement en Irlande et se dirigeait ensuite sur Boulogne, soit directement, soit par le nord de l'Écosse.

Missiessy appareilla en effet le 11 janvier 1805, et Villeneuve le 18; mais, dix jours après, ce dernier, désemparé par le coup de vent qui avait facilité sa sortie, était de retour à Toulon et demandait deux mois pour se réparer.

Sur ces entrefaites, l'Espagne déclara la guerre à l'Angleterre. Napoléon, voulant profiter du supplément de forces que lui procurait la marine espagnole, élargit encore le cadre de ses combinaisons. Il voulut opérer aux Antilles une concentration générale de toutes les forces alliées et amener cette masse énorme dans la Manche, tandis que les Anglais, trompés par le bruit qui commençait à se répandre d'une vaste expédition dans l'Inde, incertains sur la véritable destination de toutes ces escadres partant de tous les points à la fois, se disperseraient en Orient, dans l'Inde et aux Antilles.

Pour mettre à exécution ce projet gigantesque, Villeneuve devait partir de Toulon à la première occasion favorable, rallier devant Cadix les six ou sept vaisseaux de l'amiral Gravina, ainsi que l'*Aigle,* et faire route pour la

Martinique. Là, il opérerait sa jonction avec Missiessy, qui s'y trouvait déjà, et attendrait l'arrivée de Ganteaume. Celui-ci partirait de Brest avec vingt et un vaisseaux et débloquerait en passant la division franco-espagnole du Ferrol. On devait avoir ainsi cinquante à soixante vaisseaux réunis aux Antilles. Toutes les précautions furent prises pour assurer le secret. Villeneuve et Ganteaume furent seuls à recevoir les instructions de l'Empereur, dont ils ne devaient prendre connaissance qu'en mer; il leur fut interdit de les communiquer aux capitaines. Quant aux Espagnols, ils durent se contenter de se laisser mener. Enfin, Napoléon se rendit de sa personne en Italie, pour enlever à l'Amirauté anglaise toute inquiétude immédiate.

On sait que la première partie du programme s'exécuta sans encombre. Villeneuve partit de Toulon le 29 mars 1805, rallia l'amiral Gravina à Cadix; et l'escadre combinée fit route pour les Antilles. Déjà la présence de Missiessy avait attiré l'attention des Anglais de ce côté, et on se préoccupait de renforcer les deux seuls vaisseaux qui s'y trouvaient. Mais Missiessy attendit vainement l'arrivée de Villeneuve; après avoir fait de nombreuses prises, détruit les fortifications de la Dominique et de Saint-Christophe, et jeté 500 hommes dans la place de Saint-Domingue, il était retourné à Rochefort sans être inquiété. Il n'y avait à ce contretemps que demi-mal, car la division de Rochefort ne comptait que cinq vaisseaux. Ce qui était plus grave, c'est que Ganteaume ne parvenait pas à sortir de Brest : par une sorte de fatalité, le temps se maintenait au beau, rendant impossible toute tentative d'évasion. On dut perdre bientôt tout espoir de concentration aux Antilles, où Villeneuve ne pouvait s'éterniser. Napoléon remania donc encore une fois son plan. Il songea d'abord à faire venir Villeneuve directement des Antilles dans le Pas de Calais, en passant par le nord de l'Écosse. Cornwallis immobilisé devant Brest par Ganteaume, Calder maintenu devant Le Ferrol par la division franco-espagnole, les vingt vaisseaux de Villeneuve devaient suffire à assurer le passage du détroit à la Grande Armée. Mais Napoléon crut augmenter ses chances de succès en faisant rallier Villeneuve par les bâtiments du Ferrol et de Rochefort (ces derniers revenus des Antilles), et il s'arrêta définitivement à la combinaison suivante. Ganteaume avait ordre d'attendre, pour sortir, d'être débloqué par Villeneuve; celui-ci, partant des Antilles, toucherait au Ferrol pour y délivrer les cinq naisseaux français et les sept bâtiments espagnols que surveillait Calder; puis il se présenterait devant Brest, après avoir pris en passant les cinq bâtiments de Rochefort; Ganteaume, dégagé, se joindrait à l'escadre alliée qui, forte de cinquante-six vaisseaux, pénétrerait dans la Manche.

Ces nouvelles dispositions furent communiquées à Villeneuve par le contre-amiral Magon, parti de Rochefort le 2 mai avec deux vaisseaux. Villeneuve appareilla aussitôt pour l'Europe (le 10 juin), heureux d'échapper à l'escadre anglaise dont l'arrivée venait de lui être annoncée : c'était celle de Nelson.

« Informé, par ses frégates, de la sortie de Villeneuve, ce vaillant homme de mer l'avait attendu pendant plusieurs jours entre la Sardaigne et la côte d'Afrique; son inquiétude était d'autant plus grande qu'un convoi de troupes, parti d'Angleterre pour la Méditerranée, pouvait être intercepté par nos vaisseaux. Dès qu'on l'eut détrompé au sujet de la route que suivaient ces derniers, il se dirigea sur Gibraltar, y apprit le départ de Villeneuve pour les Antilles, et par un des plus beaux mouvements qui aient illustré sa carrière, se lança sans hésiter à sa poursuite (1). Nelson mouilla le

---

(1) Nelson partit de Lagos, où il compléta son eau, le jour même où Villeneuve arrivait aux Antilles.

4 juin à la Barbade, y rallia les deux vaisseaux du contre-amiral Cochrane et se rendit à la Trinité, où il croyait trouver la flotte combinée. Déçu dans ses espérances, il fit route pour Antigoa. Informé, le 12 juin, du départ de Villeneuve pour l'Europe, convaincu d'ailleurs que cet amiral retournait dans la Méditerranée, il se dirigea en toute hâte vers Gibraltar. En arrivant à ce mouillage, le 18 juillet, Nelson fut très étonné d'apprendre qu'aucun vaisseau français n'avait passé le détroit. Bientôt mis au courant de la route suivie par notre flotte, il se dirigea vers l'île d'Ouessant, laissa neuf vaisseaux à l'amiral Cornwallis, qui bloquait Brest, et rentra en Angleterre (1). »

La marche de Villeneuve fut si lente, que le brick le *Curieux,* envoyé par Nelson en Angleterre, rencontra en mer la flotte alliée; le 8 juillet, l'Amirauté était prévenue de son retour dans les mers d'Europe. Ignorant encore sa destination, l'Amirauté se contenta de renforcer ses escadres de blocus; mais tout ce qu'elle put faire dans cet ordre d'idées fut de porter les forces de Cornwallis à vingt-quatre vaisseaux et celles de Calder à quinze, par l'adjonction de la division qui croisait devant les pertuis. C'est contre cette escadre de Calder que Villeneuve vint faire tête dans les parages du cap Finistère. Le combat lui enleva deux vaisseaux, et la brise le porta sur Vigo, où il mouilla le 28 juillet. Il en repartit le 31 et arriva le 2 août à La Corogne, où il fit sa jonction avec les onze bâtiments qui s'y trouvaient.

C'est là qu'il reçut les dernières instructions de l'Empereur, qui le pressait de se porter sur Brest.

Ainsi, malgré un combat malheureux, malgré une lenteur de marche qui avait permis à l'Amirauté anglaise d'entrevoir le danger, les prévisions de Napoléon se réalisaient,

---

(1) *Essai historique sur la stratégie et la tactique des flottes modernes,* par Chabaud-Arnault.

et il ne restait plus à la flotte alliée qu'à se porter devant Brest pour dégager Ganteaume. En admettant qu'elle rencontrât Cornwallis avant d'arriver à Brest et se fît écraser malgré la supériorité du nombre, Ganteaume restait intact et pouvait entrer en Manche avec vingt et un vaisseaux.

Le 14 août, Villeneuve quitta Le Ferrol. Or, quelle était, à cette date, la situation des forces ennemies?

Nelson venait de rejoindre le jour même Cornwallis et gagnait ensuite Portsmouth, où il arriva le 18; Calder, de son côté, ralliait son chef devant Brest, avec sa division maltraitée. Cornwallis eut ainsi trente-cinq vaisseaux dont il fit aussitôt deux parts : une flotte de dix-sept navires resta avec lui devant Brest; l'autre, de dix-huit vaisseaux, rallia Le Ferrol avec Calder et n'y arriva qu'après la sortie des alliés. Si donc Villeneuve continuait sa route sur Brest, il était rallié en route par Allemand (1), qui avait la mer libre depuis que Calder avait été renforcé, et tombait sur Cornwallis avec trente-quatre vaisseaux contre dix-sept. L'Angleterre ne pouvait plus opposer aux cinquante-six vaisseaux des alliés, comme force sérieuse, que les dix-huit vaisseaux de Calder, qui se trouvaient dans le sud. Jamais amiral n'eut une plus belle occasion de remporter de faciles succès. Ce fut cependant à ce moment que Villeneuve désespéra de la fortune de l'Empereur : il mit le cap sur Cadix, où il arriva le 20 août.

Ainsi échoua la plus grande entreprise stratégique qui ait jamais été tentée sur mer.

Devons-nous conclure de la retraite de Villeneuve que les combinaisons de l'Empereur ont été mal conçues ou qu'elles furent mal exécutées?

Oui, toutes les conceptions maritimes de Napoléon furent

---

(1) Allemand avait remplacé Missiessy, malade, à la tête de la division de Rochefort.

entachées d'un vice initial qui d'avance les rendaient stériles : les vaisseaux alliés n'étaient pas propres à faire la
guerre. La stratégie, ne l'oublions pas, n'est qu'un des facteurs de la guerre; elle est impuissante, si elle n'est pas
complétée par la tactique, qui permet de profiter des avantages que prépare la stratégie, et par l'organisation des
forces navales, grâce à laquelle un bâtiment ou une réunion
de bâtiments peuvent satisfaire aux nécessités de la guerre.
Tant que l'égalité du nombre ne procure pas l'égalité des
forces, la guerre devient un problème insoluble : la supériorité du nombre n'est plus qu'un écran trompeur mas-
quant l'abîme. Or, le combat du cap Finistère et, plus
encore, celui de Trafalgar, qui fut livré quelques mois après,
prouvèrent que la flotte alliée n'était qu'une masse inerte,
capable de recevoir des coups, incapable d'en porter. Toute
la campagne a été contrariée par l'armement défectueux
des vaisseaux et, en particulier, des vaisseaux espagnols;
à tel point qu'il semble que la malheureuse escadre de Villeneuve n'ait été soutenue que par la volonté tenace de
Napoléon, qui, du continent, la pousse et la dirige malgré
elle. Ce n'est qu'à la fin que le lien invisible qui relie Villeneuve à son maître finit par se rompre, à force d'être tendu,
et que l'amiral s'abandonne au découragement, conséquence forcée de l'état déplorable de ses bâtiments.

C'est la désorganisation de nos services maritimes qui
occasionne des avaries après chaque coup de vent et force
Villeneuve à rentrer à Toulon; c'est elle qui retarde la
marche de l'escadre; c'est elle qui engendre les maladies;
c'est elle qui crée surtout cette crainte maladive de se rencontrer avec l'ennemi, si faible qu'il soit numériquement,
et empêcha Villeneuve de reprendre à Calder deux de ses
vaisseaux.

La marine anglaise, à cette époque, venait de subir une
transformation analogue à celle que la Révolution avait

imprimée à nos armées et qui fut le point de départ des prodigieux succès de Napoléon. La guerre avait pris un caractère d'âpreté qu'elle n'avait plus depuis longtemps : aux luttes d'influence et de dynastie s'était substituée la lutte pour l'existence. Les opérations n'étaient plus interrompues pendant la mauvaise saison; il fallait garder les escadres perpétuellement armées et leur faire tenir la mer hiver comme été, sans trêve ni merci. Cette situation nouvelle exigeait une transformation radicale dans les conditions de la navigation. L'Angleterre sut le comprendre. L'hygiène, si défectueuse à bord des navires, fut améliorée par une série de mesures efficaces, tandis que les longues croisières formaient les équipages et développaient le coup d'œil des officiers dans des proportions jusqu'alors inconnues. Cornwallis put ainsi bloquer Brest sans interruption pendant des années entières, et Nelson put accomplir ces raids gigantesques qui eussent paru impossibles quelques années auparavant. Pendant ce temps, nos vaisseaux, immobilisés à l'intérieur des rades, se consumaient dans une inaction qui ne faisait pas ressortir la nécessité de ne plus recourir à ces équipages de fortune et à ces armements improvisés, qui avaient pu être suffisants à l'époque où les flottes sortaient du port pour se battre et rentraient aussitôt après (1). Sous Louis XVI, un vaisseau français valait un vaisseau anglais; vingt ans après, la marine française ne pouvait plus tenir en échec les forces anglaises. A fortiori devions-nous être écrasés lorsqu'à nos officiers expérimentés on avait substitué des capitaines incapables, lorsque

---

(1) Ce fut une des erreurs du temps de s'imaginer que les Anglais s'épuisaient à tenir la mer, tandis que notre matériel restait en bon état à l'intérieur des ports. Les vaisseaux anglais s'épuisaient à la façon des vieux grognards de l'Empereur, qui parcouraient tous les champs de bataille de l'Europe. Les vaisseaux inactifs étaient pour les Français un outil neuf dont ils ne savaient pas se servir. On retrouve actuellement cette même idée dans l'esprit de bien des gens.

les soldats remplaçaient les matelots, lorsqu'on jetait les bâtiments à la mer avec des approvisionnements incomplets et des gréements délabrés.

Le plan de Napoléon péchait donc par les moyens d'exécution; mais, à un point de vue abstrait, il nous semble qu'il était juste dans sa conception. Peut-être reprochera-t-on à l'Empereur d'avoir donné à ses combinaisons un tel développement que la concordance dans les mouvements des différentes forces était difficile à obtenir. Mais ce reproche ne s'applique pas à la dernière forme que prit l'opération, puisque tous les détachements de l'Océan devaient attendre d'être successivement débloqués, et qu'ils se trouvaient suffisamment rapprochés pour qu'on pût leur faire parvenir des ordres réglant leurs mouvements.

Pour justifier les ordres de l'Empereur, il serait commode de dire que, si telle ou telle circonstance ne s'était pas produite, tout se serait passé suivant les prévisions. On pourrait dire, par exemple, que, si Villeneuve n'avait pas dû rentrer à Toulon, il eût trouvé Missiessy aux Antilles, ou bien que, si le *Curieux* n'était pas arrivé en Europe avant Villeneuve, Calder n'aurait eu que neuf vaisseaux devant Le Ferrol, et ainsi de suite. Cette manière de juger les choses fausserait totalement les enseignements de l'histoire : les accidents de mer sont des éléments dont on doit tenir compte, et il faut toujours leur réserver la part qui leur revient. C'est précisément parce que la situation de Villeneuve ne fut jamais compromise (au point de vue du rapport des forces) et se trouvait même particulièrement brillante au moment où il abandonna tout, malgré une succession de contrariétés que des forces mieux organisées eussent évitées; c'est pour cette raison que nous sommes en droit de dire que jamais opération ne fut mieux conçue.

Dès que l'escadre de Toulon eut franchi le détroit de Gibraltar, tout danger immédiat disparaissait : la jonction avec Gravina assurait à Villeneuve la supériorité numérique, et il la conserva jusqu'à la fin, parce que sa marche le faisait renforcer par les détachements du Ferrol et de Rochefort avant d'aborder Cornwallis, dont les forces constituaient la principale armée ennemie. Le seul moment critique à passer était la traversée de la Méditerranée jusqu'à Cadix; après, l'opération reposait sur une base solide, la force, seule base donnant à un chef la tranquillité d'esprit nécessaire pour assurer le succès. Malheureusement, l'état des vaisseaux enleva à Villeneuve toute assurance et troubla toutes ses facultés.

Il est à remarquer que l'Angleterre n'entretint jamais devant Boulogne qu'un très petit nombre de vaisseaux (quatre), et il semble que cette manière de faire fût logique. Si la flottille prétendait passer sans être appuyée par une escadre, les bâtiments légers suffisaient pour la détruir . Le danger véritable était constitué par nos vaisseaux de ligne, et le moyen le plus efficace de les empêcher de nuire était de les immobiliser dans leurs ports ou de les suivre s'ils en sortaient. L'Angleterre ne disposait pas de forces suffisantes pour masser des vaisseaux dans le Pas de Calais, surveiller nos escadres et protéger ses colonies. L'événement a prouvé que la répartition des forces anglaises n'excluait pas tout danger; mais, dans la situation critique où la plaçaient la menace d'une invasion et la nécessité de protéger ses colonies, toute autre solution eût été plus dangereuse.

Nous devons retenir également la perturbation que l'évasion de dix vaisseaux français jeta au milieu des escadres anglaises. Il faut se rappeler les appréhensions de Calder devant Le Ferrol, les suppositions de Collingwood à Gibraltar, le désespoir de Nelson à son retour de Portsmouth, pour se rendre un compte exact de la puissance de l'opération stratégique de Napoléon.

III

LA GUERRE DE SÉCESSION

Nous n'avons pas l'intention de passer ici en revue la longue série d'attaques contre les côtes qui marque la guerre de Sécession; aussi bien, si le détail de toutes ces opérations ne saurait être trop minitieusement étudié par le tacticien, qui y trouve une mine inépuisable d'enseignements, au point de vue stratégique cette nomenclature ne serait d'aucune utilité. Ce qui importe, c'est de rechercher les causes et non de décrire les effets.

La guerre de Sécession est remarquable en ce sens qu'elle montre d'une façon saisissante l'impuissance de la défensive maritime passive.

Les deux adversaires avaient une frontière de terre commune; mais, par suite du groupement de la population autour de quelques centres éloignés les uns des autres, par suite également des conditions géographiques, la mer était le chemin le plus pratique et le plus court pour permettre aux belligérants de se rencontrer. En conséquence, la guerre aurait dû débuter par une lutte sur mer ayant pour but de se rendre maître des voies de communication, si les deux partis avaient eu des marines capables de se disputer l'empire de la mer; mais les fédéraux, seuls, avaient des bâtiments de haute mer, tandis que les confédérés ne possédaient que des canonnières et monitors sans rayon d'action, sans qualités nautiques, et dont l'action ne se faisait sentir qu'à l'embouchure des rivières et à l'intérieur des baies.

La mer était donc libre pour les fédéraux, à qui appartenait de ce fait l'offensive ; les confédérés en étaient réduits à se tenir sur la défensive et à attendre que l'attaque se dessinât. Leur situation était très désavantageuse. Ils avaient à protéger une étendue de côtes considérable, et la difficulté des communications par terre laissait chaque État confédéré abandonné à ses propres ressources, comme l'eût été une île. Au contraire, les fédéraux, maîtres de la mer, étaient libres de choisir leur objectif et de réunir sur un seul point des forces suffisantes pour vaincre toute résistance. Dans ces conditions, l'issue de la lutte ne pouvait être douteuse : les confédérés devaient succomber. Leur héroïsme pouvait retarder le moment de leur chute ; il ne pouvait ni l'empêcher, ni surtout changer la face des choses.

Effectivement, les fédéraux firent tomber successivement toutes les défenses des confédérés, en accumulant sur un même point des forces immensément supérieures à celles qu'ils savaient devoir y rencontrer, et en procédant méthodiquement, au moment le plus convenable, dans les conditions les plus favorables. Les confédérés eurent beau accumuler les torpilles, les monitors, les batteries ; rien n'y fit, parce qu'il y a une limite à partir de laquelle le nombre l'emporte toujours.

Qu'on suppose maintenant que les confédérés, au lieu de monitors à faible rayon d'action et incapables d'affronter le large, aient possédé une marine de haute mer dont les éléments auraient eu les qualités nécessaires pour se déplacer et se concentrer : la situation eût été différente. La mer n'aurait plus été libre ; par conséquent, les États du Nord auraient dû renoncer à installer le blocus commercial qui fut leur premier acte et qui enleva aux États du Sud la plus

grande partie de leurs ressources. Avant de s'attaquer aux
côtes et d'entreprendre cette série d'opérations qui firent
tomber une à une les principales places des confédérés, les
fédéraux auraient été obligés d'abord de détruire la marine
du Sud, qui eût pu, même inférieure en nombre, interrompre
toutes les attaques combinées et infliger aux fédéraux des
pertes sérieuses. Il suffit de relever le temps considérable
qu'il a fallu aux fédéraux pour détruire les défenses du
front de mer, pour se rendre compte que des opérations de
ce genre ne sont pas possibles tant qu'on a dans le voisinage
une force mobile. Sans doute, si la marine de haute mer
des confédérés avait été inférieure en nombre, elle eût pu
succomber, et les côtes se seraient trouvées découvertes.
Mais, de toutes façons, leur situation eût été meilleure.
Nous savons d'abord (Voir la discussion de la « flotte en
vie ») qu'une force mobile, même inférieure, peut paralyser
des forces supérieures ; en second lieu, l'infériorité se fait
moins sentir lorsqu'on peut concentrer ses forces que lorsqu'on les distribue par petits paquets ; car, dans un cas
comme dans l'autre, l'ennemi peut toujours se présenter
avec la totalité de ses forces ; enfin, la marine des confédérés
n'aurait pas été anéantie d'un seul coup sans infliger des
pertes sérieuses aux fédéraux (ce qui eût permis aux États
du Sud de retarder les attaques contre les côtes et d'augmenter leurs ressources). Tandis que, avec sa flotte de monitors, la marine du Sud n'a pas été capable d'empêcher
une seule attaque. Au point de vue maritime, on peut dire
que cette flotte n'a joué aucun rôle ; et les fédéraux, étant
libres d'attaquer à leur convenance et espaçant leurs expéditions, purent réparer leurs pertes à mesure qu'elles se pro-
duisaient.

En résumé, ce qui a fait défaut aux confédérés, c'est une
marine de haute mer, capable de disputer l'empire de la
mer ; car, de cet empire dépendait la protection de leur lit-

toral. Voilà la véritable leçon qui se dégage de la guerre de Sécession.

Eh bien, cette leçon n'a pas été comprise. Certes, ce n'est pas la première fois qu'on aura tiré d'une guerre des enseignements faux. Celle-ci, qui aurait dû provoquer la disparition des monitors, dont l'impuissance avait été manifeste, ne fit, au contraire, qu'augmenter leur vogue. Toutes les puissances se mirent à en construire, à l'imitation des États-Unis. On se dit que, s'ils n'avaient pas pu défendre les côtes, c'est qu'ils étaient trop petits et trop peu nombreux; et on les fit plus gros et en plus grand nombre. Mais les bâtiments offensifs augmentèrent de leur côté, et rien ne fut changé. Il fallut aux États-Unis la guerre contre l'Espagne pour les dégoûter des monitors et leur faire reconnaître leur erreur.

Cette erreur avait pour origine la prépondérance que toutes les puissances maritimes, à l'exception peut-être de l'Angleterre, ont accordée, au début de la marine à vapeur, à l'élément tactique sur l'élément stratégique. En effet, si vous ne considérez que l'opération en elle-même — l'attaque d'un point de la côte — plus la défense aura de moyens, plus elle aura de chances de repousser l'attaque; et comme moyen de défense, le monitor n'est pas négligeable : il faut donc le multiplier. Le problème de la défense ainsi posé est insoluble, parce qu'il est impossible de réunir sur chaque point important d'une côte des défenses maritimes capables de résister à la totalité des forces ennemies. Il faut donc voir les choses d'un point de vue plus élevé, c'est-à-dire du point de vue stratégique. On arrive alors à des conclusions totalement différentes. Au lieu d'attendre l'ennemi à l'intérieur des ports avec des forces disséminées sur toute l'étendue du littoral, on est amené à le rechercher en mer; au lieu de se disperser, on cherche à se concentrer; au lieu de monitors, on veut des bâtiments marins.

Aujourd'hui, on n'a pas encore renoncé complètement à

la défensive maritime passive, et la plupart des nations font
de leurs forces deux parts : l'une qui s'appuie sur les défenses fixes, l'autre qui agit au large. Cette solution bâ-
tarde n'a d'autre effet que de diminuer les effectifs de toutes
les forces consacrées à la défense passive ainsi qu'à la défense active, ce qui compromet l'une et l'autre.

IV

LA GUERRE DU PACIFIQUE

———

Lorsque nous lisons l'histoire, nous y cherchons surtout des faits; tout l'intérêt se concentre sur les événements importants dont le récit nous cause une émotion dramatique. La lecture terminée, il ne reste plus dans l'esprit du lecteur que des noms de batailles, et, s'il cherche à se faire une opinion, elle sera influencée par les épisodes qui sont écrits en grosses lettres. Or, dans une guerre, le combat n'est lui-même qu'une conclusion; ce qui importe autant que le combat, c'est la façon dont il a été préparé et les raisons qui ont déterminé la victoire. Pour se livrer à cette recherche, le critique est obligé de regarder les choses de plus près, et il s'aperçoit alors que les événements qui prennent le plus de place ne sont pas toujours ceux qui ont exercé le plus d'influence.

Par exemple, dans la guerre du Pacifique, on ne peut s'empêcher d'être frappé par les tours de force que dut faire l'armée chilienne pour arriver jusqu'à Lima à travers des déserts; nous retenons les noms des batailles de Dolorès, de Tarapaca, de Los Angeles, de Tacna, d'Arica, de Chorrillos et de Miraflores; et nous sommes tentés de conclure que c'est l'armée chilienne qui a décidé de la victoire du Chili et que la guerre du Pacifique a été surtout une guerre terrestre.

Or, cette guerre fut, avant tout, maritime, parce que la victoire devait inéluctablement appartenir au parti qui resterait maître de la mer. Au point de vue géographique, il y a une analogie frappante entre cette guerre et celle de Sécession.

Le Pérou et le Chili sont séparés par d'immenses déserts; les deux pays n'ont de point de contact que par la mer, et les provinces, aussi bien au Chili qu'au Pérou, sont également privées de communications entre elles, tous les chemins de fer étant perpendiculaires à la côte; elles sont abandonnées à elles-mêmes, elles ne peuvent se soutenir entre elles. Donc, celui des deux adversaires qui sera maître de la mer pourra se concentrer et attaquer en masse, tandis que l'autre aura ses forces dispersées, sans qu'elles puissent se réunir : celui-là sera forcément vaincu.

Ce furent les Chiliens qui eurent l'empire de la mer et alors, en trois bonds successifs, ils portèrent leur armée du Chili à Lima :

1º De Valparaiso à Antofagasta;

2º D'Antofagasta à Pisagua;

3º D'Arica à Curayaco.

Chacun de ces bonds fut franchi par mer et ne pouvait l'être autrement; car, bien que l'armée chilienne n'ait parcouru sur terre que des distances relativement courtes, les difficultés de la marche atteignirent la limite des forces humaines.

Si les Chiliens n'avaient pas eu de marine militaire, ils auraient pu sans doute débarquer des troupes à Antofagasta avec des bâtiments de commerce, ainsi qu'ils le firent, puisque cette opération eut lieu en pleine paix et que la Bolivie n'avait pas de bâtiments pour la contrarier; mais ils n'auraient pu aller plus loin.

Inversement, si le Pérou avait eu la suprématie sur mer, il aurait protégé son territoire sans avoir besoin d'un seul homme de troupe; car ce n'est qu'après la prise du *Huascar*, succédant à la perte de la *Independancia*, que les Chiliens osèrent pénétrer sur le territoire péruvien (1).

C'est donc bien de la marine que dépendaient les destinées de chaque pays.

Voyons maintenant comment le Chili gagna l'empire de la mer.

Au début de la guerre, les forces navales des deux adversaires s'équilibrent sensiblement. Le fond de chaque marine est constitué par deux petits cuirassés. Pour les Chiliens, le *Blanco-Encalada* et le *Cochrane;* pour les Péruviens, la *Independancia* et le *Huascar*. Les deux cuirassés chiliens sont semblables, et leur puissance respective est comprise entre celle de la *Independancia* et du *Huascar*. Chaque nation possède en plus quelques bâtiments en bois sans valeur militaire et le Pérou y ajoute deux petits garde-côtes cuirassés qui ne peuvent s'écarter du rivage.

Peu après l'ouverture des hostilités, les deux cuirassés péruviens attaquent devant Iquique une corvette et une canonnière en bois, la *Esmeralda* et la *Cavadonga*, qui avaient imprudemment été laissées devant ce port pour en faire le blocus. Le *Huascar* coule la corvette d'un coup d'éperon; la *Independancia,* le plus fort bâtiment des deux marines, en poursuivant la canonnière, va se jeter bêtement sur des roches où elle se perd.

Désormais, le *Huascar* reste seul et, forcé d'éviter toute rencontre, il dut se contenter de contrarier pendant quatre mois les opérations de l'ennemi, en inquiétant ses côtes. Il fit quelques coups heureux, mais finalement il fut acculé au combat et dut se rendre. Les Chiliens restent alors maîtres

---

(1) C'est pour cette raison qu'après la guerre le premier soin du Pérou eût dû être de réorganiser sa marine, alors qu'il a consacré ses ressources à l'armée.

incontestés de la mer et commencent le transport de leur armée. Voilà les faits dans leur simplicité.

La façon brillante dont, pendant quatre mois, le *Huascar* déjoua les tentatives de l'ennemi, et sa fin héroïque, furent cause qu'il domine à lui seul toute la partie maritime de la guerre du Pacifique et que sa capture en paraît le fait le plus important. Là encore, il n'en est rien. L'événement le plus grave de cette guerre fut la perte de la *Independancia*. Par ce fait, la suprématie sur mer, jusque-là contestée, passa du côté des Chiliens et, à moins d'un miracle, la victoire finale devait leur rester. Le commandant de ce bâtiment, en se jetant sur des rochers par suite d'une erreur de navigation. a perdu son pays (1).

Désormais, le *Huascar* est voué à une perte certaine : ce n'est qu'une question de temps, à moins qu'il ne se suicide en s'enfermant dans un port. Certainement, tant qu'il tient la mer, sa présence pèse sur les événements. Les Chiliens ne sont encore qu'à Antofagasta, comme aux premiers jours de la guerre; ils n'osent aventurer leurs troupes en mer, depuis qu'un transport a été capturé, et, si les Péruviens avaient pu profiter de ce répit pour mettre en ligne de nouvelles unités navales, le *Huascar* eût pu sauver la situation. Mais, dans les conditions où se trouve le Pérou, il ne fait que retarder une solution inéluctable, car la situation ne change pas. Il empêche provisoirement l'ennemi de faire du mal, mais lui-même n'en fait pas, parce que le souci de sa conservation le force à agir avec circonspection : il a un rôle négatif. Il ne faut donc pas s'exagérer les services qu'a rendus le *Huascar*. Il a fait ce qu'il pouvait, mais il pouvait peu.

_____

(1) Il y a là une leçon pour ceux qui prétendent que le sens marin est désormais une qualité secondaire dans la marine militaire actuelle.

Le Pérou avait deux petits garde-côtes cuirassés qui ne jouèrent aucun rôle sérieux, parce que, pour se rendre utiles, il leur eût fallu se déplacer et naviguer. Si, à la place de ces culs-de-jatte, le Pérou avait eu un seul bâtiment mobile, n'eût-il été que de la force du *Huascar,* qui était cependant un bien petit navire, la supériorité sur mer lui était acquise au début de la guerre, et ce fait seul aurait pu modifier la conduite des Chiliens et les rendre plus circonspects ; puis, la perte de la *Independancia* n'eût pas été irréparable. En fait, le Pérou avait plus de bâtiments que le Chili, mais la partie *utilisable* de sa flotte n'était pas supérieure à celle de son adversaire.

incontestés de la mer et commencent le transport de leur armée. Voilà les faits dans leur simplicité.

La façon brillante dont, pendant quatre mois, le *Huascar* déjoua les tentatives de l'ennemi, et sa fin héroïque, furent cause qu'il domine à lui seul toute la partie maritime de la guerre du Pacifique et que sa capture en paraît le fait le plus important. Là encore, il n'en est rien. L'événement le plus grave de cette guerre fut la perte de la *Independancia*. Par ce fait, la suprématie sur mer, jusque-là contestée, passa du côté des Chiliens et, à moins d'un miracle, la victoire finale devait leur rester. Le commandant de ce bâtiment, en se jetant sur des rochers par suite d'une erreur de navigation, a perdu son pays (1).

Désormais, le *Huascar* est voué à une perte certaine : ce n'est qu'une question de temps, à moins qu'il ne se suicide en s'enfermant dans un port. Certainement, tant qu'il tient la mer, sa présence pèse sur les événements. Les Chiliens ne sont encore qu'à Antofagasta, comme aux premiers jours de la guerre; ils n'osent aventurer leurs troupes en mer, depuis qu'un transport a été capturé, et, si les Péruviens avaient pu profiter de ce répit pour mettre en ligne de nouvelles unités navales, le *Huascar* eût pu sauver la situation. Mais, dans les conditions où se trouve le Pérou, il ne fait que retarder une solution inéluctable, car la situation ne change pas. Il empêche provisoirement l'ennemi de faire du mal, mais lui-même n'en fait pas, parce que le souci de sa conservation le force à agir avec circonspection : il a un rôle négatif. Il ne faut donc pas s'exagérer les services qu'a rendus le *Huascar*. Il a fait ce qu'il pouvait, mais il pouvait peu.

------

(1) Il y a là une leçon pour ceux qui prétendent que le sens marin est désormais une qualité secondaire dans la marine militaire actuelle.

étaient maîtres de la mer. Il allait donc falloir amener sur ce théâtre excentrique une escadre capable de reconquérir l'empire de la mer, afin d'empêcher les Américains de débarquer et de rétablir les communications avec la métropole; or, les deux plus puissantes unités de la flotte, le *Pelayo* et le *Carlos V,* n'étaient pas prêtes à prendre la mer.

Donc, situation géographique nettement défavorable; infériorité maritime marquée.

L'Espagne n'avait pour elle qu'un atout : l'immense armée d'occupation qu'elle entretenait à Cuba et qui semblait capable de s'opposer aux tentatives de débarquement des Américains; mais encore fallait-il que cette armée fût à même de s'alimenter de troupes fraîches et de se réapprovisionner; or, la mer était la seule voie de communication. Comme dans toutes les guerres coloniales, la mer allait jouer un rôle prépondérant.

**
**

Le premier choc eut lieu aux Philippines. Le 30 avril 1898, la division américaine de l'Exrtême-Orient, sous les ordres du commodore Dewey, se présentait devant les côtes de l'île de Luçon; le lendemain, elle détruisait la division espagnole mouillée à Cavite sous la maigre protection de deux batteries de deux pièces. Le commodore Dewey s'était couvert de gloire à bon compte; mais on ne saurait lui contester d'avoir montré un esprit de décision qui révèle chez lui les qualités de l'homme de guerre.

Peut-être la baie de Subig aurait-elle offert aux bâtiments espagnols une position plus favorable que Cavite pour y attendre l'ennemi; son accès était facile à défendre et des torpilles pouvaient être mouillées dans la passe. Ce qui est certain, c'est que, dès la déclaration de guerre, l'amiral Montojo était allé s'y établir; il était revenu ensuite à Cavite. S'il est vrai, comme on l'a prétendu, que la division espagnole a été rappelée afin de couvrir plus efficacement Manille, cet ordre était malencontreux. Le commodore Dewey n'avait et ne pouvait avoir d'autre objectif que les bâtiments espagnols; ce qui le prouve bien, c'est qu'il se présenta tout d'abord devant Subig et ce n'est qu'après avoir constaté l'absence de bâtiments ennemis qu'il fit route pour la baie de Manille. Si donc — ce que nous ignorons — la baie de Subig présentait des avantages au point de vue de la défense, c'est là que la division espagnole devait attendre l'ennemi, et non pas à Cavite. Puisqu'on redoutait de voir des bâtiments américains paraître devant Manille, on les écartait bien plus sûrement en éloignant la division espagnole qui attirait l'ennemi à soi.

Le commodore Dewey n'était pas accompagné par un corps de débarquement. Ses prétentions contre la terre devaient donc se borner à bombarder Manille et Cavite. Pour cela, il lui fallait d'abord mettre hors de cause la division espagnole. S'il ne pouvait la détruire à Subig, il était obligé de la bloquer; or, il ne disposait pas de forces suffisantes pour mener de front un blocus et l'attaque de batteries de côtes. En eût-il été autrement qu'il aurait hésité à dépenser ses munitions contre des parapets tant qu'il n'avait pas détruit l'ennemi flottant. Donc, aussi longtemps que les bâtiments espagnols flottaient, ils couvraient Manille et Cavite; la seule chose qui importait était de les placer là où ils avaient le plus de chances de résister au choc de l'ennemi

Les autorités espagnoles auraient sans doute raisonné de cette façon si elles avaient été de sang-froid. Mais la faiblesse est mauvaise conseillère; comme elle ne permet guère de trouver de solution absolument satisfaisante, elle engendre l'indécision et provoque des changements de résolution. A la guerre, le plus faible est comme un malade qui croit se soulager en changeant constamment de position.

Après la destruction de la division espagnole, les opérations ne présentent plus aucun intérêt au point de vue maritime. Les Américains, couverts par les insurgés qui bloquaient Manille, occupèrent l'arsenal de Cavite et établirent le blocus de Manille en attendant l'arrivée d'un corps expéditionnaire. Celui-ci arriva pendant le mois de juillet par échelons successifs. Le 13 août, la place, attaquée par terre et par mer, capitulait.

**

C'est aux Antilles que la partie décisive allait se jouer.

Dès la rupture des relations diplomatiques, les États-Unis établirent le blocus commercial d'une partie des côtes de Cuba. A ce moment, la seule escadre dont pût disposer l'Espagne dans l'Atlantique se trouvait aux îles du Cap-Vert, attendant des ordres. Elle était composée de quatre croiseurs cuirassés et de trois contre-torpilleurs, sous les ordres du contre-amiral Cervera.

Si cette escadre traversait l'Atlantique, elle allait buter tôt ou tard contre des forces bien supérieures et elle n'aurait d'autre alternative que de se faire battre ou de s'enfermer dans un port. Le gouvernement espagnol savait bien que la puissance effective de l'escadre était très inférieure à sa puissance apparente. Les approvisionnements n'étaient pas au complet et le *Cristobal-Colon* n'avait pas ses grosses pièces d'artillerie. Il fallait donc attendre qu'elle pût être renforcée par le *Pelayo* et le *Carlos V*. Pendant ce temps, que pouvait-il arriver? Avant de songer à conquérir Cuba, les États-Unis, qui n'avaient pas d'armée, devaient commencer par constituer de toutes pièces un corps expéditionnaire : opération qui ne se pouvait faire en quelques jours. Cela fait, on hésiterait à aventurer en mer l'expédition avant d'être fixé sur l'escadre espagnole qui pouvait venir inopinément troubler les opérations de débarquement. Cependant, les Américains, qui ne sont pas des gens timides, auraient pu tenter l'aventure; et alors on pouvait espérer que le maréchal Blanco, disposant d'une armée immense, serait capable d'empêcher l'armée d'invasion de progresser jusqu'à ce que les communications avec la métropole fussent rétablies par l'arrivée de l'escadre.

C'est sur cette situation que devait spéculer le gouvernement espagnol pour retarder le départ de l'amiral Cervera. Cette détermination n'impliquait pas l'immobilité de l'escadre aux îles du Cap-Vert; il fallait lui faire faire un faux départ et laisser le plus longtemps possible le public dans l'ignorance de ses mouvements. Tant que les Américains ne sauraient pas à quoi s'en tenir sur son compte, ils hésiteraient à jouer leur gros atout. On eût ainsi gagné du temps.

Inconsidérément, on fit partir l'amiral Cervera. Il appareilla des îles du Cap-Vert pour les Antilles le 29 avril. On serait curieux de connaître le détail de ses instructions. J'entends bien qu'on lui avait prescrit de rallier les Antilles et de préférence La Havane. Mais après, comment comprenait-on son rôle?

*
* *

Dès qu'il eut connaissance du départ de l'escadre espagnole, la préoccupation du gouvernement américain devait être de concentrer tous ses bâtiments de combat, et d'attendre les événements. Il était ainsi en mesure de faire bloc contre l'ennemi. Comme l'amiral Cervera devait être attiré irrésistiblement vers les possessions espagnoles où se trouvaient ses seules bases d'opérations et de ravitaillement; que, d'un autre côté, il importait de soutenir la flotte des bâtiments légers qui continuaient le blocus, c'est dans le Sud que la masse devait prendre position.

Si l'amiral Cervera trompait ces prévisions en faisant tête devant les côtes américaines, la situation ne s'en serait trouvée nullement compromise. Menacé d'être coupé des

Antilles espagnoles, il ne s'attarderait pas à faire des démonstrations; et toutes les munitions de ses quatre croiseurs ne pouvaient mettre en péril la fortune des États-Unis.

Or, dans un mouvement de nervosité qui a lieu de surprendre de la part d'un peuple flegmatique, le gouvernement américain, au lieu de concentrer ses forces, les divisa en trois tronçons, tandis que treize vieux monitors étaient disséminés dans les ports. Certes, l'amiral Cervera avait bien d'autres soucis que de chercher à rencontrer l'ennemi; il n'en est pas moins vrai qu'on lui offrait ainsi une chance de succès inespérée. On assista à ce spectacle original : tandis que les populations du littoral américain tremblaient à la pensée de voir apparaître l'escadre espagnole, celle-ci appréhendait de ne pouvoir arriver sans encombre dans un port bien défendu; sa pensée était bien loin des côtes américaines.

Ainsi, ni l'un ni l'autre des belligérants ne suivit la ligne de conduite qui paraissait la plus rationnelle.

***

, Naviguant à une allure économique, l'amiral Cervera entra le 23 mai à Santiago, sans avoir fait de fâcheuse rencontre. Il est curieux que cette arrivée ait été considérée par l'opinion publique et par le gouvernement espagnol, comme un succès pour l'Espagne; et rien ne montre mieux l'idée fausse que se fait le public de la guerre navale. Ce n'était cependant ni un succès ni un échec; c'était simplement un fait qui était favorable aux États-Unis. En effet, ceux-ci n'appréhendaient nullement de se mesurer avec l'escadre espagnole. Ce qui les gênait, c'était de ne pas connaître sa position; en sorte qu'ils pouvaient craindre de la voir venir inopinément troubler les opérations de blocus et les projets de descente. L'arrivée de Cervera à Santiago mit fin à cette incertitude agaçante. Aussi, à partir de ce moment, le gouvernement américain se ressaisit. On relèvera encore des fautes dans l'exécution; il n'y aura plus d'erreur dans la conception. Les forces navales sont concentrées sous les ordres de l'amiral Sampson qui bloque Cervera à Santiago. On décide de débarquer le corps expéditionnaire dans le voisinage même de Santiago. On obtiendra ainsi un double résultat : d'une part, les forces qui bloquent Santiago serviront en même temps de couverture au corps expéditionnaire contre une sortie éventuelle de l'escadre espagnole opérée pendant les opérations de débarquement; d'autre part, la prise des hauteurs qui dominent la ville forcera les navires ennemis à sortir de leur repaire. Tout cela est très bien.

Dans l'escadre espagnole, on montre moins de décision. Les bâtiments sont entrés à Santiago le 23 mai; ce n'est que le 31 que les premiers navires ennemis font leur apparition devant la baie. Dans l'intervalle, il semble bien que l'amiral Cervera aurait eu le temps de se ravitailler et de quitter le port. Il n'était pas douteux que la première nécessité était de ne pas se laisser bloquer et de reprendre la mer sans laisser de traces. Dans la situation précaire où se trouvait l'escadre, cette solution ne conduisait pas à un résultat positif, mais elle jetait de nouveau l'incertitude dans les projets des Américains et permettait de gagner du temps. Gagner du temps ! n'est-ce pas la seule chose à faire lorsqu'on se trouve acculé dans une impasse?

A partir du 1er juin, le moment favorable pour sortir était passé. Il fallait en prendre son parti, envisager la situation sous un jour nouveau et chercher une autre utilisation de l'escadre espagnole. Or, le 22 juin, le corps expéditionnaire avait commencé à débarquer à Baiquiri et le 2 juillet les troupes ennemies arrivaient sous les murs de la ville. Que faire? Sortir, c'était tomber sous les coups de l'escadre américaine et priver la ville de la puissante artillerie des vaisseaux. Le maréchal Blanco envoyait par terre des renforts à la garnison assiégée ; il suffisait peut-être que la ville tînt quelques jours pour faire lever le siège et forcer les Américains à se rembarquer. Si Santiago était obligé de capituler, il serait toujours temps de sortir ; en attendant, les bâtiments pouvaient participer avec efficacité à la défense de la ville.

Le maréchal Blanco comprit autrement la situation, et le 2 juillet, il envoyait à l'escadre l'ordre impératif de sortir. Le 3, à 10 heures du matin, les bâtiments espagnols franchirent le goulet et cherchèrent à s'échapper ; à 1^h 20, ils étaient tous détruits. Le 16, Santiago capitulait. Si le gouverneur de la place avait eu l'appoint moral et matériel que lui eût procuré la présence de l'escadre, peut-être n'aurait-il pas cédé, au moment même où le général Shafter songeait à se rembarquer.

* *
*

L'escadre espagnole succomba sous le poids des fautes accumulées. Ce fut une première faute de l'envoyer prématurément aux Antilles ; c'en fut une seconde de la laisser bloquer à Santiago ; c'en fut une troisième de la faire sortir.

Désormais les États-Unis sont maîtres incontestés de la mer. Ils en profitent pour débarquer le 25 juillet à Porto-Rico. La paix arrêta les opérations le 12 août. En moins de quatre mois, l'Espagne perdit son empire colonial. Quelle leçon pour ceux qui ne comprennent pas l'utilité d'une marine !

CONCLUSION

DU TOME I

Dans cette étude, nous avons cherché à nous appuyer sur l'histoire, c'est-à-dire sur des faits réels. Sans doute, la marine actuelle n'a plus aucun rapport avec celle des flottes à voiles; mais l'objectif n'a pas changé. La seule différence consiste à résoudre avec des cuirassés et des torpilleurs le problème qui se posait autrefois avec des vaisseaux en bois; les nécessités de la guerre sont restées les mêmes.

Ce qui nous a frappé particulièrement, c'est que toutes les opérations de la guerre navale, quelles qu'elles soient, se réduisent à une seule : occuper un champ de bataille.

S'il s'agit d'attaquer les côtes ennemies, il faut déblayer d'abord le terrain dans la région où l'on veut opérer.

Si l'on prétend faire traverser la mer à une armée, il faut assurer la sécurité du passage.

Si, au contraire, on préfère capter le commerce, il faut garantir l'impunité aux corsaires, en tenant éloignés du champ de croisière les croiseurs ennemis.

Chaque fois qu'on voudra opérer sur une mer non libre, on ne pourra entreprendre que des opérations de courte durée et d'une faible portée. Elles pourront contribuer, *si elles réussissent,* à seconder les opérations générales en créant une diversion, mais elles ne causeront pas à l'ennemi un tort suffisant pour peser sur l'issue de la guerre.

Mais ce champ de bataille qui constitue le but principal,

il faut commencer d'abord par le conquérir. Le parti le plus fort, confiant dans sa force, s'y implantera dès le principe, défiant son adversaire plus faible à venir l'en déloger. Celui-ci, ne pouvant attaquer de front les masses ennemies, cherchera d'abord à en détacher des fractions pour les affaiblir; puis, quand il se jugera en force, il les attirera dans une région où il disposera de tous ses moyens, et frappera un grand coup. S'il réussit, ce premier succès lui en ménagera d'autres.

Pour obtenir une première victoire, il faudra du mouvement, beaucoup de mouvement: il faudra aller chercher l'ennemi là où il est. Pour profiter de la victoire, il faudra encore se déplacer, changer de terrain d'action, afin d'utiliser les bâtiments devenus disponibles. Ces nécessités déterminent la nature des forces navales et les qualités qu'elles doivent remplir. Quand la marine aura ensuite adapté à la construction de son matériel une organisation qui fasse donner à ses ressources le rendement maximum, elle aura fait tout ce qu'elle pouvait faire en attendant l'heure suprême.

Ce sera beaucoup. Dans le domaine des choses, l'ordre aura été substitué au désordre; la simplicité, facteur indispensable de tout organisme militaire, aura pris la place de la complication et de la variété; dans le domaine des idées, la fausse science, qui attribue une valeur fixe et précise à des éléments essentiellement variables, aura été chassée par le simple bon sens, qui s'inspire des circonstances locales et tient compte du temps et des lieux.

Mais il ne suffit pas que la marine soit constituée sur des bases rationnelles; il faut qu'elle dispose de moyens suffisants pour remplir son rôle; *il faut qu'elle soit victorieuse.* C'est au pays qu'il appartient alors, quand on lui a indiqué la nature des forces, d'en déterminer la grandeur.

A quoi sert de développer le commerce d'outre-mer, de

conquérir de nouvelles colonies, si la guerre doit nous ramener brusquement à nos frontières naturelles? Tous les millions accumulés dans le matériel naval et dans la mise en
valeur de notre domaine colonial seront perdus d'un seul
coup.

La nation connaît la force de ceux qui en veulent à nos
richesses; elle doit s'imposer les sacrifices nécessaires pour
les conserver, sous peine de travailler à enrichir le voisin.

Certes, la marine est un organisme coûteux : elle est le
luxe des pays parvenus. Tant qu'une nation n'a pas constitué son unité, tant qu'elle traverse cette crise de croissance
qui précède son développement naturel, elle n'a pas trop de
toutes ses ressources pour lutter sur son propre territoire (1).Voilà pourquoi l'Angleterre n'a pu poser les fon-
dements de son empire colonial qu'après s'être fondue avec
l'Écosse. Voilà pourquoi la marine de la France date de
Louis XIV, et celle de l'Allemagne de la constitution de
l'empire. Mais lorsqu'une nation possède en elle ce besoin
d'expansion qui est la source de la vie des peuples, elle
cherche à substituer les épopées lucratives aux épopées héroïques, dès qu'elle a atteint ses frontières naturelles. Après
s'être formée, elle veut s'enrichir; et elle demande aux colonies et au commerce d'outre-mer des débouchés pour
écouler le trop-plein de son activité.

Alors apparaît la marine.

Sur le nouveau champ d'action que créent les colonies,
les peuples rencontrent des compétitions. Dans ces vastes
régions aux contours indécis, les pionniers de la civilisation
finissent un jour par se trouver nez à nez avec de nouveaux
venus. On se tasse alors comme on peut; puis les intérêts

---

(1) Il n'en est pas moins vrai que tout pays baigné par la mer a
besoin de marine. La preuve en est que les rois de France furent obligés, tant qu'ils n'eurent pas une flotte nationale, de faire appel aux
Génois, aux Aragonais, aux Castillans et aux Hollandais.

finissent par s'entremêler, et le développement des peuples aidant, les heurts et les froissements deviennent continuels. On a une question du Niger, une question d'Égypte, une question de Terre-Neuve, une question du Maroc, etc... C'est alors qu'il faut être fort pour faire valoir ses prétentions et conserver ses acquisitions.

Qu'on ne nous dise pas qu'il n'y aura plus de guerre (1). Neuf ans après Fachoda, au lendemain des difficultés marocaines, cette ironie serait cruelle. Le cardinal Fleury aussi fit tout pour l'éviter; mais elle éclata un jour, inéluctablement. Quand on a bu la coupe de l'amertume jusqu'à la lie, on la jette à la tête de ceux qui vous ont forcé à la boire.

La France veut-elle conserver son rang? Tient-elle à se mêler au courant irrésistible qui entraîne tous les peuples vers des débouchés nouveaux? Désire-t-elle que les marchés d'outre-mer lui restent ouverts? Prétend-elle faire entendre sa voix dans le concert des nations? Il lui faut une marine forte.

Au contraire, si elle considère que son rôle de grande puissance est terminé; si, après avoir tenu le premier rang, elle n'a pas honte de s'asseoir au dernier; si, en un mot, le sort de l'Espagne lui fait envie, alors la France n'a pas besoin d'une marine. Contribuables, économisez les 300 millions du budget de la marine, délivrez-vous de cette charge, renvoyez-nous dans nos familles élever nos enfants, et vivez tranquilles et oubliés *jusqu'au jour où votre faiblesse tentera le voisin qui vous mangera.*

Mais, si vous avez foi dans la vitalité de votre race; si vous voulez que vos fils soient riches et respectés; si vous voulez leur transmettre l'héritage que vous avez constitué morceau par morceau, alors il vous faut une marine.

---

(1) Les Russes non plus ne croyaient pas à la guerre, et cette sécurité leur a coûté toute leur escadre du Pacifique.

Et qu'est-ce que nous vous demandons pour cela? Encore de l'argent? Non. Nous pouvons nous contenter de ce que nous avons, mais il faut mieux l'utiliser. En embrassant le passé d'un seul coup d'œil, on voit clairement que c'est moins la faiblesse de nos moyens qui nous a trahis que la façon dont nous nous en sommes servis. Aujourd'hui, c'est encore ce qui causera notre perte. De nouveau, nous prétendons profiter de la victoire avant de l'avoir gagnée; et supposant, contre toute évidence, que l'ennemi en fera autant, nous voulons d'avance nous prémunir contre des dangers imaginaires. De là cette division des efforts qui nous fait envisager la guerre à trois points de vue différents : l'offensive, la défensive, la course. Nous avons ainsi construit trois flottes distinctes : une flotte de haute mer, une flotte côtière, une flotte de grands croiseurs. L'une agit, l'autre attend, la troisième se sauve. Pour être forts partout, nous nous sommes rendus faibles partout. Qu'on ne s'étonne plus ensuite que, malgré tous les milliards dépensés, notre puissance navale décroisse.

Le jour où nous aurons une seule flotte — celle qui aura été créée pour s'attaquer à l'ennemi — ce jour-là nous n'aurons plus rien à craindre.

« La première chose, a-t-on dit, que l'on voit disparaître dans un État qui se désorganise, c'est la marine. »

France, serais-tu cette nation?

Nancy, imprimerie Berger-Levrault et Cie

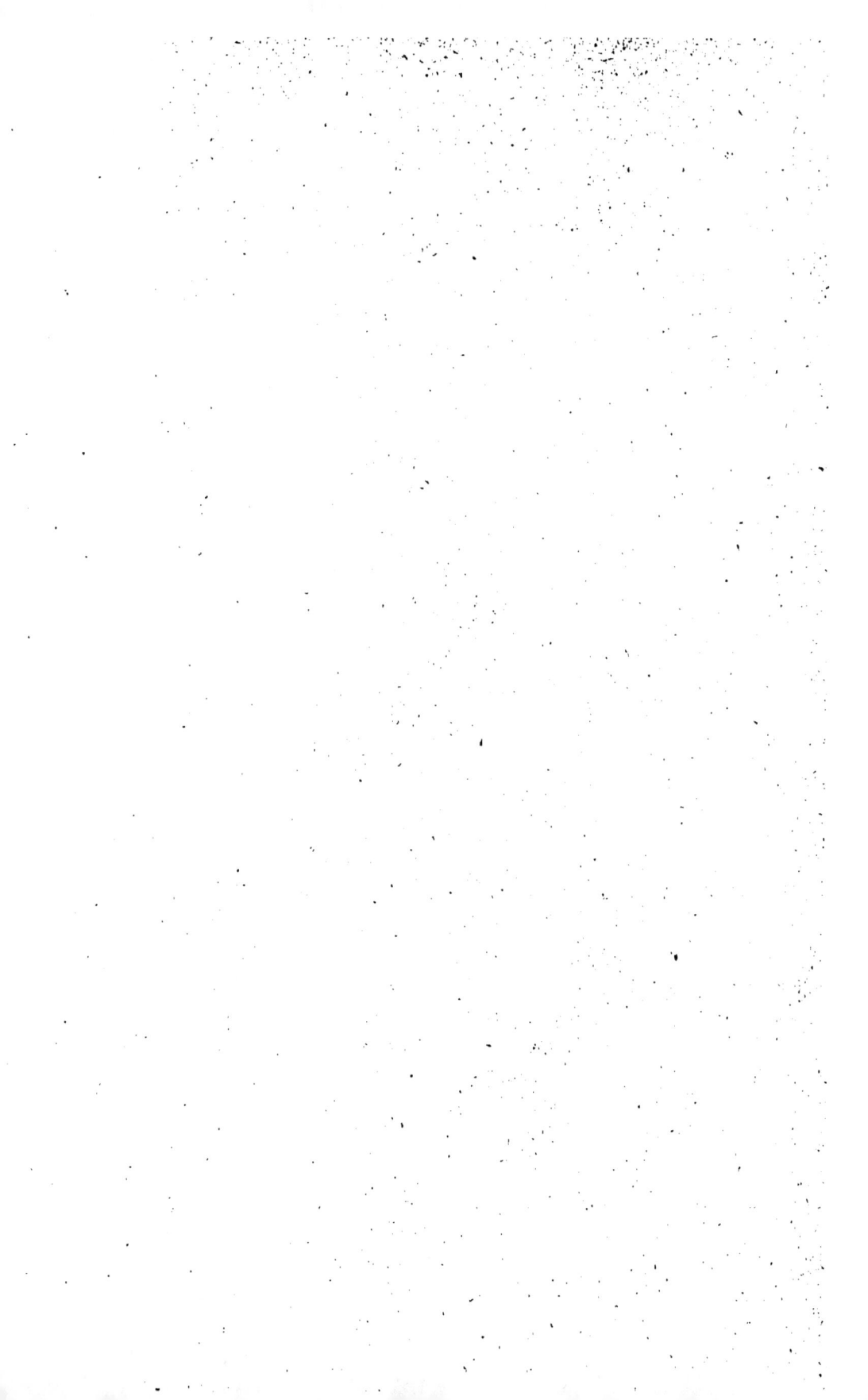

www.ingramcontent.com/pod-product-compliance
Lightning Source LLC
Chambersburg PA
CBHW072010270326
41928CB00009B/1606